William Fiennes

Les oies
des neiges

*Traduit de l'anglais
par Béatrice Vierne*

Gallimard

Édition originale anglaise :
THE SNOW GEESE

© *2002, William Fiennes.*
© *Éditions Hoëbeke, 2014, pour la traduction et la carte.*

William Fiennes, né en 1970, a fait ses études à Eton College et à l'université d'Oxford. Il est apparenté à l'explorateur sir Ranulph Fiennes et aux acteurs Ralph Fiennes et Joseph Fiennes. *Les oies des neiges* a été élu meilleur livre de voyage 2014 par le magazine *Lire*.

Pour ma mère et mon père

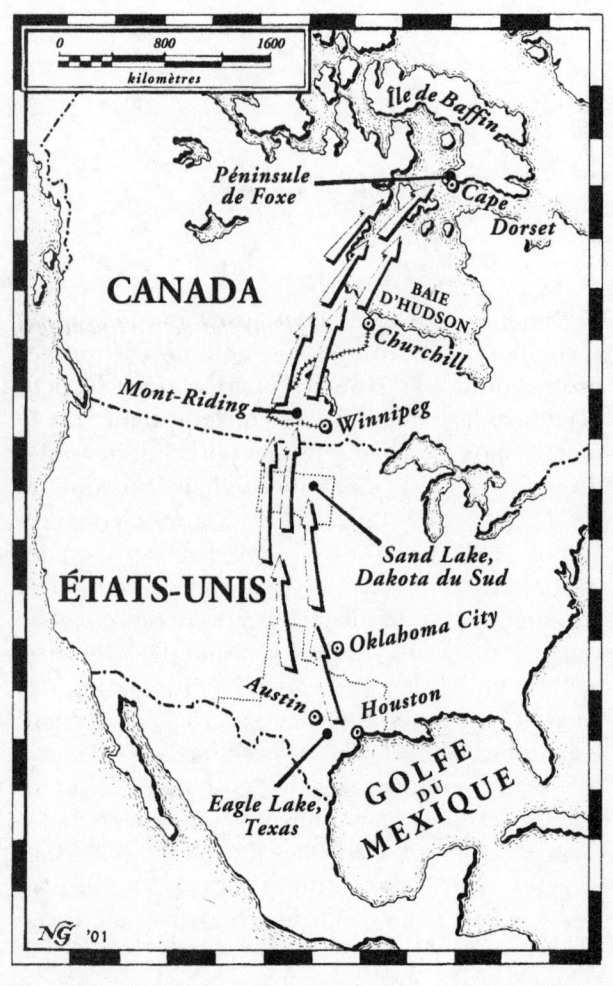

1

L'oie des neiges

Rien ne nous avait laissé prévoir que l'hôtel accueillerait un tournoi de golf pour joueuses professionnelles. Tous les matins, avant le petit déjeuner, les compétitrices convergeaient vers le practice pour s'échauffer. Elles portaient des polos de couleur vive, d'amples shorts en tissu écossais ou vichy, des chaussettes blanches et des chaussures à crampons bien fourbies, qui claquaient sur les allées pavées du *country club*. Leurs cheveux, tirés en chignons, se faufilaient par la petite encoche située à l'arrière de leurs casquettes de base-ball ; leurs mollets bronzés luisaient comme des tanches fraîchement pêchées, accrochées derrière leurs tibias. Au practice, les caddies se tenaient à côté de volumineux sacs de golf en cuir, d'où les joueuses tiraient leurs clubs avec une nonchalance d'archers. Bientôt des balles de golf, bien rincées, ont jailli des tees, s'élevant loin au-dessus des panneaux ronds placés tous les cinquante mètres le long du fairway.

Outre le parcours de golf, la piscine chauffée et deux courts de tennis, les clients de l'hôtel avaient à leur disposition une bibliothèque aux murs pêche, qu'éclairaient des lampadaires. Des appuie-tête en dentelle blanche donnaient une touche de distinction chichiteuse au canapé rouge sombre et aux fauteuils assortis. Entre les rayonnages, dans un cadre en bois doré tout simple, une gravure en couleurs représentait un pont suspendu, monté comme une harpe, avec de solides arches en pierre et de hauts pylônes sur lesquels s'appuyaient les câbles de retenue. Des livres reliés en cuir vert et marron orné de dorures garnissaient les étagères, en compagnie de volumes plus modestes, reliés en toile, dont les dos avaient passé à la lumière du jour. Les livres n'étaient pas destinés à être lus. Ils n'étaient là que pour recréer l'atmosphère d'une demeure de campagne datant de la grande époque de l'Empire britannique. Le décorateur avait souhaité faire passer un message : *Voici un lieu où les messieurs peuvent se retirer pour fumer leurs cigares.*

Les rayonnages abritaient des titres ésotériques, curieusement juxtaposés : un dictionnaire anglais-birman à côté des mémoires de Sully, en plusieurs tomes ; *La Evolución de la Sexualidad e los Estados Intersexuales*, de G. Marañón, voisinant avec *Wagner as I Knew Him* de Praeger ; *De l'espace à l'atome*, de Carl Størmer, entre *Higher Mathematics for Chemical Students* de J.R. Partington et le second volume de *History of Chivalry* de Charles Mills. Une étagère entière était consacrée à des recueils de la *Dublin Review* datant des années 1860, où l'on trouvait des essais tels que « Le père de Hummelauer et l'Hexateuque », « Les Canaux maritimes », « Les

Bénédictins en Australie occidentale » et « Shakespeare économiste ».

Un matin, après avoir observé les golfeuses au practice, j'ai découvert un livre familier, un mince volume beige, presque invisible parmi les livres anciens. Quand j'ai tiré *The Snow Goose*[1] (L'Oie des neiges) du rayonnage, les livres situés de chaque côté se sont penchés l'un vers l'autre, comme des mains jointes pour prier. Après m'être confortablement carré dans un fauteuil, je me suis mis à lire, en me rappelant la première fois que j'avais entendu cette histoire, à l'âge de dix ou onze ans, dans une salle de classe éclairée par de hautes fenêtres, assis à un pupitre incliné à l'ancienne mode, avec à son sommet une rainure pour poser stylos et crayons, et les initiales et étranges symboles gravés dans le grain du bois. Mr Faulkner, notre professeur, était un homme d'une taille supérieure à la moyenne, aux cheveux rares, aux joues plates et rubicondes, et dont les dents étaient plantées selon des angles biscornus. Il portait autour du cou des foulards de soie imprimée et ses cardigans étaient reprisés avec des brins de laine de n'importe quelle couleur ; pour d'excellentes raisons d'optométrie, il gardait ses lunettes de soleil à l'intérieur. Il approchait de la retraite et il aimait à terminer le trimestre en nous lisant une histoire. Une de celles qu'il nous lut était *The Snow Goose*, de Paul Gallico.

Je sentais contre ma nuque l'empreinte de l'appuie-tête amidonné. Des employés de l'hôtel,

---

1. *L'Oie des neiges* est un court roman de l'écrivain américain Paul Gallico, paru en 1941. [*Toutes les notes sont du traducteur.*]

arborant des badges voyants à leur nom, passaient d'un pas vif devant la porte ouverte. J'ai vite cessé de m'y intéresser. Je m'imaginais le marécage le long des côtes de l'Essex, un phare abandonné à l'embouchure d'une rivière, et un bossu à barbe noire, appelé Rhayader, au bras « maigre et ployé au poignet comme une serre d'oiseau », qui peignait des paysages et la faune sauvage. Quinze années s'étaient écoulées depuis que j'avais écouté Mr Faulkner nous lire cette histoire, mais ses images me sont revenues à l'esprit à tire-d'aile : le refuge pour les oiseaux créé par Rhayader ; en automne, le retour des oies à bec court et des bernaches, arrivant de leurs aires de reproduction dans le Grand Nord ; Frith, la toute jeune fille, « aussi craintive et farouche qu'un oiseau », qui apporte à Rhayader une oie blessée, blanche aux ailes bordées de noir – une oie des neiges, donc –, emportée de l'autre côté de l'Atlantique par une tempête, alors qu'elle volait vers le sud pour échapper à l'hiver arctique.

Rhayader soigne l'oie des neiges. Le temps s'écoule. L'oiseau va et vient avec les oies à bec court et les bernaches. Peu à peu, Frith cesse de craindre le bossu ; Rhayader tombe amoureux d'elle, mais il a trop honte de son aspect contrefait pour le lui avouer. En 1940, affolés par les avions et les explosions, les oiseaux partent en avance pour leur migration vers le nord, mais l'oie des neiges s'attarde près du phare. Frith trouve Rhayader en train de charger des provisions dans son voilier de cinq mètres : il compte se joindre à la flotte d'embarcations civiles qui vont traverser la Manche pour aider les troupes alliées à quitter Dunkerque.

Longtemps plus tard, dans un pub londonien, un soldat évoque certains détails de cette évacuation : une oie blanche qui décrivait des cercles dans le ciel, tandis que les soldats attendaient sur les plages ; un petit bateau sortant de la fumée, gouverné par un bossu à la main tordue ; l'oie tournant inlassablement en rond au-dessus du bateau, tandis que le bossu prenait à bord les hommes sur la plage pour les conduire jusqu'aux gros navires. Le soldat compare l'oie à un ange charitable. Il n'a aucune idée de ce qu'il est advenu du bossu, ni de l'oiseau blanc, mais un officier de marine à la retraite se rappelle avoir vu un petit bateau abandonné à la dérive entre Dunkerque et La Panne, avec un mort à l'intérieur, tué par une mitrailleuse, et une oie qui veillait le cadavre. Le bateau avait sombré, engloutissant avec lui son passager.

Frith attend Rhayader, dans le phare. Il ne revient pas. L'oie surgit soudain du large, tourne autour du bâtiment, prend de l'altitude et disparaît. Un pilote allemand s'imagine que le phare est un objectif militaire et le bombarde, détruisant à tout jamais les peintures de Rhayader.

J'ai refermé *The Snow Goose*, je l'ai remis sur son étagère et j'ai quitté la bibliothèque pour gagner les fairways. Mais le tournoi proprement dit me paraissait bien terne, après la parade du matin sur le practice : les chignons blonds, le rythme facile des swings, le vert velouté du green. Chaque caddy veillait sur sa dame avec une dévotion qui frisait l'amour courtois du Moyen Âge : si elle se plaignait d'une trace de boue sur la lame de son club ou d'avoir les mains moites, il faisait un pas en avant pour lui offrir une serviette blanche immaculée. Quelquefois, plusieurs joueuses frappaient au même moment et l'on pouvait voir deux ou trois balles fuser côte à côte, vers un même but, faisant du surplace au-dessus des arbres, avant de plonger, d'un commun accord, semblait-il, en direction du drapeau.

*

Je suis tombé malade à vingt-cinq ans. J'étais déjà diplômé de l'université et je préparais mon doctorat. Je suis entré à l'hôpital pour une intervention deux jours avant Noël. Le chirurgien a rendu ses visites déguisé en Père Noël, tandis qu'une fanfare faisait le tour des services pour jouer des chants de Noël à la demande. Entre les couplets, on entendait les *blips* des moniteurs cardiaques et des goutte-à-goutte. Je n'avais qu'une envie : rentrer chez moi. J'ai entendu un médecin dire à une autre malade qu'elle allait pouvoir repartir ; j'ai eu l'impression qu'il lui accordait un état de grâce. Quelques jours plus tard, ma mère et mon père sont venus me chercher et m'ont reconduit chez nous, à la nuit tombée ; j'ai dormi dans une pièce exiguë, attenante à leur chambre, dont mon père avait fait son dressing, mais qui avait été ma chambre à coucher quand j'étais tout petit. Cette nuit-là, j'ai rêvé que je faisais du ski. Je me trouvais sur une pente, à découvert sous un ciel bleu, sans aucune limite à la largeur ou à la longueur de la piste, d'où un sentiment d'infini, de liberté absolue. Et puis tout à coup, il n'y avait plus de neige et une femme que je ne connaissais absolument pas me tirait par la main à travers un champ, en me disant : « Et si on allait à Trieste ? Il faut aller à Trieste ! » La fenêtre était entrouverte et un courant d'air froid de décembre me soufflait sur la tête ; je me suis réveillé tôt, persuadé que j'avais un bloc de glace autour du crâne. Ma mère m'a enveloppé la tête dans une couverture pliée : je me faisais l'effet d'un nourrisson trouvé en pleine nature et soigné par des Esquimaux.

J'espérais pouvoir reprendre mon travail au bout de deux ou trois semaines, mais il y a eu des complications. J'ai dû retourner à l'hôpital pour une dizaine de jours encore, et puis mes parents sont revenus me chercher pour me ramener à la maison. J'ai dormi dans la petite chambre. Je sentais l'odeur des vêtements de mon père. Le lit était minuscule – un lit d'enfant. Je dormais en diagonale, d'un coin à l'autre, par-dessus le creux du matelas fourré de crin de cheval, et quand je me réveillais, la première chose que je voyais était l'aquarelle de ma grand-mère, représentant l'Everest, avec un biplan volant vers la montagne ; le mot EVEREST était inscrit en majuscules noires et en relief sur le carton de la marie-louise. Le tableau était accroché au-dessus d'une table que j'avais toujours adorée – elle avait un compartiment secret, un abattant qui s'ouvrait là où l'on s'y attendait le moins, une manœuvre spéciale pour actionner le loquet et toujours les mêmes objets à l'intérieur : une vieille bible ; des paires de boutons de manchettes dans un nid de papier de soie ; une brosse à habits en forme de batte de cricket, dont la poignée était entourée de fil ciré noir.

Il y a eu encore d'autres complications : un troisième séjour à l'hôpital en trois mois, une deuxième opération. Et puis le besoin d'une convalescence sérieuse – quelques mois, sans doute, pour me reposer, pour laisser les organes prendre leur place, pour permettre à mes forces de se reconstituer. J'ai renoncé à tout espoir de venir à bout du programme universitaire de l'année et je n'avais plus qu'une envie : rester à la maison. Mes parents y avaient emménagé quelques mois avant ma naissance : elle avait été le centre de ma vie, mon point fixe. Et maintenant que tout avait sombré dans le chaos, la turbulence et la peur, maintenant que j'avais senti le sol se dérober sous mes pieds et que je ne pouvais plus compter sur mon propre corps pour me faire passer, en toute insouciance, d'un jour au suivant, il y avait au moins cette consolation d'un lieu familier. La maison était mon refuge, mon havre de sûreté. La maladie et ses traitements étaient aussi étranges qu'imprévisibles ; notre maison, c'était tout ce que je connaissais et comprenais.

Il s'agissait d'une demeure médiévale située au milieu de l'Angleterre, à des kilomètres de la ville la plus proche, construite en *ironstone*, une roche sédimentaire riche en fer. Par endroits, la roche s'effritait, elle était marbrée de plaques de lichens et se prêtait aux effets de lumière, offrant des bruns ferrugineux, des gris cendrés ou des jaunes orangés sous le soleil, avec aux fenêtres des meneaux taillés dans une pierre plus claire, et un toit d'ardoises qui se creusait et se gonflait comme une nappe d'eau, de pignon en pignon. Un bois de châtaigniers, sycomores et tilleuls se dressait à un jet de pierre vers l'est, avec une petite rivière, la Sor Brook, courant entre les arbres jusqu'à une cascade, haute de trois ou quatre mètres, avec une écluse juste à côté, où l'empreinte de mes mains était préservée dans une plaque de béton réparatrice. Des corneilles avaient colonisé les châtaigniers, les sycomores et les tilleuls, et après la chute des feuilles on distinguait, là où les branches fourchaient, les cuvettes en brindilles que formaient leurs nids et les silhouettes noires des oiseaux perchés dans les hauteurs, craillant de leurs voix de bassons. Vers le nord, la longue flèche d'une église perçait le ciel comme une broche, les terres cultivées montaient en pente douce vers le sud et l'ouest, et chacun de ces tableaux – le bois, les champs, la forme de la flèche – ainsi que le bruit des corneilles et de la rivière m'étaient des sources de réconfort. Aussi loin que remontaient mes souvenirs, rien n'avait changé et cette permanence laissait entendre que l'on pouvait compter sur le monde.

J'attendais avec impatience que ma santé s'améliore. À mesure que les semaines passaient, le fil de ma crainte s'est émoussé, mais j'ai sombré dans la dépression. À l'hôpital, mon seul désir avait été de retrouver l'environnement que je connaissais mieux que n'importe quel autre, parce que c'était une réalité dont je pouvais être sûr ; parce que ce qui m'était familier – ce qui m'était connu – me promettait un asile loin de tout ce qui me paraissait dérangeant, étranger, nouveau. Mais au bout de quelque temps, le familier a commencé à changer de visage. La maison, et le passé qu'elle renfermait, m'ont fait davantage l'effet d'une prison que d'un refuge. Pour autant que je pusse voir, mes amis continuaient de vivre leur vie, toujours aussi pleins d'appétits et d'énergie, alors que j'étais retenu contre ma volonté, puni pour une offense dont j'ignorais tout. Le soulagement éprouvé tout d'abord, à l'idée d'avoir surmonté la crise, s'est lentement transformé en colère, et mes frustrations, si elles étaient atténuées par la bonté de mes proches, n'étaient pas supprimées pour autant, parce que personne, si grand que fût son amour, ne pouvait me donner ce que je voulais par-dessus tout : redevenir l'homme que j'avais été.

Les feuilles, en repoussant, ont caché les nids au sommet des arbres. Les hirondelles sont revenues en avril, suivies par les martinets en mai. Après le dîner, nous prenions le frais derrière la maison, regardant les martinets tournoyer au-dessus de nos têtes, en plein vol vespéral, et faire la course en criant dans la pénombre. Des escouades de corneilles sortaient des bois pour aller chercher dans les champs de quoi se nourrir. On entendait la Sor Brook se déverser en cascade parmi les arbres, on aurait dit le sifflement de congrégations répétant *Nos offenses, nos offenses, pardonnez-nous nos offenses.* Mais ce bruit n'était plus une source de réconfort. J'étais incapable de me détendre et d'accepter la nécessité de cette réclusion. Je souffrais d'avoir perdu non seulement ma force, mais ma faculté de jouir de la vie. Je tâchais de me concentrer sur les martinets, de fixer mon attention sur quelque chose d'autre que mes propres angoisses. Je savais qu'ils revenaient, une génération après l'autre, nicher dans ces sites appréciés, et qu'il s'agissait fort probablement des oiseaux que nous avions déjà observés l'année précédente, de descendants des martinets qui avaient niché sous les toits de notre maison lorsque ma mère et mon père étaient venus s'y installer ; et même de descendants des oiseaux que mon père avait regardés dans son enfance, lorsqu'il rendait visite à ses grands-parents dans cette même demeure.

Ma mère a proposé un petit changement d'air et, d'un coup de voiture, nous avons gagné cet hôtel aux confins du pays de Galles. C'est là que j'ai découvert *L'Oie des neiges* dans la bibliothèque et que je l'ai lu d'un bout à l'autre, en me rappelant Mr Faulkner, les hautes fenêtres de notre salle de classe, les pupitres et leur rainure. Je me méfiais du côté bêlant de ce roman, de son vernis d'allégorie religieuse, et les tentatives de Gallico pour rendre de manière phonétique (comme s'il s'agissait de chants d'oiseaux) l'accent des simples soldats, originaires de l'East End de Londres, et celui des officiers, issus de la haute bourgeoisie, m'ont fait rire. Pourtant, il y avait dans cette histoire quelque chose qui m'obsédait.

*

Mon père adorait les oiseaux. Une mangeoire était accrochée derrière la maison : un tube long et mince en fil de fer tressé recouvert de plastique vert, regorgeant d'excellentes arachides *hsuji*. On voyait cette mangeoire par la porte-fenêtre qui ouvrait sur la petite terrasse pavée, et si l'on restait assis sans bouger, on pouvait regarder les mésanges noires, charbonnières ou bleues, et quelquefois les sittelles piller la réserve de graines rouge sombre ; on reconnaissait aisément les sittelles à leur dos d'un bleu grisé et à la manière dont elles s'agrippaient à la mangeoire (à l'envers, la queue levée). Je ne m'y étais guère intéressé quand j'étais petit. L'habitude qu'avaient les roitelets de dresser la queue ne faisait pas le poids à côté du sport, de la musique pop ou de la télévision. Je n'avais aucune envie de prêter attention à mon père lorsqu'il me montrait des bergeronnettes qui traversaient la pelouse au pas redoublé, des pinsons perchés à l'angle du toit, ou encore la manière dont un picvert volait par petits bonds, en repliant ses ailes et en perdant de l'altitude entre deux battements, si bien que l'on voyait une sorte d'ondulation, comme quelqu'un occupé à coudre un ourlet, et que l'on pouvait annoncer le nom de l'oiseau avant même d'avoir distingué la couleur de son plumage.

Lorsque nous sommes revenus de notre hôtel, cependant, j'ai eu envie de mieux connaître les oiseaux. Je n'arrivais pas à me sortir *L'Oie des neiges* de la tête. J'ai fait le tour du parc, équipé des jumelles de poche Zeiss de mon père et d'un petit guide d'ornithologie pour débutants, cherchant les oiseaux et m'efforçant d'apprendre leur nom. Quelquefois, j'en décrivais un à mon père et il me disait ce que c'était : chardonneret, fauvette à tête noire, bruant jaune. Mes parents ont dû être tout étonnés de me voir donner ces marques d'enthousiasme : cela faisait des mois que je me montrais maussade, déprimé, introverti, pris au piège de mes peurs, plein de ressentiment à l'idée que ma vie avait été si violemment interrompue. À l'hôpital, je ne rêvais que de rentrer à la maison. Mais quand est arrivée la fin du mois de mai, j'en avais par-dessus la tête, j'avais faim de nouvelles expériences, d'horizons différents. En lisant chez Gallico les descriptions des vols migratoires des oies, je m'étais interrogé sur les mystérieux signaux qui disaient à un oiseau qu'il était temps de partir, de prendre son envol.

Je le partageais, cet urgent besoin de partir. Il s'intensifiait. J'avais repris assez de forces pour être curieux. À me voir me passionner, comme je ne l'avais jamais fait dans mon enfance, pour les hirondelles, les martinets, les corneilles, les bergeronnettes, les pinsons, les passereaux, les grives et les pics-verts tout autour de chez nous, on aurait dit que je cherchais à me racheter de n'avoir rien su remarquer naguère – et mon père était toujours prêt à me fournir un nom, une habitude, une petite bribe de savoir. C'étaient les martinets que j'aimais par-dessus tout. Jamais je ne les avais observés d'aussi près. Mon père disait qu'après leur départ, au début du mois d'août, beaucoup d'entre eux ne toucheraient plus terre, ne se poseraient même plus, jusqu'au moment de leur retour au mois de mai suivant : ils buvaient, se nourrissaient, dormaient même en vol. J'ai songé à l'oie des neiges de Gallico, partant vers le sud depuis les régions arctiques tous les automnes, aux oies à bec court et aux bernaches, qui faisaient la navette entre le sanctuaire de Rhayader et leurs aires de reproduction dans le Nord. Pourquoi les oiseaux entreprenaient-ils de tels périples ? Comment savaient-ils quand partir et dans quelle direction ? Comment les martinets retrouvaient-ils leur chemin, année après année, entre le Malawi et précisément cette maison, celle de mon enfance ?

C'était la première fois que je me passionnais pour quelque chose depuis que j'étais tombé malade et j'avais besoin d'un projet, d'une distraction, d'un moyen d'évasion. J'ai emporté des livres sur les migrations des oiseaux dans une pièce, tout en haut de la maison, un vrai petit nid, sous les toits, dont le plafond bas était marbré de traînées et d'auréoles de suie, comme si la fumée des bougies avait inscrit des runes sur le plâtre fissuré – une pièce que nous appelions d'ailleurs le nid d'aigle, parce qu'il donnait cette sensation d'altitude douillette. Le dessin des champs que j'apercevais depuis la petite fenêtre à deux battants était devenu pour moi une seconde nature et je connaissais le nom de chacun : Lower Quarters, Danvers Meadow, Morby's Close, Allowance Ground. Quelquefois des martinets passaient devant la fenêtre en criant, tandis que, installé dans mon nid d'aigle, j'étais penché sur des ouvrages d'ornithologie.

*

Nous sommes de guingois. C'était la première chose à comprendre. L'axe de rotation de la Terre n'est pas perpendiculaire au plan de son orbite autour du Soleil. Il est incliné d'environ vingt-trois degrés et demi. Cette inclinaison fait que les hémisphères Nord et Sud sont orientés vers le Soleil une partie de l'année et loin de cet astre le reste du temps. Ce qui explique nos saisons. Nos climats sont tour à tour accueillants et inhospitaliers, selon des séquences régulières. La production alimentaire décline dans un hémisphère, alors même qu'elle augmente dans l'autre. Toutes les créatures vivantes doivent s'adapter à ces cycles pour survivre. La migration est un moyen de s'accommoder de notre inclinaison.

Les parulines à capuchon, pesant entre neuf et douze grammes, couvrent plus de neuf cents kilomètres sans s'arrêter au-dessus du golfe du Mexique, de même que les colibris à gorge rubis, qui mesurent moins de neuf centimètres de long, et dont les ailes peuvent battre entre vingt-cinq et cinquante fois par seconde. Les faucons kobez quittent la Sibérie et l'Europe de l'Est pour franchir la mer Noire, la mer Caspienne et la Méditerranée, en route vers les savanes du sud-est de l'Afrique ; les grues demoiselles survolent l'Himalaya pour aller hiverner en Inde ; les puffins à bec grêle vont de la mer de Béring jusqu'à leurs aires de reproduction au large de l'Australie méridionale, arrivant chaque année à la même date, à une semaine près ; le bécasseau maubèche, un échassier trapu et court sur pattes, va de l'île de Baffin à la Terre de Feu, couvrant en tout près de trente-cinq mille kilomètres. Une sterne arctique, qui se rend de l'océan Arctique jusque dans l'Antarctique avant de revenir, doit faire environ quarante mille kilomètres par an – soit à peu de chose près le diamètre de la Terre.

Six cent mille grandes oies des neiges s'accouplent dans les îles de l'océan Arctique, au nord-est du Canada, et partent vers le sud chaque automne, passant au-dessus du Québec et de la Nouvelle-Angleterre, pour aller hiverner le long de la côte atlantique des États-Unis, du New Jersey à la Caroline du Nord. Elles sont toutefois beaucoup moins nombreuses que les petites oies des neiges, *Chen caerulescens caerulescens*, l'espèce sans doute la plus abondante dans le monde. Cette petite oie se présente sous deux formes de coloration. L'oie dite de « phase blanche » a un plumage tout blanc et le bout des ailes noir ; l'oie de « phase bleue » possède une robe où des plumes de diverses nuances de brun, de gris et d'argenté se mêlent aux plumes blanches pour créer un effet général bleu ardoise métallisé. Les variétés blanche et bleue peuvent très bien s'accoupler ; elles nichent et migrent en bandes mélangées. Les deux variétés ont le bec rose orangé, plus étroit que le bec noir des bernaches du Canada, avec des bords durs et dentelés pour arracher plus aisément les racines des plantes de marécage. Une tache noire en forme de losange, très visible, de chaque côté du bec, donne l'impression d'un sourire ou d'un rictus.

Six millions de petites oies des neiges s'accouplent d'un bout à l'autre de l'océan Arctique, depuis l'île Wrangel, au large de la Sibérie, à l'ouest, jusqu'à la baie d'Hudson, l'île Southampton et l'île de Baffin, à l'est, et à la fin de l'été elles partent hiverner dans le sud des États-Unis et le nord du Mexique. Il s'agit d'un périple exigeant et dangereux de trois mille, quatre mille et parfois jusqu'à six mille kilomètres, mais les avantages de cette migration l'emportent sur les risques encourus. Sous les hautes latitudes de l'Arctique, les oies des neiges trouvent de vastes aires de nidification qui leur conviennent, un nombre relativement réduit de prédateurs, une nourriture abondante au cours des étés brefs et intenses et vingt-quatre heures de lumière du jour pour faire le plein de réserves alimentaires. Et avant l'arrivée de l'hiver arctique, avant que leur nourriture ne soit gelée ou profondément enfouie sous la neige, elles repartent vers le sud, afin d'exploiter les ressources et les conditions hospitalières de leur zone d'hivernage.

Tandis que je lisais, perché dans mon nid d'aigle, mes pensées retournaient sans cesse à l'histoire de Gallico : Frith arrivant chez Rhayader avec l'oie blessée dans ses bras, soit une grande oie des neiges, soit une petite oie de phase blanche, jetée hors du droit chemin par une tempête, alors qu'elle volait vers le sud au milieu de son groupe familial. J'ai assemblé des photographies d'oies des neiges : la blancheur hivernale de leur plumage qu'on aurait dit lavé de frais juste après la mue ; les yeux denses, noirs comme de la laque, qui avaient l'éclat de billes de verre ; le vaste bazar d'ailes entremêlées d'une volée d'oies, s'élevant de leurs gîtes dans les marais. Ces images m'attiraient. Je me sentais enchaîné, confiné. J'avais l'impression d'avoir entrevu ces oiseaux à travers la fenêtre à barreaux d'une cellule, tout en haut du mur. Jour après jour, mon besoin de bouger s'intensifiait.

Et puis mon père a trouvé une vieille carte qu'il a laissée sur mon lit – une carte des Amériques, froissée et salie, presque trouée aux endroits où deux plis se croisaient, avec les routes des oiseaux migrateurs s'allongeant d'un bout à l'autre du continent, du cap Horn à la mer des Tchouktches. Et la première chose qui m'est tombée sous les yeux, c'était la longue courbe d'aquarelle verte représentant le vol des petites oies des neiges au milieu du continent, soit peut-être cinq millions de volatiles, des rivages du golfe du Mexique au Texas, au-dessus des Grandes Plaines en direction de Winnipeg, puis au-dessus de la forêt de conifères boréale et des vastes étendues de toundra jusqu'à la baie d'Hudson, et de là au-dessus de la baie jusqu'à l'île Southampton et à une péninsule située au sud-ouest de l'île de Baffin, qu'on appelle péninsule de Foxe. J'ai suivi cette route à d'innombrables reprises sur la carte, en rêvant d'évasion. D'énormes quantités de petites oies des neiges nichaient dans la péninsule de Foxe. Une zone particulière, la Grande Plaine de la Koukdjuak, abritait, à ce qu'on disait, plus d'un million d'oies. Quel bruit pouvait bien faire un million d'oies ? Quel effet cela me ferait-il de voir de mes propres yeux ces volées d'oies, arrivant dans la péninsule de Foxe, portées par les vents du sud ? Voilà ce que je me demandais.

J'ai imaginé une quête, un vol : un voyage avec les oies des neiges jusqu'à l'océan Arctique. Le pincement de nostalgie, l'intense désir de rentrer chez moi que j'avais éprouvé à l'hôpital, avait désormais été supplanté par un autre désir, non moins intense, d'aventure et de nouveaux horizons. Autant j'avais eu désespérément envie de retourner à la maison, autant j'avais désormais envie d'en partir. J'ai regagné l'université à la fin de l'été, mais je n'avais plus le cœur au travail. Je n'arrêtais pas de penser aux oies. J'avais été plongé dans tout ce qui m'était le plus familier, tout ce qui m'imprégnait le plus fortement du passé, et j'avais faim de nouveautés, de territoires inconnus. Je voulais fêter mon retour du monde des malades, trouver un moyen de laisser derrière moi ce qui m'était arrivé à l'hôpital, la peur et le choc de ces semaines, le sentiment d'emprisonnement. Je voulais proclamer que j'étais libre de bouger.

J'ai réservé un billet sur un vol pour Houston, pour la fin du mois de février, avec l'intention d'aller trouver les oies dans les prairies du Texas et de les suivre vers le nord, au printemps.

*

La veille de mon départ pour le Texas, je suis retourné chez mes parents. L'après-midi, mon père et moi sommes sortis marcher. Un cerf-volant rose était prisonnier de l'if, dans le cimetière qui entourait l'église ; les coins des pierres tombales paraissaient coiffés de bérets de mousse. Après avoir escaladé une barrière, nous avons traversé à grands pas Danvers Meadow, nous dirigeant vers l'ouest, penchés en avant pour gravir la pente herbue, parsemée des feuilles de hêtre desséchées de l'année précédente. Mon père portait un pantalon en velours côtelé marron clair et une vieille veste cirée verte, dans la poche de laquelle il avait toujours un chapeau assorti, en cas de pluie. Nous avancions à une allure régulière, en parlant du voyage qui m'attendait, et le rythme de nos pas scandait nos paroles, comme pour en marquer le tempo.

Un mur de pierres sèches couronnait la crête devant nous et nous savions précisément quelle vue nous aurions de là-haut : un paysage doux et ondulant, tout un dédale de haies d'aubépine, des bouquets d'arbres, des champs labourés, ou ensemencés, ou laissés à l'état de pâture, et, au-delà du Lower Clover Ground, en contrebas, une étable au toit de tôle ondulée, d'où l'haleine du troupeau sortirait sous forme de buée, par-dessus de larges grilles en fer. Il y avait trois meules de foin à côté du bâtiment, contre lesquelles étaient appuyées des échelles et des palettes en bois cassées, puis, un peu plus loin dans la vallée, sur la rive de la Sor Brook, s'élevait une ferme, dont la cheminée en brique laissait échapper un panache de fumée, avec quelques poulaillers et une banderole de serviettes de bain roses et blanches séchant sur le fil à linge. Cette vue nous était aussi familière que nos physionomies respectives, aussi inévitable, aussi appropriée, avec les bosquets, les haies, les champs, les versants et les deux bâtiments, tous à leur place habituelle, chaque élément portant un nom : Hazelford, Buck Park et Jester's Hill ; Frederick's Plantation, Stafford Wood et Miller's Osiers ; the Brake, the Shoulder of Mutton, the Great Ground.

Nous sommes passés par-dessus un échalier et nous nous sommes approchés de l'étable, mes grandes bottes en caoutchouc noir claquant contre mes mollets. Le bourdonnement d'un avion bimoteur nous a fait lever le nez : quelques cumulus au ventre gris violacé, au dos étincelant comme les voiles d'une goélette ; la traînée blanche ondulée laissée par un avion à réaction ; le vol bondissant des petits oiseaux. Nous avons entendu les tintements métalliques des grilles d'acier contre lesquelles le bétail se pressait et la respiration des bêtes, comme un soufflet d'orgue. Sur une pancarte triangulaire, on pouvait lire : « UTILISER DES PLANCHES POUR CIRCULER SUR CE TOIT », et à l'autre bout du bâtiment il y avait des mangeoires grises et des rouleaux de grillages pour clôtures, une remorque à plateau, une vieille moissonneuse-batteuse rouge sombre de la firme Massey Ferguson, et tout un tas de matériel agricole en perdition : socs de charrues, herses, houes en fer, disques et dents de fourche, couverts de rouille. De l'autre côté de l'étable, le terrain descendait sur notre gauche jusqu'à la Sor Brook et aux saules blancs qui la bordaient, dont les feuilles sont en été d'un vert bleuté éclatant. La rivière passait devant la ferme : c'était un ancien moulin, un édifice haut et étroit avec des fenêtres encadrées de blanc sous les linteaux de bois noirs.

Nous avons dépassé la ferme, en restant sur les hautes terres, tandis que la Sor Brook déployait ses méandres en contrebas, sur notre gauche, puis nous avons dévalé la pente jusqu'au cours d'eau et nous avons marché à contre-courant, traversant les parcelles appelées Keeper's Meadow et Little Quarters, dont le sol était constellé de taupinières d'un brun rougeâtre. Des petits agneaux d'un mois et des brebis, dont l'arrière-train portait des marques rouges, paissaient près de la haie d'aubépine, dans laquelle s'étaient entortillées des touffes de laine blanche. Il y avait en fond sonore d'incessants gazouillis et ramages et, par intervalles, le tonnerre, très lointain, d'un canon « effaroucheur » d'oiseaux. Nous marchions, côte à côte, ouvrant les barrières et les refermant avec soin, nous rapprochant de chez nous. La flèche de l'église est apparue, avec les plumes de la queue du coq-girouette étincelant dans le soleil déjà bas, puis les cheminées en pierre blanche de la maison : c'étaient nos points de repère. Cet endroit que j'aimais si profondément était aussi celui que je connaissais le mieux au monde. Nous avons regagné la maison, en faisant crisser les graviers sous nos pieds, retirant nos manteaux avant même d'avoir atteint la porte d'entrée, salués par les corneilles bavardes et haut perchées. D'un pied, j'ai marché sur le talon de l'autre botte pour me déchausser et mon père s'est appuyé contre le mur pour garder son équilibre, tandis qu'il délaçait ses chaussures.

Plus tard, après avoir tiré les lourds rideaux rouges devant la porte-fenêtre, nous nous sommes penchés sur ma carte des Amériques, suivant le vol des oies des neiges du Texas à la péninsule de Foxe. L'horloge sur la cheminée égrenait son tic-tac ; le feu crépitait et claquait comme un drapeau.

*

J'ai pris l'avion jusqu'à Houston puis, avec une Chevrolet Cavalier bleu métallisé de location, je suis parti vers l'ouest, pour me rendre à Eagle Lake. C'était grisant – cette seule idée d'être ainsi au Texas, en route pour retrouver les oies des neiges par mes propres moyens, lâché dans le monde, dans l'inconnu. Et c'était vraiment l'inconnu : dans toutes les directions, une rude prairie broussailleuse et des champs bien plats, labourés de frais pour recevoir les plants de riz et de sorgho ; des éoliennes, des silos à riz cylindriques et des granges en métal galvanisé ; des pompes fonctionnant comme des métronomes dans la pénombre bleutée ; et les silhouettes de prosopis, qui ressemblaient à des lettres grecques, juchées sur les étroits remblais. Je cherchais déjà des oies – surexcitation – seuil de vigilance – décalage horaire tenu en respect – et mes yeux, tels deux petits oiseaux, voletaient d'un endroit à l'autre.

Il faisait nuit quand je suis arrivé au Sportsman's Motel, un bâtiment de plain-pied, en forme de L, à la périphérie d'Eagle Lake ; des pick-up étaient garés à la porte des chambres et une oie empaillée montait la garde sur le comptoir de la réception, les ailes sur les hanches, comme des poings. J'ai à peine dormi, mon esprit traversé toute la nuit par des éclairs de plaisir anticipé, de volonté d'autonomie, par la perspective de la péninsule de Foxe.

Une employée du syndicat d'initiative m'avait conseillé de voir Ken pour parler avec lui des oies sauvages. Dès la première matinée, je lui ai téléphoné du motel.

« Je vous retrouve pour le déjeuner au Sportsman's Restaurant, m'a-t-il dit. C'est de l'autre côté du parking par rapport à vous. Vous ne pouvez pas le rater. »

Eagle Lake était une petite ville de la prairie, dont les rues étaient ombragées par des chênes verts et des magnolias et bordées de maisons blanches en bois, chacune trônant sur sa parcelle comme un château dans son domaine, avec une galerie couverte, une terrasse, un perron, une balancelle et un auvent. Des drapeaux américains pendaient mollement en haut de mâts blancs dont la peinture s'écaillait. Des carouges à épaulettes étaient perchés sur les fils télégraphiques, on aurait dit des notes sur une portée. Une voie ferrée, celle du Southern Pacific Railway, coupait la ville en deux et, de temps à autre, des sonneries se faisaient entendre à tous les passages à niveau, mais leur tintement était vite noyé par le tonnerre de locomotives jaunes et de wagons-tombereaux chargés de gravier, qui fonçaient sur les rails de San Francisco à La Nouvelle-Orléans, faisant vibrer la terre sous les bâtiments et jusque dans la prairie.

J'étais la seule personne à marcher à pied dans la ville. Des chasseurs me dépassaient dans leurs pick-up, venus mitrailler les faisans de Colchide, les grues du Canada, les perdrix choukars, les tourterelles tristes, les colins écaillés, les cerfs de Virginie et les pécaris, qu'on appelle ici des *javelinas*, mais surtout les canards et les oies qui hivernaient par milliers dans les prairies environnantes. Le gibier d'eau avait à proximité des étangs où se poser à ne plus savoir qu'en faire, ainsi que du chaume de riz et de maïs pour se nourrir. Les chasseurs, eux aussi, trouvaient tout ce dont ils avaient besoin à Eagle Lake : au magasin Johnny's Sports Shop, des tenues de camouflage, des couteaux de chasse, des appeaux électroniques, des cartouches en acier et en tungstène à haute vitesse (« Descendez-les au tungstène ! »), ainsi que des fusils et carabines Benelli, Browning, Remington, Winchester et Lakefield ; des chasses guidées proposées par diverses entreprises ; ou encore des ateliers de taxidermistes, qui empestaient, pour faire monter en trophée de chasse, sur un morceau de cèdre du Texas, leur fuligule à dos blanc, leur petit garrot ou leur oie des neiges de phase blanche. Et bien sûr, de l'autre côté du parking, sur l'autre trottoir de Boothe Drive par rapport au restaurant Dairy Queen, le Sportsman's Restaurant leur servait de cantine, de point de ralliement et de « comme chez soi ».

À l'intérieur, les murs étaient ornés de gravures de chasse en couleurs : des hommes installant des leurres à l'aube ; des jaillissements de canards affolés ; la démarche et la loyauté des labradors. Des volatiles empaillés semblaient prêts à s'envoler de leur support en bois ; depuis les pales des ventilateurs au plafond, des canards en vol miniatures pendaient au bout de minces chaînes et les serveuses n'avaient qu'à tendre la main et tirer dessus pour mettre les ventilateurs en route. Un ange en verre de vitrail planait dans un coin du restaurant, les plumes de ses ailes soulignées par de complexes coulées de plomb entre les morceaux en amande de verre blanc opaque. L'ange portait une robe jaune ceinturée d'une bande de toile rouge et tenait un agneau.

Les chasseurs engloutissaient du poulet frit ou chiquaient du tabac Red Man, Beech-Nut, Levi Garrett ou Jackson's Apple Jack, tous vêtus de tenues de camouflage, salopette, chemise, veste et casquette, avec des colliers faits de bagues d'acier – celles utilisées pour l'identification des oies, qu'ils leur ôtaient de la patte une fois la bête abattue, pour les enfiler sur un lacet de cuir. Le dessin de leur tissu de camouflage représentait tantôt un fouillis de branches, éclairé par des petites feuilles d'un gris argenté, tantôt un entrelacs de feuilles palmées, érable ou platane par exemple, et de feuilles lobées, à la façon des feuilles de chêne, tantôt un mélange de frondes et de feuilles allongées, en forme de glaive, comme en ont les roseaux ou les joncs. Parfois, trois hommes, portant chacun un de ces motifs qui correspondait à un habitat bien distinct, étaient réunis à une même table et illustraient ainsi la variété des buissons et couverts existant de par le monde. Au sol, le linoléum était marbré de traînées olive et kaki, de même que les nappes sur les tables, si bien que les bras des chasseurs disparaissaient chaque fois qu'ils tendaient la main pour prendre la salière ou le sucrier, la toile de camouflage qui les recouvrait se confondant avec la nappe.

De leurs voix nasillardes et monocordes, ils échangeaient des histoires à la gloire de leur endurance et de leur audace.

« Une fois, je chassais dans le Colorado. On a passé trois jours en bagnole à monter et à descendre ces foutues montagnes, en cherchant des élans. On n'en a pas vu l'ombre d'un. Et en rentrant à la maison, j'ai estourbi un cerf avec ma camionnette. Je l'ai pris en plein sur le pare-chocs. Tué sur le coup.

— Ben, au moins, t'as eu quelque chose.

— Chaque fois que je pouvais, je faisais de la chasse sous-marine. J'ai jamais eu le mal de mer. Il m'est arrivé d'être un peu barbouillé une fois, mais j'ai jamais vomi.

— Oh, moi, si, j'ai vomi. Et pas qu'un peu.

— La seule fois où j'ai gerbé, c'est quand je suis allé à la pêche avec mon médecin. Il a fallu que je le regarde bouffer des cornichons. Ça m'a filé la nausée de regarder ce mec bouffer des cornichons. Il m'a donné des comprimés. "Tiens, prends ça", qu'il m'a dit. Alors j'ai pris les comprimés et *pan !* j'ai roupillé pendant six heures, là où j'étais, sur le pont du bateau, à plat dos. Tu sais sûrement comme le soleil peut cogner fort, dans le golfe du Mexique. Quand je me suis réveillé, j'étais cuit à point. J'avais la peau qui cloquait, comme un poisson au barbecue. T'as jamais vu des cloques pareilles. La vache !

— Un jour, dans l'Iowa, j'ai emmené des gars à la pêche sous la glace. Trois caïds de la mafia. Lunettes noires, pardessus en poil de chameau, cigares. Ils sont arrivés à bord d'une limousine noire avec des vitres fumées et un chauffeur. Le type a roulé sur le lac glacé jusqu'à l'endroit où j'avais fait un trou dans la glace avec une vrille. Et ses patrons lui ont dit d'attendre dans la limousine, pendant qu'ils cherchaient à prendre des crapets arlequins ! »

Ken m'a repéré, debout à la porte, en train de scruter les tables du regard, et il m'a fait signe de venir le rejoindre. Il était seul à une table, en veste de camouflage, coiffé d'une casquette de base-ball qui annonçait sa loyauté envers l'équipe des Dallas Cow-Boys – c'était un petit homme trapu d'une quarantaine d'années, qui caressait volontiers sa barbiche rousse entre le pouce et l'index, comme s'il réfléchissait profondément à un enchaînement de causes et d'effets. Ses lentilles de contact teintées lui faisaient des yeux d'un bleu saphir électrique ; ses pupilles ressemblaient à deux grains de poivre au milieu d'anneaux bleus ; et au fond de ces yeux étranges brillait une force considérable. Derrière lui, au mur, une oie des neiges de phase blanche était montée en trophée, les ailes étendues. Les plumes noires qui les bordaient n'étaient pas là uniquement pour faire joli : la concentration de mélanine – le pigment auquel on doit la couleur noire – renforce les grandes rémiges et les rend plus résistantes ; c'est une adaptation que l'on retrouve souvent chez les oiseaux qui migrent sur de longues distances.

« Ravi de vous voir, a dit Ken. Asseyez-vous donc, ça soulagera vos pieds. »

Il possédait une petite rizière attenante au ranch de son grand-père ; et pour arrondir ses fins de mois, il faisait office de guide pour les chasseurs. Nous avons commandé à déjeuner et parlé des oies des neiges. À ce que m'a dit Ken, le nombre des petites oies des neiges causait des inquiétudes. L'espèce se multipliait à un rythme qui dépassait toutes les prévisions. En 1960, deux mille couples avaient niché dans la colonie du cap Henrietta Maria ; en 1998, il y en avait eu deux cent vingt-cinq mille. Cent ans auparavant, les petites oies des neiges hivernant au Texas s'étaient cantonnées dans les marais côtiers, entre le delta du Mississippi et Corpus Christi, Texas, se nourrissant des racines et des rhizomes des roseaux et des herbes. Mais, en conséquence du développement agricole du golfe du Mexique et des Grandes Plaines, d'importants nombres d'oies avaient commencé à hiverner plus loin vers le nord, dans des habitats de prairies à l'intérieur du pays, ajoutant à leur régime alimentaire les grains de riz, de maïs et d'orge qui n'avaient pas été récoltés. Désormais, ces bêtes trouvaient des provisions de nourriture presque illimitées entre Winnipeg et le golfe du Mexique. Cette abondance, s'ajoutant à l'établissement de réserves destinées à la faune sauvage, où elle n'avait pas à redouter les chasseurs, avait débouché sur une explosion démographique, et un si grand nombre d'oies atteignait à présent les aires de reproduction de l'océan Arctique que les habitats de la toundra étaient en passe d'être tout à fait dénudés, car la végétation était incapable de se reproduire d'une année sur l'autre. Le long des presque mille deux cents kilomètres de côte, autour de la baie d'Hudson et de la baie James, les scientifiques estimaient que plus d'un tiers de l'habitat original de la toundra avait été détruit, et un autre tiers sérieusement endommagé.

« On les appelle les *wavies*, les houleuses, ces oies des neiges, m'a expliqué Ken en redressant sa casquette, parce que quand elles volent, elles ondulent comme la houle. Je les attends en octobre, ou peut-être en novembre. Elles trouvent un étang où se poser – quelques milliers par étang – et elles décollent au lever du soleil pour le petit déjeuner ; on peut en profiter pour mettre sa pendule à l'heure. Elles quittent l'étang pour les champs où elles mangent à leur faim, puis en milieu de journée elles traînassent et se reposent, et l'après-midi elles remettent ça, avant de retourner se poser sur l'étang au coucher du soleil. C'est réglé comme du papier à musique. Aller et retour. Donc, si on chasse l'oie, il faut sortir quand il fait encore noir le matin, installer des leurres et attendre qu'elles vous survolent. On peut les appeler en utilisant un appeau classique ou électronique, comme on préfère. D'habitude, elles repartent au début du mois de mars, mais cette année, beaucoup d'oies sont déjà parties parce qu'il fait si doux ; le printemps a été précoce chez nous. Il nous reste encore quelques oies, mais ce sont des traînardes ; disons que ces oies-là ferment la marche. »

Ken m'a proposé de venir le rejoindre au Sportsman's, plus tard dans l'après-midi. Comme ça, je pourrais le suivre jusqu'à sa rizière. Il me montrerait l'étang où les oies se posaient ; je pourrais attendre le coucher du soleil et regarder les oiseaux revenir. J'étais impatient de les voir pour la première fois.

Nous nous sommes retrouvés à cinq heures. Ken caressait sa barbiche entre son pouce et son index.

« Bon, vous êtes prêt à voir quelques oies ? » m'a-t-il demandé.

Son pick-up Dodge brun clair avait des gnons et

des rayures un peu partout, comme une voiture de rallye. Au volant de ma Chevrolet bleue, j'ai quitté le parking du Sportsman's derrière la Dodge pour m'engager dans Boothe Drive. Nous sommes lentement sortis d'Eagle Lake pour nous enfoncer dans la prairie, sous la voûte du ciel qui s'étendait d'un horizon à l'autre, comme une énorme cloche de verre renversée, d'un bleu limpide en dehors de deux traînées parallèles de cirrus duveteux. Nous avons quitté le macadam pour prendre une piste en terre battue et la poussière montait en nuages de sous les roues arrière du pick-up. Je ne cessais de regarder à gauche et à droite, bouillant de voir les oies des neiges. Les seuls accents verticaux étaient les poteaux télégraphiques, les silos à riz et les émetteurs radio. Les champs carrés étaient labourés ou laissés à l'état de pâturages. Les pistes formaient un quadrillage entre les champs et nous les avons suivies à la façon des cavaliers d'un jeu d'échecs, jusqu'au moment où nous sommes arrivés devant une maison à un étage, un petit cube posé au milieu de la prairie, avec un escalier extérieur qui montait jusqu'à une porte au premier. Nous nous sommes garés au pied de cet escalier.

« Mon grand-père a construit la maison lui-même, a dit Ken. C'est une espèce de lieu de retraite. Il a construit une maison, et ensuite il a décidé qu'il avait envie de vivre au bord d'un lac. Alors il en a installé un juste à côté de la maison. Il a surélevé les bords, pompé de l'eau à l'intérieur, il y a introduit des perches pour avoir quelque chose à pêcher – et voilà, un lac en bonne et due forme, au-dessus du niveau du sol, en plein milieu de la prairie. Entrez donc. »

Nous avons gravi l'escalier. Derrière la porte d'entrée, on pouvait lire sur le tapis d'accueil : OUAOUH ! LES JOLIS DESSOUS ! Des manteaux étaient accrochés à un portemanteau fait des bois d'un cerf. Le salon ouvrait sur une petite cuisine américaine au fond et des portes vitrées coulissantes donnaient sur une terrasse en bois, avec vue sur le lac surélevé et les rizières environnantes, dont une avait été inondée pour permettre aux oies de se poser. L'eau n'avait guère que trente à cinquante centimètres de profondeur : quelques canards flottaient dessus ; des échassiers se frayaient un chemin le long de ses bords boueux. Nous sommes sortis sur la terrasse. Le soleil était bas dans le ciel ; l'air se rafraîchissait très vite. Du bétail Black Angus, noir comme de l'encre, se prélassait dans des prés tapissés de broussailles et déambulait le long des remblais. Les yeux de Ken, avec leur bleu électrique, brillaient d'un éclat encore plus intense dans la pénombre du crépuscule. Il n'y avait pas un souffle d'air pour faire tourner les pales tricolores des éoliennes.

Jack, le grand-père de Ken, avait bâti sa maison selon ses besoins précis. Il avait voulu une terrasse, parce qu'il aimait bien s'asseoir et regarder les oies et les canards venir se poser au coucher du soleil. Une rampe en bois courait de la terrasse au bord du lac, avec au bout un radeau de bois, flottant sur des pontons, équipés de sièges pour pêcher. La maison était consacrée aux oiseaux. Les poignées de portes étaient sculptées en forme de becs de héron ; une oie du Canada miniature, en porcelaine, glissait sur un nœud au bout du cordon qui actionnait la lumière de la salle de bains ; et sur tous les murs, des gravures ou aquarelles de gibier d'eau et de scènes de chasse, ainsi que des photographies de chasseurs vêtus comme des miliciens, en tenue de camouflage de la tête aux pieds, brandissant des fusils, tenant à bout de bras des paires d'oies mortes, les traînées rouges clairement visibles sur les corps des phase-blanche. Sur les étagères vernies étaient alignés d'anciens leurres à canards, des cendriers en verre dans lesquels étaient gravées des bernaches du Canada ou des oies des neiges et des livres sur les leurres, le gibier d'eau et l'art de la chasse et de la pêche qui se dressaient entre de robustes serre-livres en laiton, en forme de tête ou de buste de canard. Une carte du monde, plastifiée, étalée sur le sol, était maintenue aux quatre coins par des piles de livres d'ornithologie, reliés en carton glacé, pour l'empêcher de rebiquer ou de se rouler sur elle-même. Le monde maintenu en forme par le poids de tous les oiseaux qu'il contenait.

« Voilà Jack », a annoncé Ken. Nous avons regardé un pick-up foncer entre deux champs, traînant à sa suite un nuage de poussière. Il s'est immobilisé devant la maison ; nous avons entendu des pas dans l'escalier ; un homme de petite taille, aux cheveux blancs coupés court, tout en muscles et en vigueur, a déboulé dans la pièce et suspendu son blouson aux bois de cerf, avant de s'avancer sur la terrasse. La peau de Jack était d'un brun profond et son cou tout criblé, comme si on l'avait plumé. Il revenait de réparer ses clôtures, de la terre était incrustée dans les plis de ses mains, et lorsqu'il levait ses paumes, en gesticulant, on pouvait y voir des cartes de deltas fluviaux. Avant de se lancer dans l'agriculture, il avait été pilote de l'US Air Force, et il m'a fièrement montré des photographies de lui-même, plus jeune, en uniforme, baigné de soleil à côté de divers avions de chasse – des photographies qui ne paraissaient pas déplacées parmi les images d'oiseaux, puisqu'elles avaient pour point commun le vol, les cieux, le génie des ailes.

« Ce gars est venu d'Angleterre pour observer les oies, a dit Ken.

— Ah bon ? a répondu Jack d'un ton distrait, en se passant la main sur les cheveux, les yeux perdus en direction du lac et des champs plats.

— Il compte les suivre d'Eagle Lake au Canada, jusqu'à la baie d'Hudson et peut-être même jusque dans l'océan Arctique.

— Chacun ses goûts, a commenté Jack.

— Il vient d'atterrir. Il n'a jamais vu une oie des neiges.

— Tiens donc. Quelquefois, moi aussi, j'aimerais bien n'en avoir jamais vu.

— Pourquoi dites-vous une chose pareille ? ai-je demandé.

— Il y en a trop, de ces saletés. Restez donc ici, un petit moment, et vous en verrez à ne plus savoir qu'en faire. On ne le croirait pas, pour le moment, je sais. Mais attendez que le soleil se couche ; c'est le foutoir le plus complet. »

Jack ne s'est pas attardé. Il a repris son blouson

au portemanteau et il s'est arrêté sur le pas de la porte.

« C'est plus compliqué que vous ne le pensez, le jeu de l'oie, a-t-il lancé avec un sourire, les yeux brillant de malice. Bon, salut Kenny, je file. » Et il a filé.

Dehors, sur la terrasse, sous la lumière déclinante, Ken m'a indiqué une piste qui longeait un côté du champ inondé. Moi, je continuais de scruter le ciel, de fixer l'horizon, appelant les oiseaux de toute ma volonté.

« La seule chose que vous avez à faire, c'est de vous garer là et de ne plus bouger, a déclaré Ken. Les oies passeront droit au-dessus de vous. Restez tranquille et soyez patient. »

À sa suite, j'ai traversé le salon et descendu l'escalier extérieur. Ken a fermé la porte à clef. Au pied de l'escalier, nous nous sommes serré la main.

« Je vous verrai en ville », a-t-il dit.

Puis il est reparti au volant de sa Dodge, me laissant tout seul au milieu de la prairie. Il était juste un peu plus de six heures. J'ai garé la Chevrolet au bord du champ inondé et j'ai attendu, sur le qui-vive, les yeux affûtés, guettant les oies. J'ai levé mes jumelles et examiné la surface de l'eau d'un bord à l'autre, découvrant des canards qui flottaient par groupes de deux ou trois, des échassiers qui vacillaient au bord de l'étang comme s'ils étaient vraiment sur des échasses. Avec le soleil derrière eux, les oiseaux se découpaient en ombres chinoises, et j'étais encore trop néophyte pour reconnaître les espèces. Mais lorsque j'ai vu huit oiseaux, grands et fins, avec le long cou, les pattes et le bec d'un héron, une sorte de tournure en plumes ébouriffée accrochée au croupion et la grâce délicate d'une ballerine, j'ai su aussitôt qu'il s'agissait de grues du Canada, la plus ancienne espèce d'oiseau encore existante, puisqu'on sait qu'il y en avait dans le Nebraska au Pliocène, c'est-à-dire voici neuf millions d'années – des oiseaux dont on croyait jadis qu'ils aidaient leurs congénères de plus petite taille à migrer en les portant sur leur dos. Ces grues elles aussi allaient bientôt partir pour la zone arctique du Canada, faisant escale sur la Platte River, dans le Nebraska, avant de gagner leur aire de reproduction entre l'Alaska et la baie d'Hudson.

Le soleil était désormais proche de l'horizon, il n'était plus la source de la lumière, mais le point vers lequel convergeait tout ce qui restait de lumière ; on aurait dit que le jour rentrait chez lui. Je me suis adossé contre la voiture, attendant mes oies d'un instant à l'autre, les oreilles aux aguets, les yeux prêts à discerner le moindre mouvement. Les canards marmonnaient sur l'eau peu profonde. En haut des émetteurs radio, des lumières rougeoyaient comme le bout de cigarettes allumées. Avec leurs embranchements nus et rocailleux, les prosopis faisaient penser à des coraux mous. J'ai entendu des sonneries tinter à Eagle Lake, à plusieurs kilomètres vers le nord-est, puis le grondement d'un train de marchandises et le sol a vibré sous l'effet de ses répercussions industrielles. À part de pâles traînées rougeâtres vers l'ouest, le ciel était d'un bleu de Prusse profond et limpide, et deux étoiles brillaient, toutes proches l'une de l'autre au sud-ouest : la conjonction de Vénus et de Jupiter.

Un oiseau s'est dirigé vers l'étang, en provenance du sud-ouest : un héron, de la variété appelée grand héron, que l'on distingue aisément de la grue parce que le héron vole avec le cou ployé, la tête rentrée dans les épaules, alors que la grue allonge le cou tout droit, sans le moindre coude. Quelquefois, à la maison, nous tombions sur des hérons cendrés solitaires, qui se tenaient comme des baptistes sur les rives de la Sor Brook ou au bord d'un étang, attachés par les pieds à leur propre reflet, et ma mère en avait peint un – son bec jaune en forme de fourreau d'épée, son œil, les plumes noires et légères derrière sa tête – sur un vieux store accroché dans la salle de bains, dont la fenêtre donnait sur les arbres où les corneilles craillaient d'une voix rauque dans les hauteurs ; un martin-pêcheur en verre fumé ébréché était posé sur le rebord de la fenêtre, à côté d'un plateau en étain contenant des morceaux de quartz, de pierre ponce et d'agate ; sur le mur blanc, à gauche de la porte, on pouvait voir des initiales, des dates et des traits horizontaux : la taille des enfants, mesurés une fois par an, les talons collés contre la plinthe. Ce grand héron a survolé l'étang, telle une raie fantomatique traversant l'eau de mer, suivi par cinq pélicans d'Amérique blancs, la tête rentrée comme le héron, leur poche formant des bajoues pendantes sous leur long bec. Il était six heures et demie. Je suis resté appuyé contre la voiture bleue, j'attendais.

Le premier signe a été un vague tintement au

loin, qui n'arrivait d'aucune direction particulière : le bruit d'une marina, de drisses claquant contre les mâts métalliques. Des amoncellements de points ont paru au-dessus de la courbe de l'horizon. Chaque point est devenu une oie. Des volées entières convergeaient vers l'étang depuis toutes les directions de la boussole, c'était l'inverse d'une diaspora, les oies des neiges volant en V et W espacés ou en longs écheveaux qui ondulaient comme des rubans d'algues, chaque oiseau concentré sur le plan d'eau au centre de la circonférence de l'horizon. Des rangées d'oies se morcelaient, avant de se regrouper sous forme d'idéogrammes tracés à main levée : cerfs-volants, chevrons, harpons. Je suis resté immobile. Je n'ai pas quitté les oies des yeux, le tintement des drisses devenant de plus en plus fort, jusqu'au moment où, soudain, les bandes d'oiseaux m'ont survolé, assez bas au-dessus de l'épaule, jappant comme des petits chiens, des meutes de terriers ou de teckels – des piaillements aigus, impatients, au milieu du vrombissement et du froissement de toutes ces ailes qui battaient et du crépitement des fientes qui s'abattaient tout autour de moi. Certaines se sont approchées de l'étang en se laissant glisser à faible altitude, leurs ailes cambrées et raidies, et d'autres ont poursuivi leur vol pour être juste à l'aplomb du plan d'eau et basculer soudain en piqué. Quelquefois, des volées entières décrivaient des cercles au-dessus de l'endroit, des milliers d'oies tournant en rond inlassablement, comme si l'étang était l'embouchure d'une conduite et ces oies le tourbillon d'eau qui va s'y engouffrer. Rien ne m'avait préparé à ce bruit, à ce tintamarre fort et violent, la clameur d'une cour d'école à l'heure de la récréation, un bourdonnement épais, criblé de cris aigus, de piaulements, de hurlements et de glapissements – le quota entier de vacarme de la prairie concentré autour de l'étang de Jack, près de la maison et du lac surélevé, peuplé de perches pour les pêcheurs. J'ai tout absorbé. Il était sept heures. Une demi-lune s'était levée. J'ai attendu que les oiseaux fussent couchés, puis je suis reparti lentement au volant de ma voiture, le long des pistes, n'allumant mes phares que juste avant de m'engager sur la grand-route.

2
Austin

Quatre soirs de suite, j'ai attendu les oies près de l'étang de Jack. Je m'asseyais sur le capot de la Chevrolet, feuilletant divers guides ornithologiques ou regardant vers le nord, m'imaginant les Grandes Plaines qui s'étendaient jusqu'au Canada, et toutes les oies des neiges déjà en route, à destination de leurs étapes traditionnelles dans le Nebraska et les deux Dakota. Il y avait toujours quelques canards sur l'eau, quelques grues du Canada fouillant, avec une grâce dégingandée, le sol labouré au bord de l'étang, ainsi que des hérons et des pélicans, et du bétail *longhorn* qui piétinait, et des lumières rouges, brillant en constellations strictes et linéaires sur les émetteurs radio. Mon pouls battait la chamade, lorsque ces mêmes milliers d'oies convergeaient vers l'étang. Je m'abritais dans la voiture ; les giboulées de fientes, je connaissais, merci.

Les oies des neiges avaient été occupées à glaner le grain laissé sur place par les agriculteurs et à fouiller la boue en quête de racines de carex et d'herbes. Elles étaient sur le point de commencer un voyage de près de cinq mille kilomètres ; elles devaient donc avoir des réserves d'énergie suffisantes pour accomplir un tel vol. Deux fois par an, avant de migrer, les oiseaux traversent une période d'alimentation forcenée, appelée hyperphagie, qui leur permet d'accumuler des dépôts de graisse sous la peau : c'est le carburant essentiel, qui leur fournit deux fois plus d'énergie par unité de poids que les hydrates de carbone ou les protéines. Certains oiseaux, par exemple les parulines rayées, qui partent des rivages de la Nouvelle-Écosse et de la Nouvelle-Angleterre pour rallier la côte nord-est de l'Amérique du Sud, au cours d'un vol sans arrêt de plus de trois mille kilomètres au-dessus de l'Atlantique, doublent presque leur poids avant de se mettre en route.

Beaucoup d'oiseaux hivernent près de l'équateur, où il n'existe pas de variations saisonnières régulières pour provoquer ces changements dans leur comportement (jours plus courts ou plus longs, écarts de température, ou disponibilité des ressources alimentaires). Et pourtant, ces oiseaux s'engraissent et partent vers leurs aires de reproduction aux moments voulus. Eberhard Gwinner éleva des pouillots fitis dans des locaux dont la température était contrôlée et où des cycles constants de douze heures de jour et douze heures de nuit étaient assurés à partir de la fin du mois de septembre, ce qui n'empêchait pas ces animaux, le printemps venu, de faire leur mue et de se mettre en condition pour la migration, à la même époque que les oiseaux témoins enfermés dans des cages, dans la région d'Afrique où ils hivernaient.

Ces pouillots ne se fiaient donc pas à des signaux

de l'environnement : les changements dans leur comportement étaient dus à une horloge interne, rattachée à deux rythmes fondamentaux. Les rythmes circadiens, qui correspondent au cycle de vingt-quatre heures de la rotation de la Terre sur son axe, contrôlent les changements quotidiens dans la vitesse métabolique, la température du corps et le niveau de vigilance. Les rythmes circannuels, qui correspondent au cycle de l'orbite de la Terre autour du Soleil, contrôlent les changements de comportement associés à la reproduction, à la mue et à la migration. Ces rythmes ne sont pas exacts, mais ils sont liés au jour et à l'année naturels par des indicateurs externes que l'on appelle des *Zeitgeber*, ce qui signifie en allemand « donneurs de temps ». Le *Zeitgeber* le plus important est la photopériode – la quantité de lumière du jour au cours d'une journée donnée.

Comme tous les oiseaux migrateurs, l'oie des neiges hérite d'un calendrier, d'un programme endogène pour son engraissement, son départ, son accouplement et sa mue. Celui-ci est dans l'ensemble immuable, mais il peut être sujet à des réglages un peu plus pointus, selon les conditions environnementales. En raison d'un printemps précoce, les oies des neiges avaient commencé à quitter les prairies autour d'Eagle Lake huit ou quinze jours avant la date qu'avaient prévue Jack et Ken, en se fondant sur les années précédentes. Des millions de volatiles avaient déjà fui leurs quartiers d'hiver pour gagner leurs aires de reproduction dans les régions arctiques et les bandes d'oies qui nichaient près de la maison de Jack allaient bientôt les suivre. Tous les soirs, j'étais rentré de l'étang jusqu'au motel dans un état d'euphorie, la radio à fond, tandis que le vacarme des oies cacardant à pleins poumons résonnait encore à mes oreilles. Et moi aussi, je commençais à ne plus tenir en place, j'avais hâte de me mettre en route, de couvrir du terrain, de remonter vers le nord jusqu'à la péninsule de Foxe.

J'ai retrouvé Ken au Sportsman's Restaurant, caressant sa barbiche comme un vieux sage. Je l'ai remercié de son aide, il m'a souhaité bonne chance.

Dehors, une brume de chaleur s'élevait de l'asphalte, c'était la version locale de l'eau.

*

Eleanor avait soixante-sept ans, c'était un petit bout de femme, dont l'ossature légère rappelait celle d'un oiseau. Ses fins cheveux blancs avaient la qualité aérienne et ébouriffée d'un duvet et elle levait les mains, de temps à autre, pour les lisser de la paume et les remettre en forme. Des pattes-d'oie striaient le coin de ses yeux, se creusant à chaque sourire, et une petite fioriture rouge ornait ses deux joues, comme ces faibles traces que les balles de cricket neuves laissent sur les battes. Lorsqu'elle m'a accueilli à la porte de sa maison, elle portait un pantalon de coton bleu pastel à taille élastiquée et un vieux sweat-shirt vert qui servait de fond neutre à une broche tarabiscotée : une assiette en étain, accompagnée de ses couverts, couteau, fourchette et cuiller.

« Soyez le bienvenu ! » m'a-t-elle dit.

Nous ne nous étions jamais vus. C'était son neveu, que j'avais rencontré en Angleterre, qui nous avait mis en rapport, et Eleanor avait offert de me loger si je traversais Austin en route vers le nord avec les oies des neiges. Elle habitait un quartier résidentiel, à l'ouest du centre-ville, dans une maison de plain-pied, en pierres de l'Arkansas, légèrement rosées, avec un coquet toit d'ardoises à faible pente ; un panier de basket était encore vissé au mur, alors que son fils n'habitait plus avec elle depuis belle lurette. Elle avait été mariée à un architecte et ils avaient dessiné leur maison ensemble. Les demeures voisines s'efforçaient de se donner des grands airs pour le moins farfelus : faux châteaux, couverts de lierre, avec des tourelles et des meurtrières ; vastes maisons dans le style des plantations sudistes, avec des portiques néopalladiens ; bungalows d'adobe aux coins arrondis, dont les solives du toit, en bois de pin, faisaient saillie, abritant des tresses de piments rouges. Sous les chênes verts, de jeunes mamans promenaient leurs enfants dans des poussettes profilées. Ayant baissé la vitre de ma voiture, j'entendais le murmure des systèmes d'arrosage automatique et le sifflement enroué et discordant des quiscales bronzés ; chaque fois que les jets d'eau apparaissaient, je voyais des bribes d'arc-en-ciel prises dans leur rayon d'action, comme dans un filet de pêche ultrafin.

« Entrez donc, a dit Eleanor. On va vous installer. »

Les murs étaient lambrissés de noyer ; dans le salon régnaient la lumière tamisée et la fraîcheur d'un vallon bien abrité. Des tapis orientaux échevelés étaient posés sur les parquets soigneusement astiqués. La lumière du soleil, filtrée par les arbres, pénétrait dans la maison par des portes vitrées coulissantes. Il y avait un canapé, recouvert d'une toile Mulberry aux tons passés, un fauteuil en cuir bien culotté, révélant l'empreinte exacte du corps d'Eleanor, avec à côté une petite table surmontée d'une lampe articulée. Des photos en noir et blanc étaient accrochées aux murs dans des cadres argentés : smokings, robes du soir, jeunes mariés, diplômes divers. Un piano droit noir était collé contre le mur du fond, avec une partition de Bach ouverte à la page d'une de ses polonaises, et juste en face se dressait un paravent chinois à trois panneaux, orné d'arbres, de feuillages et d'oiseaux exotiques en émail et en nacre sur fond noir, chaque panneau comportant en outre une colonne de calligraphie chinoise.

« Ça date d'une dynastie, a précisé Eleanor, mais je serais bien en peine de vous dire laquelle. »

Entre le paravent et les fenêtres coulissantes se trouvait une table ronde en bois, à hauteur de hanche, couverte de tortues. Eleanor les collectionnait, elle en achetait chaque fois qu'elle partait en voyage et elle les avait disposées avec soin sur sa table, à intervalles réguliers, toutes tournées dans la même direction, celle du piano à l'extrémité de la pièce. Certaines avaient une queue. Il y avait des tortues délicates en céramique vernissée grise, verte ou bleue ; des tortues plus massives en terre brute ; des tortues invertébrées en tissu lesté de granulés ; des tortues un peu sales, en cuivre ou en acier, dont la carapace était renversée pour former un cendrier ; des tortues en cuir destinées à servir de porte-monnaie, avec une fermeture Éclair à l'arrière ou sur les côtés ; de minuscules tortues en verre, comme des gouttes d'eau affublées de membres ; et des tortues sculptées dans des bois durs et sombres, avec un quadrillage gravé sur la carapace à l'aide de poinçons chauffés au rouge. Une des tortues avait un petit bébé tortue qui lui grimpait sur le dos et une autre était un moule à gelée en fer-blanc.

« C'est ma mère qui m'a donné la première, a expliqué Eleanor en extirpant du milieu de la parade une tortue en céramique grise, de taille moyenne. Ensuite, j'ai cherché des tortues – chez les antiquaires, sur les marchés, dans les bazars. Et si je pars en voyage, j'essaie toujours d'en rapporter une. »

Pour pénétrer dans le couloir lambrissé de noyer qui menait du salon aux chambres à coucher, il fallait franchir des portes battantes en noyer, dont les lattes rappelaient les portes de saloon du Far West.

« Voilà votre chambre, m'a dit Eleanor, en m'indiquant la petite chambre d'ami. Je vous laisse vous installer. »

Sur la commode, une cage à oiseaux : un bel objet ancien et élégant, en épais fils de laiton, qui s'incurvaient dans le haut pour converger tous ensemble et former un dôme, avec une baguette en guise de perchoir et au sommet un anneau de laiton pour accrocher la cage, à laquelle le reste de la pièce était subordonné ; ses fils brillants et bien astiqués enfermaient l'absence de l'oiseau à l'intérieur. J'ai posé mes bagages et observé la chambre :

toujours la même atmosphère de vallon, avec du bois sur les murs et sous les pieds, le plancher en partie recouvert par un tapis au petit point dans d'éclatantes couleurs de dahlia, fait à la main par Eleanor. J'ai ouvert mon sac, sorti mes livres d'ornithologie et mes jumelles, et les ai posés sur la commode à côté de la cage vide.

Je me suis imprégné de ce nouvel endroit – ses couleurs et ses textures, ses différents éclairages, ses objets. Au-dessus du lit était accroché un dessin d'un cow-boy montant son cheval dans un rodéo. L'animal exécutait ce qu'on appelle un *buck*, une ruade, prenant appui sur ses pattes de derrière, la tête et le cou ployés, les pattes de devant sur le point de heurter le sol. Le cow-boy était carrément assis en l'air, à trente bons centimètres de sa selle. Une de ses mains tenait les rênes ; l'autre était tendue au-dessus de la tête du cheval. On voyait bien que dès que les pattes de devant s'abattraient sur le sol, l'homme retomberait avec violence sur la selle et perdrait l'équilibre sous l'effet de la secousse, mais pour le moment tout était bien d'aplomb et superbe à voir – les jambières en cuir largement déployées du cavalier, ornées de rosettes ; la corne, le revêtement de l'arçon, le troussequin et les cales de cuisse de la selle ; les *tapaderos* sur les étriers ; les quartiers en cuir. Une ombre légère, sur le Stetson du cow-boy, marquait le creux formé par ses doigts lorsqu'il l'ôtait pour saluer une dame.

« Je vous fais un thé ? » a proposé Eleanor, en passant le nez.

Nous avons franchi les portes battantes en sens inverse, comme deux bandits du Far West. J'ai suivi Eleanor dans la cuisine et je l'ai regardée mettre l'eau à bouillir sur la spirale orange vif de sa plaque chauffante. Elle n'avait pas de bouilloire. Elle utilisait deux poêles en fonte, une de seize centimètres de diamètre et une de vingt-quatre, qui lui servaient aussi pour faire le thé, la plus petite contenant juste assez d'eau pour une seule grande tasse et l'autre pour deux. Elle maniait ces ustensiles en se protégeant avec une des deux maniques représentant un mouton noir et un mouton blanc, dont les toisons étaient brunies et roussies par la chaleur. Sa légèreté d'oiseau et la masse de fonte rugueuse de ses poêles paraissaient avoir été imaginées par deux intellects radicalement différents.

« Je suis tellement contente que vous fassiez ce voyage, m'a-t-elle dit en surveillant l'eau dans la poêle. Ça me plaît beaucoup de faire partie de l'aventure.

— Tant mieux !

— Je viens de lire *L'Oie des neiges*. Je voulais avoir une idée de ce qui vous avait incité à tenter cette démarche, ou je ne sais pas comment vous appelleriez ça. C'est tellement triste, cette histoire ! »

Elle tenait le manche de la poêle avec le mouton noir et observait l'eau.

« Il y a des fois où je suis sidérée de voir l'eau bouillir, a-t-elle déclaré. Toutes ces petites bulles qui apparaissent soudain à la surface. Quel thé voulez-vous ? »

Elle a ouvert un placard à droite de la cuisinière. Il était bourré de boîtes de thé, en vrac et en sachets – thés noirs, thés verts, infusions de plantes exotiques et tisanes aux vertus médicinales, dont le parfum sortait en vagues par la porte ouverte.

« On ne risque pas de manquer de thé », a-t-elle fait remarquer.

Nous avons tous les deux choisi une infusion à la menthe poivrée. Eleanor a remis le mouton noir sur la barre de la cuisinière : les deux moutons pendaient autour de cette barre, comme des gens qui touchent leurs orteils. Des aimants maintenaient contre la surface blanche du réfrigérateur des cartes postales, des photographies et des dessins humoristiques : on pouvait voir des pianos, des virtuoses du piano, des leçons de piano, des feuilles de musique. Les aimants eux-mêmes étaient en forme de clefs de *sol*, clefs de *fa*, paires de croches et pianos à queue miniatures. Au milieu du frigo, fixée au métal par deux pianos, se trouvait une carte sur laquelle Eleanor avait recopié un proverbe : « Pour faire un arc-en-ciel, il faut de la pluie et du soleil. » Son écriture se parait de volutes et de spirales avec toute la volupté d'une vigne.

J'ai suivi Eleanor dehors, par les portes coulissantes, sur un balcon pourvu d'un auvent qui faisait saillie au milieu des cimes d'ormes, de chênes verts et de pacaniers. Une harpe éolienne était accrochée dans un coin – six tubes de métal de longueurs différentes, comme un carillon tubulaire, avec au milieu un palet en bois, attaché à une feuille de métal carrée. Cette feuille réagissait au moindre souffle de vent et emportait le palet d'une cloche à l'autre, faisant résonner des notes graves et sonores. Des écureuils couraient le long des branches ; des quiscales bronzés, d'un noir luisant et violacé, s'agitaient à grand bruit dans les feuillages.

Nous nous sommes assis à une table dont le plateau était en verre et nous avons fait tournoyer dans nos tasses nos sachets d'infusion, que nous tenions par le cordon.

« Alors, parlez-moi donc de ces oies », a proposé Eleanor.

Je lui ai décrit leur étape à Eagle Lake, le retour des oies de phase bleue et de phase blanche, dans le soleil couchant. Des millions d'oiseaux, lui ai-je dit, suivaient déjà leurs routes de vol, traversant les Grandes Plaines, en direction du Manitoba. Ils se dirigeaient vers des zones étapes traditionnelles, dans la vallée de la Platte River, au Nebraska, autour des lacs des deux Dakota, et parmi les champs de céréales à l'ouest de Winnipeg. Après s'être reposés et avoir refait leurs provisions de graisse, ils repartiraient vers le nord à la faveur des premiers signes du printemps, afin de gagner leurs aires de reproduction tout le long des rivages de la baie d'Hudson et aussi, plus au nord et à l'est, sur l'île Southampton et l'île de Baffin. J'ai fait état de l'inclinaison de la Terre, des rythmes circannuels, de la période d'alimentation intensive qui précède la migration, de l'agitation bisannuelle qui pousse ces volatiles à entreprendre des trajets aussi ambitieux.

Conformément aux calendriers hérités de leurs ancêtres, les oiseaux éprouvent un besoin de départ. Lorsqu'on met en captivité des oiseaux migrateurs, ils sautillent sur place, battent des ailes et bondissent de perchoir en perchoir, exactement comme les oiseaux de la même espèce, restés en liberté, qui commencent leur migration. Les bêtes en cage « savent » qu'elles devraient, elles aussi, prendre leur envol. Ce besoin de voyager, ou *Zugunruhe*, fut décrit pour la première fois par Johann Andreas Naumann, qui avait étudié les loriots d'Europe et les gobe-mouches noirs au début du XIXe siècle. Selon son interprétation, le *Zugunruhe* était une expression de l'instinct migratoire des oiseaux.

Les rythmes circannuels contrôlent le déclenchement du *Zugunruhe* ; le besoin de bouger incite l'oiseau à partir. Les espèces migratrices n'ont pas besoin de l'exemple des parents ou d'autres individus expérimentés. Dans certains cas, d'ailleurs, les juvéniles n'ont même pas d'exemples à suivre. Les coucous gris pondent leurs œufs dans les nids d'autres oiseaux, laissant les parents adoptifs élever leurs petits. Dès qu'ils ont pondu, les coucous adultes sont libres d'effectuer leur migration ; la plupart partent vers le sud en juillet. Les jeunes coucous partent un mois après leurs parents biologiques. Plutôt que de suivre leurs parents adoptifs, ces juvéniles se fient à leur propre instinct pour aller rejoindre les coucous adultes dans leurs lieux d'hivernage en Afrique et dans le Sud-Est asiatique.

Le besoin de partir et la route à suivre sont l'un et l'autre inscrits au moins en partie dans les gènes. Les oiseaux en cage cherchent non seulement à s'envoler, mais à s'envoler dans une direction donnée. Chaque automne, des populations de fauvettes des jardins vont d'Allemagne jusqu'en Afrique, en passant par l'Espagne et le Maroc.

Elles voyagent vers le sud-ouest jusqu'au détroit de Gibraltar, puis elles obliquent vers le sud et le sud-est pour gagner les régions où elles hivernent. Les fauvettes des jardins élevées en cage, dans un environnement constant, commencent à manifester leur *Zugunruhe* alors même que leurs congénères sauvages entament leur migration. Elles montrent aussi des tendances directionnelles évidentes. Elles sautillent vers le sud-ouest aux moments où les fauvettes libres survolent la France et l'Espagne vers le sud-ouest, puis elles changent de direction et s'orientent vers le sud et le sud-est dès que les autres en font autant au-dessus de Gibraltar. Elles semblent capables de reproduire d'un bout à l'autre la route de la migration, dans les étroits confins de leur cage.

À ce qu'il semble, les oiseaux sont génétiquement programmés pour voler dans une certaine direction pendant un certain laps de temps. Si ces instructions innées sont suivies, un oiseau arrivera forcément dans son aire de reproduction ou sa zone d'hivernage. Mais les oiseaux migrateurs ont bien entendu un moyen de parer à d'hypothétiques imprévus dans les conditions environnementales : ainsi des oiseaux volant avec le vent derrière eux couvrent des distances beaucoup plus importantes que ceux qui ont le vent contre ; ou alors des tempêtes peuvent les écarter de leur route.

La souplesse du programme inné des oiseaux fut démontrée, à la fin des années 1950, par l'ornithologue néerlandais A.C. Perdeck, qui captura plus de 11 000 étourneaux près de La Haye, lors de leur migration d'automne en provenance des aires de reproduction du nord-ouest de l'Europe, suivant la côte de la mer du Nord vers le sud-ouest, d'une manière générale, pour gagner leurs zones d'hivernage en Hollande, Belgique, France (nord-ouest), Irlande et Angleterre (sud). Il bagua chaque oiseau, après avoir vérifié son âge et son sexe.

Les étourneaux, enfermés dans des cages en bambou, furent immédiatement emportés par avion jusqu'en Suisse, puis relâchés près de Bâle, Zurich et Genève ; on en récupéra 354. Perdeck constata que la plupart des volatiles adultes avaient quitté la Suisse par les routes orientées vers le nord-ouest et que certains d'entre eux avaient en effet atteint leurs zones d'hivernage habituelles. Les juvéniles, en revanche, avaient eu tendance à voler vers le sud-ouest, finissant leur trajet dans le sud de la France, voire même en Espagne. Ces oiseaux sans expérience n'avaient pas été capables de s'adapter aux circonstances. Chez les adultes, le programme migratoire endogène était modifié par l'expérience, alors que les juvéniles volaient selon une trajectoire fixe, sans tenir aucun compte des événements extérieurs.

« Mon mari observait les oiseaux, m'a dit Eleanor. Moi, je peux vous dire que tel ou tel oiseau est un quiscale ou un oiseau-mouche. J'ai une mangeoire pour les oiseaux-mouches. Mais il ne me viendrait pas à l'idée de dire que j'observe les oiseaux.

— Moi non plus, ça ne me viendrait pas à l'idée de dire une chose pareille. »

Je lui ai parlé de ma maladie et de ma longue convalescence à la maison ; je lui ai expliqué qu'après avoir trouvé *L'Oie des neiges*, je m'étais pour la première fois intéressé aux oiseaux autour de chez nous et j'avais demandé leurs noms à mon père.

Une brise s'est levée ; le palet en bois se balançait de cloche en cloche. Nous entendions la circulation du Lamar Boulevard.

« Les bruits de moteur ne me gênent pas, a dit Eleanor. Mais quelquefois on entend les carambolages, c'est la seule chose qui me déplaît en ce qui concerne mon balcon. J'y passe énormément de temps. J'ai l'impression d'être dans un nid. On est au milieu des arbres. »

Quelqu'un a sonné à la porte.

« C'est sûrement mon fils, Matthew », a annoncé Eleanor. Elle s'est levée, elle a fait coulisser la porte-fenêtre et elle est passée dans le salon, revenant bientôt avec un homme approchant de la quarantaine, beaucoup plus grand qu'elle, vêtu d'un short, d'une casquette de base-ball rouge pâlie par le soleil et d'un tee-shirt bleu. Il avait un visage d'homme vivant au grand air, puissant et hâlé, des yeux bruns et un front en saillie, comme une poutrelle courant d'une tempe à l'autre.

« Comment vont les oies ? m'a-t-il demandé.

— Très bien, je crois. Elles commencent à bouger.

— J'en ai vu voler au-dessus de ma maison. Et quelquefois, je ne les vois pas, je les entends d'abord.

— Matthew est en train de se construire une maison, a dit Eleanor.

— Ah bon ?

— Ouais. Je fais beaucoup de choses moi-même. C'est assez pénible. J'ai deux gars qui me donnent un coup de main. Pour le moment, je n'ai pas envie de rester trop longtemps loin du chantier. J'aime mieux être là pour avoir l'œil à tout. Je suis la seule personne qui sait à quoi cette maison ressemblera en fin de compte. J'ai tout là-dedans. »

Et il s'est frappé la tempe de l'index.

« Mon mari et moi avons construit cette maison-ci ensemble, a expliqué Eleanor. C'est un sacré boulot.

— Oui, c'est assez pénible, a répété Matthew. Mais passionnant. J'ai vécu un peu partout et puis j'en ai eu ma claque de déménager tout le temps. Au cours des huit dernières années, j'ai déménagé vingt fois. Alors je me suis dit, bon, ça suffit comme ça. Un terrain a été mis en vente et j'ai bondi sur l'occasion. Il est dans les collines, à deux pas de la ville, directement au-dessous d'une grande antenne radio. Il ne coûtait pas très cher. À cause de l'antenne ; on l'entend bourdonner. Les gens se disaient qu'ils en auraient plein les oreilles.

— En fait, on l'oublie très vite », a déclaré Eleanor.

Nous avons entendu le bruit d'une sirène croître et décroître dans Lamar Boulevard.

« Montez donc voir la maison, a proposé Matthew. Ça y est, on en est au stade où on peut vraiment se dire en la regardant : "Tiens, c'est une maison." »

Nous avons décidé d'y aller le lendemain matin.

*

Matthew conduisait une jeep Cherokee, sa mère une vieille Mercedes de couleur caramel, avec des sièges en cuir glissants et un sticker, sur le pare-brise arrière, où l'on pouvait lire : NARNIA EST UN ENDROIT À PART. La route montait en serpentant à travers des forêts de cèdres et de petits chênes. Nous apercevions par moments l'antenne radio, plantée au milieu de conifères.

« Impossible de se perdre, s'est amusée Eleanor. Il suffit de garder l'antenne en point de mire. » L'allée qui menait à la maison de Matthew étant signalée par une boîte à lettres. « Il a eu une adresse avant d'avoir une maison », a-t-elle continué sur le même ton.

Nous avons quitté la route pour prendre l'allée en terre battue, creusée d'ornières, qui conduisait, au milieu des cèdres, jusqu'à une clairière : un espace ovale et nu, rasé par les bulldozers, avec des tas et des crêtes de terre, de caillasses, de souches, de débris de matériaux de construction, et dans l'air une bonne quantité de fine poussière qui asséchait la langue. Le soleil tapait dur ; il y avait très peu de nuages. L'ossature d'une maison à un étage, aux contours bien délimités, se dressait sur une dalle de béton au centre de la clairière – faite de poutres en acier, entre lesquelles on achevait de couler du béton gris. Pas de toit. Des espaces étaient prévus pour les fenêtres et les portes. Les extrémités de tiges d'acier filetées sortaient du béton et des pignons en bois étaient entassés par terre à côté de la dalle, attendant d'être hissés en haut des murs. Il y avait là l'idée d'une maison, pas encore transformée en réalité.

Matthew se tenait à côté des pignons entassés, avec autour des hanches un ceinturon de maintien chargé de tous les outils nécessaires : marteau, mètre ruban, crayons, un assortiment de clous et de vis. Au-delà de la maison, l'antenne attirait le regard vers le haut, comme la flèche d'une église. Elle était peinte en rouge et blanc et maintenue par des câbles en acier bien tendus. Deux urubus à tête rouge, écartant comme des doigts les plumes situées au bout de leurs ailes, planaient lentement au-dessus des cèdres, tout près des câbles, décrivant de larges cercles. Eleanor et moi avons traversé le terrain inégal en direction de la maison et en nous voyant approcher, Matthew a levé le bras droit pour indiquer le ciel ; on aurait dit une version miniature de l'antenne.

« Regardez-moi ça, a-t-il dit d'un ton nonchalant.
— Quoi donc ? a demandé Eleanor.
— Regardez, voyons. »

Nous avons levé les yeux. Je ne les ai pas vues tout de suite. Les oies des neiges volaient très haut, chacune reflétant la lumière comme un éclat de verre ; elles avançaient en formant un U ample et dépenaillé. Un écheveau d'oies séparé suivait ce U, et les lignes ondulaient avec lenteur, vacillant contre le ciel limpide. Les oies des neiges en migration volent à une vitesse moyenne de quatre-vingts kilomètres à l'heure, à des altitudes qui se situent en général entre sept et neuf cents mètres, encore que des pilotes d'avion en aient signalé entre trois et quatre mille mètres et même une fois à plus de six mille, au-dessus de la Louisiane.

« Ce sont elles ? s'est étonnée Eleanor. Ce sont vos oies ?

— Ouais, ce sont des oies des neiges. Regarde un peu la façon dont elles ondulent. C'est le signe le plus sûr.

— C'est le nord, par là ? ai-je demandé.

— C'est plein nord, a confirmé Matthew. C'est le Canada. »

Elles étaient en route, filant vers leurs aires de reproduction. J'ai été bouleversé de voir ces oies. Nous avons reporté notre attention sur la maison, mais je continuais à jeter des coups d'œil en direction du ciel, dans l'espoir de voir d'autres oies. Pour le moment, cependant, on ne voyait plus que les urubus.

« Eh bien, voilà, a dit Matthew. Qu'est-ce que vous en pensez ?

— Ça ressemble à une maison, a assuré Eleanor.

— C'est vrai, hein ? a confirmé Matthew, épanoui. Je trouve aussi. Ça y est, c'est une maison. Je vais vous faire visiter. »

L'allée était couverte d'un paillis d'écorces et d'aiguilles de cèdre. Une odeur de résine flottait dans l'air, le paillis dégageant un parfum biblique. De l'antenne nous parvenait un sourd murmure électrique.

« Moi, je m'en fiche de l'antenne, a déclaré Matthew.

— Mais quand même, elle oscille, a poursuivi Eleanor, comme si elle finissait la phrase de son fils.

— Ouais, elle oscille. Elle oscille même beaucoup par grand vent. On dirait un bruit d'eaux vives. Le bruit que font les rapides d'une rivière. Quand il y a des orages, elle est frappée par la foudre. Je me dis que c'est un paratonnerre. Jamais la foudre ne frappera ma maison, elle frappera l'antenne. »

Nous sommes montés sur la dalle de béton et nous avons pénétré à l'intérieur de la maison par l'ouverture ménagée pour une porte latérale. Des tréteaux, des montants de portes, des cadres de fenêtres et divers madriers étaient éparpillés sur le béton nu. Matthew nous a fait parcourir le chantier, expliquant la disposition, l'ameublement et l'atmosphère de chaque pièce. Dans son esprit, il les voyait tels qu'ils seraient une fois finis ; il prévoyait les couleurs, les tissus, les textures, les zones déterminées, l'installation électrique, la logique des lieux de passage et des endroits clos ; il comprenait de quelle manière la maison, c'est-à-dire son habitat, s'accommoderait de ses habitudes et de ses goûts. Une des salles de bains resterait en partie ouverte aux éléments, avec une baignoire à pieds de griffon et une vue sur les lumières rouges de l'antenne et au-delà sur les étoiles.

« Je suis la seule personne qui sait à quoi ça ressemblera, a répété Matthew. Ici, en tout cas, je suis le minuscule dieu de l'endroit.

— Tu vis sous la tente, alors ? a demandé sa mère.

— Oui, depuis quelques jours seulement. Il fait assez chaud à présent. »

Il avait dressé une tente à l'orée de la clairière :

de la toile bise et rêche, tendue sur un cadre en pin. À côté des cèdres, elle avait l'aspect d'un tabernacle. À l'intérieur, sur une estrade en bois, était installé un lit d'une personne, sous une couverture gris foncé et un sac de couchage vert dont la fermeture à glissière était ouverte jusqu'au niveau de la taille, avec une lampe camping accrochée au-dessus – munie d'un verre aux courbes voluptueuses, souillé d'une trace noirâtre d'un côté, là où la flamme l'avait léché. Une planche reposait d'un côté sur une traverse du cadre en pin et de l'autre sur une branche de cèdre tordue, formant une table où l'on pouvait voir des magazines de construction, *Fine Homebuilding* et *Natural Home*, des tasses à café à moitié vides, des rouleaux de ficelle et de ruban adhésif, ainsi que des feuilles de papier réglé couvertes de croquis, de projections, de plans au sol et de listes diverses. Deux photographies étaient fixées au cadre de la tente par du papier collant : un troupeau d'éléphants avançant à travers des hautes herbes luxuriantes au Kenya, et une jeune femme au pied d'une pente enneigée ; ses dents étaient d'un blanc aussi éclatant que la neige et le photographe se reflétait dans les verres de ses lunettes de soleil.

Un sentier menait de la tente à la porte d'entrée de la maison, à gauche de laquelle était posée une petite statue, sculptée dans une pierre rose : un homme barbu, vêtu d'une robe serrée à la taille par une cordelière, tendant une coupe que le sculpteur destinait au rôle de baignoire pour les oiseaux. Matthew l'avait rapportée d'une *finca* mexicaine.

« Qui est-ce ? ai-je demandé.
— Saint François », a-t-il répondu.
Au même instant, j'ai senti la main d'Eleanor sur mon épaule gauche. Je me suis retourné, elle m'a tendu une plume.
« Je voulais vous la donner, a-t-elle dit. Je crois que c'est une plume de faucon. »
Une grande plume, couleur de châtaigne, que traversait près de l'extrémité une seule raie noire : une penne tombée de l'aile ou de la queue d'une buse à queue rousse, beaucoup plus grande que les plumes tectrices qui couvrent le corps, avec une légère courbure de la tige, ou rachis. Ses vexilles n'étaient pas symétriques – ce qui est caractéristique des pennes, dont les vexilles externes sont plus étroits pour mieux fendre l'air. Chaque vexille était composé de centaines de fines barbes, rattachées au long rachis central qui s'épaississait pour former le creux du calamus, lequel maintenait la penne dans son follicule sous la peau de l'oiseau. Du bout des doigts, j'ai écarté les barbes, ouvrant ainsi une section du vexille. Chaque barbe individuelle ressemblait à une plume, avec des rangées de barbules sortant d'une tige fine comme un cheveu, qu'on appelle le ramus, et je savais que le long de chaque barbule, de minuscules crochets ou barbicelles, trop petits pour être vus à l'œil nu, faisaient saillie ; chacune de ces barbicelles s'accrochait aux barbules et barbicelles des barbes voisines, formant un tout bien soudé, comparable à un tissage, qui constituait la texture souple et ininterrompue du vexille. La couleur de la plume, entre brun et roux, était produite par des pigments

de mélanine concentrés dans les barbes. Près du calamus, les barbes devenaient blanches et mousseuses comme un duvet.

Je l'ai prise dans ma main droite, celle avec laquelle j'écris, tenant le rachis entre le pouce et l'index, avec la pointe coincée contre mon majeur, tandis que la plume se recourbait sur mon poignet.

« Gardez-la », m'a dit Eleanor.

J'ai fourré la plume dans la poche de ma chemise, la pointe la première, et nous sommes passés par l'ouverture de la porte d'entrée, franchissant le seuil en béton, pour entrer dans la maison. Matthew tenait son mètre ruban contre un morceau de pin, traçant des marques au crayon à intervalles réguliers, tandis que le soleil se reflétait de manière aveuglante contre les panneaux de béton.

Nous avons tous entendu la voix de basse d'une pelleteuse qui approchait en éructant, à travers les cèdres.

« Ah, voilà Mr Harper », s'est écrié Matthew. Du pouce, il a pressé sur un bouton et le ruban est rentré en grinçant dans son habitacle grand comme la paume de la main – puis il a laissé tomber le mètre et le crayon dans une des poches de son ceinturon. Eleanor et moi l'avons suivi dehors au moment où une pelleteuse Caterpillar jaune pénétrait dans la clairière, le conducteur invisible derrière les vitres teintées. Il a abaissé la benne et s'est mis en devoir de continuer à creuser l'allée, poussant la terre et la caillasse pour en faire de longs sillons, tandis que la poussière s'élevait autour de son engin.

« Ce type est le meilleur chauffeur de pelleteuse que j'aie jamais vu, nous a crié Matthew. Les dents à l'avant de la benne, il les manie comme des doigts, comme ses propres doigts, tellement il creuse avec délicatesse. »

Les deux urubus à tête rouge continuaient de tournoyer loin au-dessus de nous, se cramponnant aux courants ascendants que créait le vent en se heurtant aux collines, ou bien aux thermiques qui s'élevaient des routes et des clairières de la forêt de cèdres. Ils tenaient leurs ailes levées en forme de V assez ouverts, les plumes encastrées les unes dans les autres au bout de leurs ailes recourbées vers le haut. De temps en temps, ils basculaient d'un côté à l'autre, chevauchant les rafales et les courants d'air, mais à aucun moment je ne les ai vus battre des ailes. Leur vol plané était assuré et sans effort : le poids, la portance, la traînée et la propulsion – autant de facteurs essentiels du vol – étaient en parfait équilibre. Par instants les ombres des urubus glissaient en travers des panneaux de béton.

Cahin-caha, le Caterpillar jaune a remonté un sentier parmi les cèdres, puis il est ressorti avec une dalle de grès tout à fait lisse dans sa benne preneuse levée bien haut. Matthew voulait une allée carrossable tournant autour d'un cèdre qui était l'unique arbre encore debout sur le chantier. Mr Harper a mis le cap sur le cèdre, il a arrêté son engin et abaissé la benne, la dalle de grès basculant alors par-dessus les dents comme une pierre tombale pour venir reposer sur la caillasse et le paillis d'écorces, en soulevant un nuage de poussière.

Matthew tenait à ce que la dalle fût exactement au bon endroit et nous avons reculé de quelques pas, Eleanor et moi, pendant qu'il communiquait avec Mr Harper au moyen d'une espèce de sémaphore improvisé, agitant les bras et les mains tandis que la pelleteuse poussait la dalle centimètre par centimètre, se conformant à ses instructions. Matthew était tout à fait concentré sur cette mise en place. Il construisait une maison. Les arbres, les fenêtres, les encadrements de portes, les statues – tout cela devait composer les repères fixes de son existence, des repères immuables et de toute confiance, ses points de référence. Il fallait donc que tout fût à sa place. Avec lenteur, déchiffrant les signaux de Matthew, Mr Harper est parvenu à pousser la dalle pile à l'endroit choisi pour elle, à côté du cèdre.

« C'est ça ! a braillé Matthew. Juste à cet endroit ! »

Le Caterpillar a reculé, dans un tintement de métal. Matthew est resté planté, les mains sur les hanches, opinant d'un air approbateur. Il a contemplé la dalle, puis la maison, la tente, l'antenne rouge et blanche, comme s'il étudiait la répartition des diverses composantes du paysage, ce qui était là et ce qui manquait. Les urubus planaient toujours, tournant en rond, comme les oiseaux d'un mobile pour enfant.

« Ça va ? a crié Eleanor à son fils.

— Ouais, a-t-il hurlé en retour, c'est chouette. »

Nous sommes remontés dans la Mercedes. Eleanor a traversé la clairière en direction de l'ouverture au milieu des cèdres, et je me suis retourné pour regarder par-dessus mon épaule la maison, dominée par l'antenne, tandis que Matthew se dirigeait à grands pas vers le Caterpillar. La porte de l'habitacle s'est ouverte à son approche, mais les cèdres m'ont caché le tableau juste avant l'apparition du conducteur.

*

Après le dîner, que nous avons mangé dans la cuisine, assis sur des tabourets devant la desserte, Eleanor a rempli d'eau la plus grande des deux poêles et l'a mise à bouillir sur le brûleur électrique chauffé au rouge. Elle portait un sweat-shirt rose auquel était épinglée une autre broche : une harpe en or avec quatre courtes cordes. Elle a mis les restes du dîner dans de simples bols en céramique, qu'elle a recouverts de papier d'aluminium avant de les ranger au frigo, lequel était déjà plein d'autres bols semblables ; la lumière intérieure se reflétait sur toutes ces surfaces brillantes. Puis elle est retournée près de la cuisinière pour guetter les bulles dans la poêle.

Dans le salon, elle avait tiré les rideaux devant les portes-fenêtres coulissantes du balcon. Les appliques de laiton étaient équipées d'ampoules flammes en verre opalin. Les tons profonds et chauds du lambris de noyer étaient réconfortants ; j'étais assis sur le canapé rouge sombre, Eleanor dans son fauteuil en cuir. Elle a fouillé dans un sac en tissu posé près de ses pieds et en a sorti un ouvrage au canevas écru inachevé, dont les fils pendaient. Il deviendrait une enveloppe de coussin représentant deux lapins. Elle a chaussé une paire de lunettes, dont la monture en plastique transparent était teintée de bleu, de la main droite, elle a empoigné la lampe orientable, l'a dirigée là où elle voulait, comme une dentiste, et elle s'est mise au travail.

« Bon, ce que j'aimerais savoir, c'est où toute votre affaire va finir, a-t-elle demandé, sans lever les yeux de son ouvrage.

— Sur l'île de Baffin, ai-je répondu. Tout là-haut dans les zones arctiques du Canada.

— Mais pourquoi, l'île de Baffin ?

— J'ai lu que les plus vastes concentrations de mes oies font leurs nids sur l'île de Baffin, ai-je expliqué. Il y a un train de Winnipeg à Churchill, dans la baie d'Hudson. Et puis on peut survoler la baie jusqu'à la petite ville de Cape Dorset, à l'extrémité sud-ouest de l'île de Baffin. Et depuis Cape Dorset, j'essaierai d'aller jusqu'à la péninsule de Foxe pour voir les oies des neiges. »

La péninsule avait reçu son nom en l'honneur du capitaine Luke Foxe, qui avait quitté l'Angleterre en mai 1631, dans l'espoir de découvrir le passage du Nord-Ouest, c'est-à-dire une voie navigable autour de la côte septentrionale du continent américain, pour atteindre le Japon, la Chine et les Indes. Sur son navire, le *Charles*, une pinasse[1] jaugeant soixante-dix ou quatre-vingts tonneaux, avaient embarqué vingt hommes d'équipage, deux mousses et un chien. Foxe tint son journal de bord, publié ensuite sous le titre *The North-West Fox*, et j'avais savouré les descriptions des grosses vagues, des raz de courant, des tourbillons et des

---

1. La pinasse de mer était une sorte de petit galion.

marées montantes, ainsi que des journées calmes et douces, où les baleines pilotes folâtraient et chantaient juste devant la proue dans « une mer si lisse qu'on aurait cru qu'elle était préparée pour un jeu de boules ». En approchant du détroit d'Hudson, la pinasse rencontra des glaces flottantes à la dérive et des *bergs*, ou blocs d'eau douce glacée, arrachés à des glaciers ; puis, dans la baie d'Hudson, Foxe vit des baleines blanches, des ours polaires qui nageaient de bloc de glace en bloc de glace, des aurores boréales spectaculaires et un narval ou licorne de mer, « dont le flanc était pommelé de blanc et de noir ; le ventre entièrement blanc comme le lait ; la forme, des ouïes à la queue, tout à fait celle d'un maquereau ; la tête semblable à celle d'un homard, mais dont le devant allongeait sa corne jumelle, longue de plus de six pieds et entièrement noire, à l'exception de l'extrémité ». Le *Charles* contourna l'extrémité sud-ouest de l'île ou Terre de Baffin avant de regagner l'Angleterre et Foxe baptisa l'endroit Cape Dorset en l'honneur de son protecteur, Edward Sackville, comte de Dorset.

Le 26 août 1631, il vit des oies volant vers le sud au-dessus de la baie d'Hudson : « Un vent de nord-nord-ouest, écrivit-il, a emporté devant nous une abondance d'oies sauvages ; elles se reproduisent ici vers le nord, dans ces contrées désertes. Il y en a des nombres infinis, et quand les juvéniles ont des plumes, toutes les oies s'envolent vers le sud pour passer l'hiver dans des régions plus chaudes. » Les aurores boréales, les narvals, les contrées désertes, les nombres infinis d'oies : à chaque ligne, ma bougeotte, mon appétit pour les oies des neiges ne faisaient que croître. En mai 1929, près de trois cents ans après le voyage de Foxe, l'ornithologue canadien John Dewey Soper était parti de Cape Dorset pour tenter de trouver les aires de reproduction de l'oie des neiges. Avec deux assistants inuits, Kavivow et Ashoona, il établit son camp directement au nord de la baie de Bowman, et pendant la première moitié du mois de juin, il observa les vagues d'oies qui passaient au-dessus d'eux, obéissant à leur « furieux besoin de gagner le nord ». Le 26 juin, les trois hommes trouvèrent leurs premiers nids. « Notre longue quête a pris fin », écrivit Soper.

« D'ici à trois mois, j'espère bien être dans la péninsule de Foxe », ai-je dit à Eleanor qui avait partagé son attention entre sa tapisserie et son invité avec une intensité paisible et impressionnante.

« Eh bien, je vous souhaite tout ce qu'il y a de mieux », m'a-t-elle répondu. Elle a souri, ses pattes-d'oie se sont creusées.

*

La lumière de la rue filtrait à travers les stores de la petite chambre d'ami aux lambris de bois, faisant apparaître les contours de la cage sur la commode, les barreaux recourbés avec l'anneau tout en haut. J'avais tendance à me réveiller tôt. Au cours des mois que j'avais passés à la maison, en attendant de reprendre des forces, il faisait encore nuit quand j'ouvrais l'œil et je restais allongé dans le petit lit, en travers de la dépression du matelas en crin dépourvu de ressorts, disséquant la succession des événements, imaginant tout ce que j'étais en train de rater, redoutant de nouvelles rechutes, grinçant mentalement des dents. Les rideaux de la pièce n'avaient pas changé depuis mon enfance : ils étaient bleus, avec des bandes parallèles de girafes, de lions, d'éléphants et de singes dans des tons de brun et gris foncé, qui avançaient de gauche à droite, comme pour se rendre dans des arches de Noé. Quand on ouvrait les rideaux, ces animaux se blottissaient tous ensemble, dans les enclaves des plis et replis, et leur seule présence, exactement tels que je me les rappelais – le fait que *maintenant* était toujours en accord avec *avant* –, était en soi rassurante, comme une échappatoire vers des jours moins équivoques, un signe de permanence dans le chaos de la maladie et de ses traitements. La lumière s'infiltrait à travers ces bandes d'animaux et les rayures bleues intermittentes et lentement la forme de l'Everest se dessinait, avec le biplan suspendu comme un joujou bien au-dessous du sommet. Les rideaux, le tableau, une simple chaise sur le dossier de laquelle était drapée la veste de mon père – tous ces objets comblaient des vides particuliers, comme s'ils avaient été conçus à cet effet.

Impossible, en de telles matinées, d'imaginer qu'un jour je me retrouverais à Austin, Texas, en route vers le Grand Nord canadien, en compagnie de volées d'oiseaux. À ce moment de ma vie, peut-être ces réveils aux petites heures étaient-ils un signe de ma dépression, mais une fois la crise surmontée et la violence de mon angoisse quelque peu apaisée, l'habitude a quand même persisté. Donc, je me suis réveillé tôt chez Eleanor, dans la chambre qui avait été celle de son fils Matthew, et elle était là, la cage à oiseaux, sur la commode, sans oiseau à l'intérieur, dorée même dans la pénombre, ses contours conclus par un nœud au zénith de son dôme, et mon regard se posait, comme aucun oiseau ne pouvait le faire, sur la tige qui faisait le tour de la cage, puis sur le dessin du cow-boy assis en l'air, la main tenant les rênes et les pieds pris dans les étriers étant les seuls points par lesquels il était rattaché à son cheval en pleine ruade.

Je n'avais pas eu l'intention de passer plus d'une nuit, mais Eleanor m'a encouragé à m'installer, à faire comme chez moi. Elle m'a révélé quelques-unes des bizarreries de la maison – la seule façon de fermer un certain robinet ; le coffre où elle rangeait les couvertures, placé à cinq centimètres du mur, comme cela le couvercle n'abîmait pas le lambris, quand on l'ouvrait – et j'en ai découvert d'autres par moi-même, par exemple la manière dont le palet effleurait les cloches de la harpe éolienne, le bruit que faisaient les portes de saloon ajourées, lorsqu'elles battaient derrière vous en décrivant des arcs de plus en plus courts. Je m'asseyais à la table en verre du balcon, pour lire et écrire, approfondir ma connaissance des oiseaux, tout à fait à l'aise, commençant à me sentir chez moi en Amérique. Plusieurs jours ont passé avant que les descriptions du *Zugunruhe* ne vinssent me rappeler mes intentions et que la bougeotte ne s'emparât de nouveau de moi. Je n'étais pas venu m'installer. Le printemps était à nos portes, le mois de mars était largement entamé, les oies des neiges filaient vers Winnipeg. Il fallait partir.

Eleanor a fait glisser les portes-fenêtres pour venir me rejoindre sur le balcon.

« Qu'est-ce que vous diriez d'aller voir les chauves-souris ? » a-t-elle demandé.

À ce qu'elle disait, des chauves-souris arrivaient du Mexique tous les ans au printemps et s'installaient sous un pont du centre-ville. On les voyait au coucher du soleil, lorsqu'elles sortaient chasser les insectes.

Je lui ai dit que l'idée me plaisait énormément, mais que je songeais justement à prendre congé.

« Ah, vous vous faites du souci pour vos oiseaux. Vous avez peur de rester à la traîne, c'est ça ?

— Il va falloir que je les rattrape, en effet.

— Peut-être bien qu'ils sont déjà dans le Dakota du Nord. Bon, il vaut mieux que vous preniez un autocar Greyhound dès que possible. Nous allons vous expédier à Fargo dans les plus brefs délais ! »

*

Ce soir-là, nous sommes allés voir les chauves-souris. Eleanor a garé la Mercedes caramel tout près du fleuve. Elle portait un anorak bleu marine avec une grosse fermeture à glissière blanche sur le devant, et sa chevelure blanche paraissait curieusement en faire partie, comme une fleur au bout de sa tige. Nous avons franchi la Colorado River sur le pont de Congress Avenue, nous arrêtant au milieu pour regarder vers le nord, en direction du capitole et de son dôme, et vers l'ouest, en aval, où l'on pouvait voir un autre pont et des collines tapissées de cèdres loin au-delà. Un petit avion volait au-dessus de ces hauteurs, traînant une bannière dont le message, publicité ou étonnante vérité essentielle, n'était pas tout à fait lisible dans la lumière déclinante.

« Restons ici, c'est un très bon endroit », a dit Eleanor. Nous nous sommes appuyés à la balustrade, les yeux tournés vers Town Lake, à l'est. « Nous avons des chauves-souris juste sous nos pieds. »

En 1980, des travaux de reconstruction avaient entraîné la création de joints de dilatation dans le plancher du pont de Congress Avenue, des sillons parallèles larges de deux centimètres et demi et profonds de plus de trente centimètres, dans lesquels les chauves-souris mexicaines n'avaient pas tardé à installer leurs pouponnières, la température et l'hygrométrie se révélant idéales pour élever leurs petits. Longues de dix à douze centimètres, de couleur brun foncé, avec de grandes oreilles pointées vers l'avant et des lèvres ridées d'un bout à l'autre du museau, ces chauves-souris, appelées tadarides ou molosses du Brésil, passent l'hiver dans des grottes du Mexique et reviennent à Austin chaque printemps. Comme les oiseaux, les chauves-souris possèdent des horloges internes circadiennes et circannuelles, réglées sur l'année naturelle par des *Zeitgeber*, ce qui déclenche le comportement migratoire aux moments voulus.

« Ça fait un temps fou que je ne suis pas venue ici observer les chauves-souris », m'a confié Eleanor.

Les gens se massaient sur le pont et dans le petit jardin public au sud du fleuve, assis sur des couvertures le long de la rive herbeuse, prenant position de part et d'autre de nous contre la balustrade. Un jeune garçon, portant une cape de Batman en plastique noir, se chamaillait avec une fillette dont la tête était ceinte d'un bandeau reproduisant les oreilles d'une chauve-souris. Sur le chemin au bord du fleuve, deux femmes promenaient des danois équipés de colliers et d'écharpes d'un jaune fluorescent, comme des cyclistes respectueux des règlements de sécurité. Au-dessous de nous, un rameur se déplaçait en silence, se dirigeant vers l'amont, mettant ses pelles bien à plat au-dessus de l'eau, comme s'il s'agissait des paumes de ses mains, son siège avançant et reculant sur des rails et des coulisses bien graissés, le contact des avirons laissant dans son sillage une série de cercles jumeaux qui faisait penser aux œillets des chaussures à lacets.

« Elles vont sortir d'une minute à l'autre », a dit Eleanor.

Des lignes rouges et blanches scintillantes s'allongeaient en travers de l'eau, projetées par les lumières de la ville. Tout le monde attendait. Une voiture bleu foncé s'est immobilisée derrière nous, juste assez longtemps pour permettre à un vieillard de descendre d'un pas mal assuré sur le trottoir, avec l'aide d'un infirmier en blouse blanche à col montant. Le vieil homme portait une robe de chambre par-dessus la chemise de nuit verte réglementaire des hôpitaux, et ses maigres tibias visibles au-dessous étaient engoncés dans les bas de contention blancs destinés à prévenir les phlébites chez les malades alités. Il avait aussi des pantoufles d'un violet éclatant sur lesquelles étaient brodés des ananas plutôt incongrus, et son visage était émacié, vidé de toute substance, avec des pommettes qui faisaient saillie, comme des étais, sous la peau rose et fragile, et une touffe de cheveux blancs qui donnait l'impression qu'une volute de fumée sortait de son crâne. Il s'est avancé difficilement, à tout petits pas inquiets, jusqu'au bord du pont et il a pris place contre la balustrade à ma gauche.

« Ça va, Mr Mitchell, vous vous sentez bien ? a demandé l'infirmier, qui avait des cheveux noirs coupés court.

— Ma foi, oui, pas mal du tout », a répondu le vieillard d'une voix aiguë, faible et chevrotante.

Il était arrivé à point nommé. Sans crier gare, les chauves-souris ont commencé à se laisser tomber des sillons au-dessous de nos pieds, fonçant devant les chênes verts et les cyprès de la rive sud. En voyant les bestioles accélérer pour s'éloigner du pont, formant un tube d'ombres qui s'élevaient dans le ciel bleu-gris, tout vibrant de petits tourbillons d'air, les gens ont crié « Ooohh ! » et « Aaahh ! », comme s'ils assistaient à un feu d'artifice ; on aurait dit que le pont évacuait les bestioles dans un soupir, qu'il laissait échapper un souffle dont chaque atome avait la forme d'une chauve-souris. Leurs ailes faisaient entendre un froissement de papier, c'était un peu le rapide froufrou des billets de banque défilant dans une compteuse, vingt-cinq billets à la seconde, et j'ai tenté d'imaginer, sous le froufrou, le cliquetis de l'écholocation, ce martèlement d'ultrasons qui permettait aux chauves-souris fonçant droit dans un cyprès d'entendre sa présence et de s'écarter vers l'amont.

Au cours de la Seconde Guerre mondiale, les forces armées américaines mirent au point un projet intitulé Project X-Ray, dans le cadre duquel un grand nombre de molosses du Brésil furent équipés de petites bombes incendiaires attachées à leur ventre par une courte ficelle et une agrafe chirurgicale. L'idée était de parachuter au-dessus du territoire ennemi des cages de chauves-souris qui s'ouvriraient à une altitude donnée, lâchant des escouades de chauves-souris explosives, lesquelles très vite se disperseraient parmi les bâtiments du voisinage immédiat. Une fois au repos, les bêtes rongeraient la ficelle et déclencheraient les bombes. Mais on dut renoncer au projet, parce que les chauves-souris refusaient de se disperser ; elles restaient agglutinées, se réunissant en masse dans une ou deux cachettes. Un jour, des centaines de molosses du Brésil « chargés » s'échappèrent du lieu où l'on faisait les expériences, dans le sud-ouest du désert américain, et firent sauter plusieurs bâtiments militaires, ainsi qu'un réservoir de carburant surélevé dans une ville voisine.

Les dernières chauves-souris sont tombées des sillons au-dessous de nous, sans difficulté.

« Les voilà parties, a dit Mr Mitchell.

— Un peu plus, et nous les rations, a fait remarquer l'infirmier.

— Je vous l'avais bien dit. N'est-ce pas que je

vous l'avais dit ? » Les mains roses et maigres de Mr Mitchell se sont crispées sur la balustrade ; son corps entier tremblait.

« Oui, c'est vrai. »

Eleanor gardait les yeux rivés sur les chauves-souris. Le flot de petits mammifères volants a disparu dans la pénombre, comme un câble tiré par un docker. Mr Mitchell, qui avait fait l'hôpital buissonnier, se tenait frissonnant contre la balustrade. Les cheveux blancs d'Eleanor étaient vaguement lumineux. Les lumières rouges luisaient en haut des antennes radio dans les collines. La statue de saint François était à sa place près de la porte, la dalle de grès à la sienne au pied du cèdre. Toutes sortes d'oiseaux volaient vers le nord, conformément à leur programme héréditaire. Des voitures allaient et venaient le long de Congress Avenue. La foule a commencé à se disperser. La voiture bleu foncé est revenue sur le pont et l'infirmier a posé doucement la main sur la tête de Mr Mitchell, au moment où le vieil homme se penchait pour entrer par la portière ouverte.

3
Greyhound

La perspective de traverser l'Amérique vers le nord au moment même où le printemps en faisait autant et où des millions d'oiseaux migrateurs remontaient, avec la chaleur, jusqu'à leurs aires de reproduction, à mesure que le pôle Nord basculait en direction du Soleil était si excitante que lorsque Eleanor est venue frapper à ma porte avant l'aube, alors que la lumière de la rue laissait entrevoir les contours de la cage sur la commode, j'ai bien failli bondir du lit. La lumière électrique, aveuglante sur les carreaux blancs du sol de la cuisine, se réverbérait contre les petits aimants en forme de piano et contre les coins et les gonds du réfrigérateur ; lorsque Eleanor a ouvert celui-ci pour prendre du lait, j'ai vu tous les bols, avec leur couvercle en papier d'alu, comme un assortiment de tambours – une série de minuscules timbales bien accordées, disposées sur les grilles blanches. Nous avons fait du thé, puis je suis allé chercher mon sac dans la chambre, assombrie par le bois du lambris, et j'ai entendu les portes de saloon battre derrière moi, *floump, floump, floump*, silence. Eleanor m'attendait dans le salon, une main posée sur la table aux tortues, l'autre tapotant ses cheveux blancs duveteux. Nous avons traversé Austin dans sa Mercedes jusqu'au terminus des autocars Greyhound, bâillant tour à tour, en canon, et Eleanor s'est arrêtée devant l'entrée du bâtiment.

« Amusez-vous bien, m'a-t-elle dit.
— Merci pour tout.
— Il n'y a pas de quoi, voyons. Saluez les oies de ma part. »

J'ai regardé la vieille Mercedes caramel quitter le parking et vu NARNIA EST UN ENDROIT À PART disparaître dans le flot de la circulation.

Les autocars attendaient à l'autre bout du terminus : une flotte d'Americruisers argentés se prélassant sous des lampes à arc, ornés de lévriers[1] bleus en plein sprint, avec des museaux fins et profilés qu'on aurait pu tenir dans la main comme des cornets de glace. Des portes automatiques s'ouvraient sur une salle d'attente au sol beige nu et aux murs anonymes caractéristiques des zones de transit, avec des tas de bagages, des silhouettes endormies, des distributeurs automatiques et des rangées de sièges vissés au sol, dont certains étaient équipés de petites télévisions payantes dans des écrins en plastique noir. Les passagers attendaient d'être appelés auprès de leur véhicule, regardant leur montre, allant et venant, tenant à la main des tubes en carton de chips Pringle, des chaînes stéréo portables, des sacs transparents refermables de biscuits ou de muffins, des sacs poubelles bourrés de linge sale, des rouleaux de literie, des

---

1. En anglais, un *greyhound* est un lévrier.

paquetages militaires verts rachetés aux surplus de l'armée, des housses à costume, des sacs de voyage, des sacs à dos, des oreillers, des glacières, des doudous et des bébés endormis bien emmitouflés.

Mon Greyhound devait quitter Austin à sept heures du matin. La feuille de route qu'on m'avait remise avec mon billet m'indiquait que je devais arriver à Fargo dans le Dakota du Nord à dix-sept heures quarante le lendemain après-midi, après avoir changé de car à Dallas, Oklahoma City, Kansas City et Minneapolis. Fargo se trouvait à environ mille six cents kilomètres directement au nord d'Austin ; les oies des neiges, elles, voleraient du Texas au Dakota du Nord, tout droit vers le nord, comme si elles suivaient les lignes de longitude. Le nord – ce mot avait désormais acquis de l'ampleur, comme si toutes les destinations et les fins de voyage possibles s'y trouvaient réunies. Le nord était l'atout qui l'emportait sur tous les autres lieux. J'aurais voulu occuper, dans l'autocar, le siège de devant, afin d'avoir une vue dégagée vers le nord, mais il était déjà pris, donc je me suis assis deux rangées derrière, du côté droit ; du côté gauche se trouvaient une jeune femme et son fils de cinq ou six ans, dont les cheveux étaient coupés en frange sévère qui faisait penser à la tonsure d'un moine ; armé d'un petit album, contenant des dessins que l'on faisait apparaître en reliant des points, il s'est attelé à cette tâche avec une diligence monacale, maniant ses feutres dans la pénombre pour donner naissance à des motos, des raquettes de tennis, des robots ménagers et des girafes à partir de semis de points noirs, tandis que sa mère, dont le visage maigre et osseux était surmonté de cheveux blonds hérissés, appuyait sa tête contre la fenêtre et s'endormait, sans paraître gênée par les frémissements de la vitre.

Un orage a éclaté au moment où nous quittions Austin. Le tonnerre a grondé, des éclairs ont illuminé les toits de leurs lueurs rapides et déchiquetées et une nappe d'eau s'est abattue sur le pare-brise de l'autocar, chassée à gauche, puis à droite par les longs essuie-glaces jumeaux. J'ai pensé à Matthew sous sa tente, à l'orée du bois de cèdres, avec la pluie tambourinant sur la toile bise, tandis que la foudre frappait la haute antenne. Puis l'orage est passé, le soleil s'est levé quelque part au-delà de Baton Rouge, et le Greyhound a foncé en direction de Dallas sur l'Interstate 35[1]. J'ai tourné un regard vide vers la fenêtre teintée, bercé par le murmure des roues sur les panneaux d'asphalte lisse, tandis qu'un plat pays passait au-dehors, à l'extrême limite de mon attention – un bric-à-brac texan de motels, galeries marchandes, dancings, tribunaux locaux, salons de coiffure pour chien, minihangars, tas de fils électriques et téléphoniques, déploiement ininterrompu de panneaux publicitaires et de signaux qui ressemblaient à des armoiries tout en haut de mâts d'acier, proclamant les noms de chaînes de station-service et de restaurants, tandis que notre véhicule contournait Georgetown, Temple, Waco et Italy, à cinq cents kilomètres au nord en direction de Dallas.

À Dallas, je suis monté dans un nouvel auto-

---

1. Les Interstate Highways, ou autoroutes inter-États, forment un énorme système routier reliant entre elles toutes les grandes villes du pays.

car dont le chauffeur était un grand type, maigre comme une cigarette, portant l'uniforme gris de la firme Greyhound, les manches roulées bien proprement jusqu'au coude, la chevelure argentée coupée court sur la nuque et les tempes et coiffée en arrière, puis lissée à la brillantine. Il portait une ceinture en cuir repoussé marron ornée d'un aigle allongeant les ailes sur les côtés, et une montre digitale d'aspect vieillot avec un clavier de calculatrice sous son verre éraflé. Il suçait un cure-dents, lissait ses cheveux en arrière à deux mains et il appelait ses passagers « *folks* ».

« Bon, maintenant, s'il vous plaît, *folks*, a-t-il lancé dans son micro, les lèvres frôlant le treillis métallique, tandis que nous roulions dans la banlieue de Dallas, rappelez-vous que nous avons des dames et des enfants à bord. Alors, permettez-moi de vous dire, *folks*, qu'il n'est pas question de dire ou de faire quelque chose qui risquerait de choquer ces braves *folks*. Pas de gros mots. Pas de plaisanteries grivoises. Il est fort possible que cet avertissement ne vous concerne pas, mais je préfère le donner quand même. Sur ce point, je suis plus sérieux qu'un croque-mort, *folks*. »

Parmi les « *folks* » assis autour de moi, il y avait, sur le siège avant, une frêle vieille dame à cheveux blancs, portant une chemise en denim sur laquelle elle avait cousu des motifs d'étoiles à quatre pointes avec un croissant de lune brun et souriant. Elle a essayé à plusieurs reprises d'engager la conversation avec le chauffeur, mais sans obtenir de réaction ; en ce qui concernait la sécurité routière aussi, il était plus sérieux qu'un croque-mort. Derrière moi, une femme plus jeune, au teint basané, vêtue d'un survêtement orange, s'était plongée dans un livre de poche intitulé *Blues for Silk Garcia*, et de l'autre côté de l'allée était assis un homme corpulent avec une queue-de-cheval tombant sur la poitrine, les cheveux noirs s'étalant sur un tee-shirt où l'on pouvait lire : « DEPUIS QUE J'AI CESSÉ D'ESPÉRER, JE VAIS BEAUCOUP MIEUX ». Derrière lui, par l'interstice entre deux appuie-tête, j'apercevais une femme le nez chaussé de petites lunettes métalliques, caressant la tête d'un bébé endormi.

Le cure-dents coincé entre les dents du chauffeur était pointé droit vers le nord, le long de l'Interstate 35, comme l'aiguille d'une boussole. Le véhicule maintenait presque sans interruption sa vitesse de croisière. Des semi-remorques Freightliner, Eagle et Kenworth, avec couchette et cheminée d'échappement étincelante, se portaient à la hauteur de notre car, puis le dépassaient, tractant des conteneurs Utility, Stoughton et Great Dane. D'autres autocars des lignes Greyhound et Jefferson circulaient sur l'autoroute, ainsi que des camping-cars crème, portant au front le nom du modèle – Jamboree, Chieftain, Prowler et Nomad – et au-derrière des VTT, solidement arrimés ; il y avait aussi des voitures de la police de l'État, avec quatre antennes fixées au coffre, penchées en arrière sous l'effet du vent ; des camions transportant des maisons préfabriquées entières, qui roulaient avec précaution sur la voie de droite ; et des breaks, des caravanes, des camionnettes, des jeeps, des pick-up, des voitures munies d'un hayon, des berlines – tous les noms de voitures américaines se terminant ou commençant par le son « k », Mack, Cadillac, Pontiac, Camry, Buick – avec des devises sur le pare-chocs arrière (L'ÉTAT DE GRÂCE !) et des chiens penchés par les fenêtres ouvertes, flairant la vitesse du vent. Une bande de dix ou douze canards volait à notre hauteur, en formation compacte, minuscule fragment des millions d'oiseaux qui se dirigeaient vers le Canada avec le printemps, poussés par les rythmes circannuels et le *Zugunruhe*, infiniment plus nombreux que les voyageurs motorisés qui laissaient derrière eux Denton, Gainesville, Marietta et Ardmore, en route pour Oklahoma City et tout ce qui se trouvait plus au nord.

Ces oiseaux possédaient non seulement des horloges, mais des boussoles. En 1949, l'ornithologue allemand Gustav Kramer avait observé des jeunes étourneaux migrateurs dans une volière située à l'extérieur. Il s'intéressait à leur faculté de se diriger. « Un phénomène aussi évident que les vols d'oiseaux sur de longues distances a profondément pénétré dans la conscience de l'homme, écrivit-il, et il suffit de faire un tout petit pas de plus pour se demander comment ils trouvent leur chemin. » À la fin de l'été, les étourneaux de Kramer, originaires des régions baltes, montrèrent « une nette tendance à migrer vers le sud-ouest ».

L'année suivante, Kramer transféra ces oiseaux dans des pavillons circulaires où la vision était limitée à six fenêtres, distribuées de façon symétrique parmi les quatre points cardinaux et ne permettant pas de voir le moindre repère terrestre. À chaque fenêtre, on monta des miroirs réfléchissant la lumière du soleil jusqu'aux cages selon des angles de quatre-vingt-dix degrés. Les pavillons ronds étaient posés sur des socles transparents en plexiglas. Des observateurs étaient allongés dessous, surveillant les oiseaux et notant leur comportement.

Les étourneaux manifestèrent le *Zugunruhe* au moment voulu, avec une tendance à bondir vers le nord-est, qui était la bonne direction pour une migration de printemps. Puis, en manipulant les miroirs, Kramer modifia en apparence la direction du soleil. Et les étourneaux changèrent aussitôt de direction : donc ils utilisaient une boussole solaire. Un tel mécanisme, nota Kramer, ne pouvait pas être efficace s'il n'y avait pas d'horloge interne. La position du soleil relative à un point à la surface de la terre change de quinze degrés par heure. Les étourneaux devaient donc avoir un moyen de compenser ce mouvement apparent. « Certains jours, l'activité migratoire durait six heures, écrivit Kramer, depuis le début de la matinée jusqu'à midi, ce qui correspond à un déplacement du soleil d'environ quatre-vingt-dix degrés ; pourtant, la direction des oiseaux ne changeait pas. » Il baptisa un des étourneaux Héliotrope, en l'honneur de la fleur, dont le nom signifie en grec « qui se tourne vers le soleil ».

La découverte de la boussole solaire fut le premier pas vers la réponse à la question posée par Kramer : comment les oiseaux trouvent-ils leur chemin ? Mais beaucoup d'oiseaux, dont les étourneaux, sont capables de migrer par temps nuageux, quand le soleil est caché, et bien d'autres encore voyagent de nuit. Donc, le soleil ne suffisait pas à lui seul. Les oiseaux devaient avoir un autre moyen de s'orienter.

Au terminal d'Oklahoma City, le slogan de la firme Greyhound – OÙ FAUT-IL VOUS EMMENER ? – était imprimé sur des bannières suspendues au-dessus des sièges vissés au sol, le logo du lévrier en pleine course donnant l'image de la vitesse, l'efficacité et la grâce en mouvement. Des autocars s'arrêtaient devant le bâtiment, l'avant du véhicule s'abaissant grâce à un mécanisme hydraulique jusqu'au trottoir, comme un chameau s'agenouillant. Il faisait froid à présent ; en quelques heures à peine, nous avions laissé le printemps à la traîne. Un terminal m'engloutissait encore une fois dans ses limbes, lieu de transition où l'on parquait les itinérants, sans rien pour le différencier d'autres lieux analogues. Les passagers surveillaient des tas de bagages ou bien traînassaient à proximité d'un snack-bar où les spirales de papier tue-mouche Victor pendaient du plafond et où un vieux ventilateur sur un support blanc se tournait d'un côté puis de l'autre, comme s'il regardait un match de tennis ultralent ; ou alors ils se penchaient sur les lumières et la musique électronique effervescente des flippers à l'effigie de la famille Addams, ou bien ils s'absorbaient dans des jeux vidéo, pilotant des avions de chasse Spitfire, Zero et Shinden à travers les explosions d'un tir antiaérien digital ou pixellisé dans le jeu Strikers 1945, et actionnant le volant et les pédales du jeu Cruising USA, afin d'accélérer au milieu de forêts de séquoias, à travers les déserts du Nevada parsemés de pins à pignons, pour franchir le pont du Golden Gate, le long des Keys de Floride, sur de superbes routes de montagne dans les Rockies et suivre les vastes avenues de Manhattan, passant d'un État à l'autre – à croire qu'un manuel de géographie américaine pour l'école primaire clignotait dans ce coin, près des distributeurs automatiques.

L'endroit grouillait de monde, attendant le départ d'un autocar ou l'arrivée d'un voyageur. Deux femmes d'une bonne soixantaine d'années, deux sœurs, en jupes plissées et longs cardigans tricotés à la main, avec des cheveux poivre et sel et des lunettes suspendues autour du cou au bout de cordelettes tressées multicolores, ont fêté leurs retrouvailles, dans le terminal climatisé, en posant chacune les mains sur les épaules de l'autre pour échanger des petites bises convenables et délicates, une sur chaque joue, comme si elles trinquaient avec des flûtes de champagne. Un petit garçon levait le nez pour contempler un mur de casiers à bagages gris métallique, dont les trois tailles correspondaient aux sacs à main, sacs de voyage et valises ; puis il a parcouru toute la rangée du bas, en essayant d'ouvrir les portes des plus grands casiers. L'une d'elles a fini par céder ; une clef munie d'une étiquette rouge était encore enfoncée au-dessus de la fente destinée aux pièces de monnaie. Le gamin a jeté un regard à la ronde. Il mijotait quelque chose et ne voulait pas être vu. Il est entré dans le casier et il a tiré la porte derrière lui. Au bout d'une ou deux minutes, un homme s'est approché du mur de casiers. Il frisait la quarantaine, avec une figure pâle et des cheveux noirs séparés par une raie si nette qu'on aurait dit qu'elle était tracée à la craie. Il portait un costume bleu, une chemise rayée rouge et blanche, le col ouvert sur un tee-shirt blanc ; il a posé sa valise en cuir brun, tout en observant la rangée de casiers. Il a remarqué la clef à l'étiquette rouge et il a ouvert le casier. À l'intérieur, le petit garçon attendait, à quatre pattes, et dès que la porte s'est ouverte, il a passé la tête, comme un animal sortant de son terrier, adressant un sourire radieux à l'homme en costume bleu qui a fait un pas en arrière, éberlué, mais pas inquiet, comme si cette apparition n'était qu'un tour que lui jouait sa fatigue, le genre de choses auxquelles il faut s'attendre quand on se mêle de parcourir d'aussi longues distances.

On a annoncé le départ de l'autocar pour Kansas City. La femme à la chemise en denim ornée d'étoiles et d'un croissant de lune s'est adjugé le siège au premier rang. Je me suis assis derrière elle. Le bus s'est rempli : un homme en jean déchiré, portant une guitare, avec les morceaux d'une canne à pêche scotchés autour du manche, le moulinet reposant sur les cordes au-dessus de la rosace ; une fille serrant contre sa poitrine un classeur ; deux anciens de la communauté amish, vêtus de noir et blanc, avec de longues barbes grises et des physionomies sévères de patriarches ; un homme vêtu d'un pardessus gris foncé tenant une boîte en carton flambant neuve avec STETSON écrit sur les quatre côtés – la promesse d'un chapeau de pure origine. Au moment où nous allions démarrer, une femme est montée et s'est arrêtée dans l'allée, cherchant du regard les places vides. Elle avait l'âge d'Eleanor, une épaisse couronne de cheveux gris tombant naturellement autour de son visage, un sac à provisions en toile noire à une épaule. Elle était vêtue d'un mélange de couleurs primaires : col roulé jaune, blue-jean un peu passé, chaussettes blanches, sandales en cuir bleu, grosses lunettes à monture de plastique et gilet sans manches en polaire d'un rouge éclatant, avec un badge qui disait : « LES FEMMES NE SONT PAS NÉES RÉPUBLICAINES, NI DÉMOCRATES, NI D'HIER ». Elle a fait deux pas en avant, s'est immobilisée, a observé l'autocar d'un bout à l'autre, puis elle s'est installée sur le siège à côté du mien, posant le sac à provisions sur le sol entre ses sandales bleues.

« Je m'appelle Jean, m'a-t-elle dit en me tendant la main. Enchantée de vous connaître. »

Notre chauffeur était petit et trapu, avec des cheveux châtains clairsemés ; sa chemise paraissait pleine à craquer, comme un sac à linge. Tandis que le car quittait Oklahoma City, il a prononcé quelques mots au micro, avertissant tous les passagers du fait que la consommation de tabac, d'alcool et de stupéfiants ne serait pas tolérée.

« Si quelqu'un souhaite utiliser sa propre machine à musique, a-t-il continué, il ou elle est prié de la mettre en marche et de la tenir d'abord au bout de son bras tendu ou aussi haut que possible au-dessus de sa tête ; s'il entend le bruit, qu'il se dise bien que la personne assise près de lui l'entendra aussi. Et si quelqu'un voyage avec un enfant, qu'il l'installe dès maintenant sur son siège, parce que si je dois faire un écart ou m'arrêter brusquement, c'est le vol plané assuré. »

Fin d'après-midi. Le Greyhound continuait son

chemin sur l'Interstate 35, quittant l'Oklahoma pour le Kansas. Les arbres, les panneaux routiers, les poteaux télégraphiques défilaient ; nous roulions vers le nord, bercés de façon prosaïque par les vibrations et le ronron du moteur. Je guettais toujours mes oies des neiges. Je n'arrêtais pas de penser aux oiseaux d'Eagle Lake, m'imaginant qu'ils volaient au-dessus de nous, me disant que si seulement je pouvais me pencher par la fenêtre ou voir à travers le toit, je les apercevrais certainement. Les mains de Jean étaient posées sur ses cuisses. Elle était bronzée ; les montures roses de ses lunettes avaient à chaque coin de minuscules volutes rococo ; de temps à autre, elle regardait d'un air inquiet derrière elle, jusqu'au fond de l'autocar, comme si elle s'attendait à voir quelqu'un de sa connaissance. Elle portait une montre clinquante, avec Adam et Ève représentés sur chaque partie du bracelet, un gros cœur rouge derrière les aiguilles et des cœurs plus petits à trois heures, six heures, neuf heures et midi ou minuit.

« Vous venez de loin ? m'a-t-elle demandé.
— D'Austin. »

Les sièges étaient exigus. Deux étrangers qui se parlent pour la première fois n'ont pas d'ordinaire la tête aussi près l'un de l'autre et, à mesure que notre conversation s'engageait, je ne savais pas trop si je devais tourner la tête vers la gauche, pour regarder Jean, ou bien regarder droit devant moi, ou même continuer de regarder par la fenêtre. Nous parlions tous les deux doucement, presque à voix basse, comme pour nous assurer que nos propos resteraient confinés dans l'espace immédiat de nos deux sièges. Bien qu'il n'y eût pas de grillage entre nous, ni de pénitence à accomplir par la suite, notre entretien avait un peu le caractère étouffé et enclos des révélations faites dans un confessionnal.

« Vous allez loin ? ai-je demandé.

— Jusqu'à Minneapolis. Et vous ?

— Moi aussi, et ensuite je continue jusqu'à Fargo.

— Vous allez voir des parents ? Ma sœur est hospitalisée à Minneapolis.

— Non, je vais chercher des oiseaux.

— Quels oiseaux ?

— Des oies des neiges.

— Ah bon, c'est intéressant. Je ne sais pas grand-chose à leur sujet. Nous habitons en ville. »

Elle vivait à Oklahoma City, mais elle avait grandi à La Nouvelle-Orléans. Le ciel s'assombrissait, si bien que le verre de la fenêtre reflétait désormais l'intérieur de l'autocar, tandis que le soleil se couchait à l'autre extrémité des Grandes Plaines. Le Greyhound se dirigeait toujours plein nord et quelquefois, pendant que nous bavardions, Jean et moi, je savourais la clarté de cette direction, comme si l'Interstate 35 était une ligne à laquelle pouvaient se raccrocher les oiseaux migrateurs, lorsqu'ils se rendaient de leur zone d'hivernage à leurs aires de reproduction.

Une boussole solaire ne suffisait pas à elle seule ; les oiseaux devaient posséder un autre moyen de trouver leur chemin. L'idée que des organismes pourraient se servir du champ magnétique de la Terre pour s'orienter fut avancée pour la première fois au XIXᵉ siècle, mais les ornithologues ne commencèrent à la prendre au sérieux que dans les années 1960. Les lignes du champ magnétique quittent la Terre au pôle sud magnétique et y reviennent au pôle nord magnétique. Entre les deux, ces lignes forment des angles d'inclinaison variables par rapport à l'horizontale : quatre-vingt-dix degrés aux pôles, zéro degré à l'équateur, changeant systématiquement selon l'endroit où elles parcourent la Terre. Le champ magnétique fournit une carte de gradient qui pourrait, théoriquement, être une source de référence pour les oiseaux migrateurs.

À des fins d'expérience, Wolfgang et Roswitha Wiltschko mirent plus de deux cents rouges-gorges européens dans des cages en bois et en plastique octogonales, d'où l'on avait exclu tout repère visuel. Chaque cage contenait huit perchoirs, un pour chaque côté de la cage, et chaque perchoir était relié à un microcontact qui émettait un signal lorsque l'oiseau sautait dessus. Les rouges-gorges sont en partie migrateurs : certains partent hiverner dans le Bassin méditerranéen et en Afrique du Nord, alors que d'autres restent en Europe toute l'année.

Les Wiltschko éliminèrent le champ magnétique terrestre à l'aide d'une voûte en acier, puis ils le recréèrent artificiellement au moyen de bobines de fil chargées de courants électriques, connues sous le nom de bobines de Helmholtz. Au printemps, leurs oiseaux commencèrent à manifester leur *Zugunruhe* : bruits d'ailes, sautillements, vols du sol aux perchoirs. Les microcontacts indiquaient les tendances directionnelles des rouges-gorges : ils cherchaient à partir vers le nord. Quand la direction du champ magnétique expérimental subit une modification, les oiseaux modifièrent aussi la leur. Et même quand le nord magnétique coïncida avec le sud géographique, ils le suivirent, cherchant donc à se diriger à l'opposé de leur destination naturelle.

« La direction que les oiseaux identifient au "nord", conclurent les Wiltschko, ne dépend pas de la polarité du champ magnétique. » Leurs rouges-gorges paraissaient plutôt prendre comme point de référence les angles d'inclinaison des lignes du champ. Au printemps, ils s'envolaient dans la direction, quelle qu'elle fût, où les inclinaisons s'accentuaient, parce que cela signifiait qu'ils se dirigeaient vers le pôle. Et à l'automne, ils partaient vers l'endroit où les inclinaisons s'aplatissaient, parce qu'ils croyaient ainsi se diriger vers l'équateur. La polarité du champ magnétique de la Terre s'est inversée trente fois au cours des cinq derniers millions d'années : les Wiltschko ont noté qu'une boussole qui dépendait des angles d'inclinaison plutôt que de la polarité ne serait pas affectée par ces inversions.

« On habitait dans Music Street, à Gentilly, à La Nouvelle-Orléans, m'a confié Jean, la voix alanguie par son accent du Sud, mon frère, ma sœur et moi, dans une petite maison étriquée avec un jardin à l'arrière, qui était contre la voie ferrée. Les wagons de marchandises faisaient *bling-bling* et nous, on se précipitait sur le mur et les contrôleurs qui fumaient leurs cigarettes nous faisaient coucou de la main depuis le fourgon de queue. Il y avait une corde à linge dans le jardin, à laquelle ma mère accrochait tout – le blanc, le petit linge, tout ce que vous voudrez – et tout finissait couvert de suie à cause des trains, plein de traînées de suie. Mon père partait à deux ou trois heures tous les matins pour livrer du lait, il travaillait pour la crémerie Mueller's Dairy d'Elysean Fields ; il parcourait Franklin Avenue d'un bout à l'autre, puis, d'une heure de l'après-midi à neuf heures du soir, il conduisait un autobus municipal. Le camion à lait avait un compartiment réfrigéré à l'arrière et un jour, en jouant à cache-cache, je m'y suis retrouvée coincée.

— On vous a trouvée ?

— Non. Quand j'ai senti le moteur qui démarrait, je me suis mise à cogner sur la porte de toutes mes forces. Un peu plus et j'étais livrée à Elysean Fields ! On jouait beaucoup à cache-cache et puis il y avait une véritable rage du hula-hoop. J'adorais ça, le hula-hoop. Tous les gosses du quartier adoraient ça. On avait chacun le nôtre. Ils coûtaient cinquante *cents* pièce au bazar McCoy. On était fiers comme Artaban quand on en avait un d'une nouvelle couleur – jaune, vert, bleu, tout ce que vous voudrez. Notre rêve, c'était d'avoir un hula-hoop de chacune des couleurs de l'arc-en-ciel. On avait aussi des petits cercles pour les bras qu'on faisait tourner en même temps que le grand. Avec un hula-hoop, il ne faut pas décrire des cercles avec les hanches. Non, c'est un mouvement d'avant en arrière ; il faut trouver un rythme et une fois qu'on l'a, on y va d'avant en arrière. » Jean se trémoussait dans le siège à côté de moi, levant les bras et tournant les épaules d'un côté à l'autre, tournoyant et glissant, je sentais la jeune fille qu'elle avait été se réveiller au-dedans d'elle.

« Ce n'est pas mal, ai-je dit.

— Oh, mais j'étais fortiche ! s'est exclamée Jean en riant. Et vous voulez savoir à quoi j'étais bonne, aussi ?

— À quoi ?

— Au tennis.

— Ah bon ?

— Mais oui. Ma vraie passion, c'était le tennis. On avait un court public sur St Roch Avenue, dans St James' Park. Il y avait un terrain de base-ball, six balançoires, un toboggan et un court de tennis public. Le service des Loisirs de La Nouvelle-Orléans envoyait un professionnel dans les quartiers pauvres. Il y avait des tombolas, des tombolas pour le tennis. Les billets coûtaient un *quarter*[1]. Et le premier prix, c'était une raquette. J'ai supplié ma mère, dans la cuisine : "Je peux avoir un *quarter* pour la tombola du tennis ? Je peux avoir un *quarter* pour la tombola du tennis ?" Je n'arrêtais pas de la bassiner et pour finir, elle m'a dit : "Bon, d'accord, je vais te donner les vingt-cinq *cents*, tu auras ton *quarter* pour la tombola du tennis." Mais elle a posé ses conditions. Chaque billet correspondait à une lettre de l'alphabet, plus un numéro de un à dix, alors ma mère m'a dit qu'elle ne me donnerait l'argent que si j'achetais le billet J1, parce que c'était l'initiale de mon nom, Jean, et qu'elle pensait que ça me porterait chance. Alors j'ai acheté le billet J1 et c'est justement celui

---

1. Le *quarter* vaut un quart de dollar, soit vingt-cinq *cents*.

qu'on a tiré du chapeau, donc c'est comme ça que j'ai eu ma toute première raquette.

— Vous étiez vraiment destinée à jouer au tennis.

— Je ne vous le fais pas dire. Je jouais au tennis dès que je pouvais. J'adorais ça. Mais à la maison, ça n'allait pas fort. Après l'école, mon père m'enfermait dans ma chambre. Je l'entendais hurler contre ma mère, puis il s'est mis à lui taper dessus et à hurler de plus en plus fort. Alors, avec ma sœur, on est allées vivre dans une pension de famille. La propriétaire était une vieille dame bizarre avec je ne sais combien de chats. J'ai vécu là jusqu'à la fin de mes études au lycée. Nous n'avions presque pas d'argent. Ma sœur était shampouineuse pour assurer le minimum. Au magasin d'alimentation, les boîtes de légumes coûtaient un dollar les sept, alors chaque semaine, on mettait un dollar de côté et on mangeait une boîte de légumes tous les jours de la semaine.

— Et qu'est-ce que vous avez fait après le lycée ?

— Je vais vous dire. Je suis entrée au couvent. Pas à La Nouvelle-Orléans, mais à St Louis. Je suis devenue bonne sœur. Il y avait une voix intérieure qui me disait : "Il faut que tu sois bonne sœur." Il n'y a pas longtemps, une femme qui avait été majorette à l'université du Texas m'a demandé : "Ça ne vous gêne pas d'avoir été bonne sœur ?" Et moi, je lui ai répondu : "Et vous, ça ne vous gêne pas d'avoir passé des heures entières à lancer un bâton en l'air ?" Non, je n'étais pas gênée du tout. Je savais que c'était une chose que je devais faire. J'étais habillée, nourrie et instruite ; j'avais des amies ; je pouvais rendre service aux gens. Nous passions une importante partie de chaque journée sans parler et je crois que le silence m'a fait du bien. J'ai appris la discipline. On nous apprenait à nous sentir indignes. Il fallait s'allonger sur le sol. Si on cassait quelque chose, on était toujours punies. On s'allongeait sur le sol, les bras tendus comme ça et on disait des *Je vous salue, Marie*, à n'en plus finir ou presque. Et puis, il fallait dormir avec l'objet cassé, parce que comme ça on ne risquait pas d'oublier sa faute. Les sœurs dormaient avec des éventails, des bols, des pots, des assiettes, des tasses, tout ce que vous voudrez. Un jour, j'ai cassé une statue de saint Joseph. C'était la statue préférée de la mère supérieure. Elle venait de France. J'ai dû dormir avec la statue de saint Joseph et plein d'autres sœurs ont dit que j'avais bien de la chance d'avoir un homme dans mon lit. »

Nous avons entendu le cliquètement du clignotant ; le chauffeur a tourné son gros volant et notre Greyhound a quitté l'Interstate. J'avais fini par m'habituer à ces courts arrêts ponctuels, dans les stations-service, entre deux terminaux. Les passagers descendaient, allumaient des cigarettes, allaient aux toilettes, faisaient quelques étirements très simples et passaient des coups de fil dans des petites cabines téléphoniques, où on les entendait dire : « Tu as donné à manger au poisson ? » ou bien « Je te vois demain, mon champignon », ou encore « Ne me demande donc pas ce que je faisais, Marla ! Comment veux-tu que je sache ce que je faisais ? ». Épuisés, loin de chez nous, nous hantions les allées des magasins, sous les lumières fluorescentes, aveuglantes contre les sols pavés de blanc ; les odeurs extérieures de l'essence et des pots d'échappement se mélangeaient à celles du vieux café, des hot dogs, des *burritos* réchauffés au micro-ondes et de la sauce au fromage jaune que l'on pressait sur des chips à la tortilla dans des boîtes en carton. Dans l'autocar, on n'avait rien d'autre à faire qu'à regarder par la fenêtre et à rêvasser, mais aux arrêts il fallait compter avec les chants de sirènes des produits de marque sur les étagères débordantes et comparer leurs mérites. Il y avait des distributeurs réfrigérés bourrés de boissons variées, sodas, thé glacé, eaux minérales, jus de fruits et légumes et laits parfumés, et parfois des étalages d'une diversité invraisemblable pour les fumeurs de pipes. Nous déambulions comme des somnambules à travers ce déferlement de noms, regagnant ensuite un par un notre Americruiser. Une fois que le contingent au complet avait été compté, les portes se refermaient avec un soupir.

Jean et moi nous sommes de nouveau installés sur nos sièges, vers l'avant du véhicule du côté droit, et les aiguilles de sa montre ont continué de se déplacer de cœur en cœur. Le Greyhound a regagné l'Interstate, repartant vers le nord mâtiné de nord-est, en direction de Kansas City. Le chauffeur a parlé dans son micro.

« Votre attention, s'il vous plaît. Bon, je sais que vous allez penser que je deviens chauve, mais j'ai trouvé un postiche appartenant à l'un d'entre vous. Je comprends très bien que son propriétaire soit gêné de venir jusqu'ici me le réclamer, alors je vais le laisser là, à l'avant, et il pourra le récupérer discrètement au prochain arrêt, quand tout le monde descendra du car pour fumer ou que sais-je. Voilà, l'annonce est finie. Merci de votre attention. »

Nous l'avons regardé lancer le postiche contre le pare-brise ; il a glissé le long du verre pour se nicher sur le plat-bord – un postiche brun, bouclé, très seyant, qui devait prendre la tête comme un bonnet de bain. Maintenant, il faisait nuit.

« Vous portiez un habit religieux ? ai-je demandé à Jean.

— Oh oui, je portais une longue robe blanche, bien raide, amidonnée. Blanche parce que j'étais une novice. Chaussures, bas, porte-jarretelles et jupon de gabardine noirs, guimpe blanche couvrant mes cheveux des deux côtés du visage, et sur les épaules un scapulaire blanc, peu ajusté, qui tombait jusqu'à mes chaussures noires. Un de ces tintouins !

— Et votre tennis, dans tout ça ?

— Oh, nous avions un court. Le couvent était équipé. Je jouais tout le temps. Le court de tennis était à peu près le seul endroit où je me sentais à l'aise. Je me rappelle qu'un dimanche après-midi, quatre joueuses professionnelles sont venues disputer un match de double sur notre court. Tous les dimanches après-midi, on nous organisait quelque chose – quelqu'un venait nous faire une conférence, ou bien il y avait une activité quelconque. Quand j'ai appris que ces quatre joueuses allaient venir, j'ai demandé à la mère supérieure s'il y avait la moindre chance que je puisse échanger quelques balles avec elles. J'étais complètement surexcitée à la seule idée de jouer un peu avec d'authentiques professionnelles. On n'avait pas l'occasion d'en voir tous les jours de la semaine et j'aurais simplement voulu faire quelques échanges, peut-être un jeu ou deux, juste histoire d'avoir connu ça. Quoi qu'il en soit, la mère supérieure m'a dévisagée un bon moment. Sans rien dire. Je lisais clairement le courroux de Dieu sur son visage et je me suis dit qu'elle allait exploser. Elle n'a pas dit un mot, elle m'a simplement dévisagée, et je savais très bien qu'elle faisait ça pour me remettre à ma toute petite place. Alors j'ai commencé à demander pardon, mais elle n'a toujours pas dit un mot. Je ne savais plus où me mettre. J'ai regardé tout autour de la pièce, puis j'ai contemplé mes chaussures. Et alors, elle a ouvert les vannes, oh oui, c'était bien le courroux de Dieu, un épouvantable sermon concernant mon manque d'humilité et de modestie et mon arrogance. J'étais mortifiée. Vraiment, j'avais honte.

— Qu'est-ce qui s'est passé ?

— Que je vous raconte ça. Le dimanche est arrivé, et les quatre joueuses se sont présentées, quatre jeunes femmes en jupettes blanches et chaussures blanches flambant neuves. Toutes les sœurs étaient assises sur les gradins – il y avait trois ou quatre rangs de sièges à côté du court – harnachées de pied en cap, bas, porte-jarretelles, jupons de gabardine, guimpes, scapulaires, tout ce que vous voudrez. Les joueuses ont commencé leur match. Elles ont fait deux sets. Puis la mère supérieure s'est approchée du filet et elle a fait un discours pour remercier les joueuses d'être venues. Et ensuite, je n'en croyais pas mes oreilles, elle a dit que la sœur Jean-Marie appréciait tout spécialement leur présence. Appréciait tout spécialement ! Une des joueuses a dit : "Pourquoi ne vient-elle pas échanger quelques balles ?", et une autre a embrayé : "Mais oui, qu'elle vienne donc jouer", tout ça, bien entendu, devant tout le monde, donc la mère supérieure n'a pas vraiment eu le choix, elle a été bien obligée de me laisser jouer avec les pros.

« Je descends des gradins et je m'avance sur le court, et n'oubliez pas que je suis en habit de religieuse et que les joueuses portent leurs mignonnes petites jupettes, au ras du popotin, passez-moi l'expression. Une d'entre elles me tend sa raquette et dit qu'elle va aller s'asseoir pendant que je joue. Et moi, j'ai une de ces tremblotes. Je suis du côté droit et c'est moi qui reçois le service. Je ne me suis même pas échauffée. Je m'efforce de bien plier les jambes et de me concentrer sur la serveuse qui fait rebondir la balle et s'apprête à servir. Je voyais bien qu'elle n'avait pas l'intention de me faire de cadeaux parce que j'étais bonne sœur, et comme de juste, sans me laisser le temps de dire ouf, elle m'expédie un boulet de canon, et moi j'étais dans un tel état de nerfs, tellement j'avais eu honte, que j'ai balancé un retour de folle furieuse, j'ai renvoyé son service aussi fort que j'ai pu et la balle est passée hors de portée de la joueuse au filet, filant droit le long de la ligne de couloir. C'était imparable, rien à faire. J'avais regardé son lancer de balle et je savais où elle allait jouer. La balle est arrivée en plein sur mon coup droit et je l'ai prise parfaitement centrée, comme si ma raquette était une extension naturelle de mon bras, et toutes les sœurs dans les gradins ont sauté sur place en poussant des clameurs. Elles ont braillé et lancé des cris de Sioux, elles ont empoigné leurs scapulaires et les ont agités en l'air, oui, leurs saints scapulaires ! »

Il se faisait tard ; certains passagers dormaient. Sur ma gauche, au-delà de Jean, les reflets de lumières rouges et jaunes glissaient en travers de la vitre, puis elles reparaissaient sur ma droite, mais cette fois ce n'étaient pas des reflets ; et d'autres reflets glissaient en travers de la vitre entre moi et les lumières, comme si l'autocar tournoyait, ou se trouvait au centre de manèges de lumières tournant sur eux-mêmes : réverbères et phares de voitures, lumières rouges sur les pare-chocs arrière et les antennes radio, lumières rouges clignotantes des avions, brumes s'élevant des lumières condensées des conurbations, éclat des parkings en plein air, où les carrosseries bien fourbies luisent sous les projecteurs, déploiements de néons des fêtes foraines et des casinos. Le chauffeur a éteint les lumières à l'intérieur de l'autocar et tout à coup, on a pu voir les étoiles et même plusieurs constellations vers l'est : Hercule, le Bouvier, la Vierge.

Dans les années 1950, l'ornithologue allemand Franz Sauer imagina que les oiseaux utilisaient peut-être les étoiles pour se diriger lors de leurs migrations. Vers la fin des années 1960, Stephen Emlen étudia les passerins indigo, une espèce qui se reproduit dans toute la moitié orientale des États-Unis et hiverne aux Bahamas, dans le sud du Mexique et en Amérique centrale jusqu'à Panama. Des passerins indigo en cage manifestent un *Zugunruhe* nocturne intense aux mois d'avril et mai, puis de nouveau en septembre et octobre, les deux périodes au cours desquelles leurs congénères en liberté font leurs migrations. Lorsque ces manifestations apparurent, Emlen plaça ses passerins dans des cages circulaires spéciales : elles étaient équipées d'entonnoirs en papier buvard montés sur des tampons encreurs et couverts de feuilles en plastique transparent. Les oiseaux dans les cages ne voyaient que le ciel au-dessus de leurs têtes ; tout ce qui se trouvait au sol leur était caché.

« Un passerin prêt à la migration, écrivit Emlen, se tient à un endroit ou tourne lentement en rond, le bec dressé, les ailes en partie déployées et frémissant rapidement. À de fréquents intervalles, l'oiseau bondit sur l'entonnoir en papier incliné, mais aussitôt il en glisse et se remet à tendre le bec en frémissant. Chaque fois qu'il saute du tampon encreur, il laisse une trace noire sur le papier. L'accumulation de traces de pattes fournit un simple témoignage de l'activité de l'oiseau : on peut ensuite compter ces traces et les analyser de manière statistique. »

Les passerins tenaient leur journal : leurs traces de pattes commentaient leur agitation saisonnière.

Par les nuits claires et sans lune, Emlen sortait les cages. En septembre et octobre, les passerins avaient tendance à bondir vers le sud. En avril et mai, vers le nord. Les parois des cages leur cachaient l'horizon ; les oiseaux ne voyaient que le ciel. Les nuits où celui-ci était nuageux et chargé, leur sens de l'orientation faiblissait de façon marquée. Emlen émit l'hypothèse que les passerins sont capables de déterminer leur orientation migratoire à partir d'éléments visuels dans le ciel nocturne.

Ensuite, il emporta ses passerins dans un planétarium. En septembre et octobre, à l'aide d'un projecteur Spitz Model B, il fit apparaître les étoiles d'automne normales sur le dôme. Comme de juste, les passerins laissèrent des traces de pattes dans la zone sud de leurs cages. En avril et mai, Emlen projeta les étoiles d'un ciel de printemps ordinaire. Les passerins se dirigèrent vers le nord et le nord-est. Mais lorsque Emlen éteignit le projecteur et emplit le dôme d'une lumière diffuse, les oiseaux se comportèrent exactement comme ils l'avaient fait par les nuits nuageuses à l'extérieur : ils furent incapables de trouver leur orientation migratoire. Et lorsque Emlen fit glisser l'étoile polaire vers l'est ou l'ouest, les passerins changèrent d'orientation pour suivre les nouveaux « nord » et « sud » selon la saison.

Pour comprendre l'importance de l'étoile polaire, ou étoile du nord, il faut d'abord imaginer que toutes les étoiles sont fixées à une sphère céleste ayant la Terre pour centre. Ensuite, il faut imaginer l'axe autour duquel la Terre tourne. Puis, il faut suivre la ligne de cet axe depuis le pôle Nord jusqu'à la sphère céleste. Cette ligne coupe la sphère au pôle nord céleste, lequel se trouve être très proche de l'étoile polaire, une étoile très brillante située tout près de l'extrémité de la Petite Ourse (*Ursa Minor*). En raison de la rotation de la Terre, la sphère céleste paraît tourner dans le sens des aiguilles d'une montre autour de l'étoile polaire.

L'axe de la rotation céleste est toujours aligné sur le nord géographique. Les passerins, découvrit Emlen, déterminaient leur orientation en se référant à la rotation des ensembles d'étoiles. Les constellations traversent le ciel avec une vélocité angulaire de quinze degrés par heure, mais leurs formes restent constantes, et chacune maintient un rapport distinct avec l'étoile polaire. Lorsque Emlen fit tourner son faux firmament autour de Bételgeuse, une étoile brillante de la constellation d'Orion, les passerins se dirigèrent comme si Bételgeuse était l'étoile polaire. En enlevant et en réinsérant de manière systématique des portions de sa fausse voûte céleste, Emlen s'aperçut que ses oiseaux se fiaient particulièrement à des constellations proches de l'étoile polaire, telles que la Grande Ourse, la Petite Ourse, le Dragon, Céphée et Cassiopée.

« Voilà les montagnes Flint Hills, m'a dit Jean. De jour, c'est un paysage grandiose et superbe, extrêmement vert. »

Elle s'interrompit.

« Les Flint Hills du Kansas », a-t-elle répété, comme si elle citait le titre d'une chanson populaire et mélancolique.

Une autre pause. J'ai regardé par la fenêtre toutes les lumières qui passaient. La perruque brune était toujours sur le plat-bord, n'ayant pas trouvé preneur.

« Nous avions une blanchisserie au couvent, a repris Jean. Une blanchisserie professionnelle. C'était un de nos moyens de gagner de l'argent. On riait quelquefois, parce qu'on savait qu'on était en train de laver le petit linge de la mère supérieure ou bien le caleçon du chapelain de l'université. On était comme des petites chipies d'écolières. On adorait les fous rires. On lavait des sous-vêtements, du linge fin, des jupons, des scapulaires, des guimpes, des voiles, des habits, du linge de lit, tout ce que vous voudrez, on repassait, on amidonnait, on trouvait une partenaire pour vous aider à plier les draps. On se servait d'essoreuses à rouleaux et de grandes machines à repasser les draps. On était censées garder le silence. On entendait juste les machines qui tournaient. Je me suis mise à adorer le blanchissage – l'odeur du linge bien propre et son contact.

— Oui, je vois ce que vous voulez dire.

— C'est vrai ? Ah, j'adore faire la lessive. J'adore laver le linge de mon mari. Ou faire de la lessive pour mes amis. Je me considère comme une féministe radicale, mais j'adore laver le linge des gens. Pour moi, c'est la meilleure preuve d'affection que je peux donner, de tout ce que j'éprouve de chaleureux envers quelqu'un. Le petit linge délicat, j'aime mieux le laver à la main avec du savon en paillettes. J'ai un panier en osier pour le repassage qui attend. Vous n'adorez pas l'odeur d'une lessive à peine faite ? Quelquefois, quand je dis à mes soi-disant amies féministes que j'adore laver le linge de mon mari, je les entends qui font tut-tut du bout de la langue, comme si j'avais commis un crime, mais je ne crois pas que ce soit un crime d'aimer faire la lessive.

« Je n'ai pas de séchoir. Je suspends le linge à une corde dans le jardin. Nous sommes allés à Venise, il y a quelques années. Nous avons suivi toutes ces allées avec de superbes vieilles demeures de part et d'autre et des cordes à linge courant entre les maisons. Il y avait toute cette lessive bien propre au-dessus de nos têtes – chemises, draps, robes, soutiens-gorge, linge de couleur et blanc, éclairés par le soleil. Toutes ces couleurs éclatantes. Les chemises ondulaient comme des drapeaux. Quand je passais sous ces cordes à linge, j'avais l'impression d'être une mariée passant sous des arcades de fleurs fraîchement écloses.

« J'avais une amie qui est décédée l'année dernière. Ça faisait quatre ans qu'elle était malade. J'allais la voir à peu près tous les jours et je lui lavais tout son linge. Je veillais à ce qu'elle ait des vêtements et aussi un lit tout propres. Je me disais que si son lit était impeccable, elle se sentirait sûrement beaucoup mieux. Elle avait une chemise de nuit en particulier qu'elle aimait porter. Elle était en coton très fin avec de la dentelle autour du cou et sur les épaulettes. Cette chemise, je l'ai lavée à la main je ne sais plus combien de fois, et elle la portait quand elle est morte. Je me suis sentie très proche d'elle ce jour-là, parce que nous étions de si bonnes amies, et aussi parce qu'elle portait la chemise de nuit que j'avais lavée. Je n'aime vraiment pas qu'on me dise que j'ai tort d'aimer faire la lessive. »

Jean a tendu le bras pour prendre le sac à provisions entre ses pieds. Elle l'a mis sur ses genoux, a fouillé à l'intérieur brièvement et elle en a tiré une carte postale.

« J'aime bien collectionner les choses qui ont un rapport avec la lessive. J'ai pris ça pour la montrer à ma sœur. Vous allez peut-être deviner ce que c'est. »

J'ai regardé la carte postale : un portrait surréaliste, presque photographique, d'une machine à laver – non pas une banale machine domestique, mais un engin qui ressemblait à un gros récipient en terre cuite, peint en gris avec un couvercle massif par-dessus et un hublot à travers lequel on apercevait tout un tas de vêtements : il avait à la fois l'air ancien et futuriste.

« Non, ai-je avoué, je ne crois pas pouvoir deviner.
— C'est la buanderie de Mickey.
— Ah bon ?
— Oui, c'est une carte qui vient du Disney Museum. »

Oui, je voyais en effet un des gants jaunes de Mickey pressé contre le hublot. Des casiers contenant des produits ayant trait à la lessive étaient rangés le long d'une étagère. Un petit récipient plein de pinces à linge était accroché à une barre. Chaque petite pince en bois lisse ressemblait à une des pièces d'un jeu d'échecs.

« J'aime avoir sur le mur de ma cuisine des photographies des buanderies de mes amis. J'ai un tableau au petit point qui représente des femmes en train de faire la lessive. D'après une toile de Clementine Hunter – elle venait d'une famille d'esclaves de la plantation Melrose, en Louisiane. On voit trois femmes en train de faire la lessive, vêtues de robes – orange, jaune citron et le rose le plus éclatant qu'on puisse imaginer –, et un gros chaudron noir posé sur un feu. Une femme remue le contenu du chaudron et les deux autres sont penchées sur des paniers et s'apprêtent à suspendre le linge à la corde. J'ai aussi une collection de pinces à linge modernes et anciennes – dans le temps elles n'avaient pas de ressort, comme celles que vous voyez là – elle m'indiqua les pinces à linge de Mickey – et aussi des tas de pinces en plastique de toutes les couleurs possibles, transparentes, opaques, opalines, brillantes. Inutile de vous dire que j'en suis fière comme Artaban, de ma collection ! »

Je me suis à moitié levé de mon siège pour jeter un regard derrière moi à tous les passagers endormis ; l'autocar était une galerie où l'on pouvait observer les différentes attitudes du repos : la tête en arrière, la bouche grande ouverte, le cou flasque, la joue sur l'épaule, le couple replié l'un sur l'autre, le tout s'éclairant chaque fois que l'Americruiser fendait la foule de voitures aux feux tricolores et aux croisements, tous les yeux fermés à l'exception de ceux des deux anciens de la communauté amish, qui m'ont rendu mon regard, œil pour œil, avec des yeux insondables et écarquillés de prophètes. Les feux arrière des voitures avançaient en files indiennes, comme des charbons ardents dans un flot de lave, et quelquefois les contours de l'Interstate 35 se dessinaient devant nous, une suite de lumières inclinant vers l'est, qui ne semblait pas reposer sur la terre ferme mais planer dans les airs, comme le flot de chauves-souris dont la courbe s'était soudain écartée de Congress Avenue. Je me suis imaginé que ce câble lumineux pouvait être utile aux oiseaux migrateurs, les guider, et j'ai songé aux bandes qui volaient au-dessus de nous, avec les lumières des villes, petites et grandes, agencées en constellations immuables : le zodiaque en haut et en bas.

Les mécanismes de l'orientation aviaire ne sont pas pleinement compris. Chez les espèces qui migrent en bandes, canards et oies compris, les oiseaux expérimentés peuvent guider les juvéniles des aires de reproduction aux régions d'hivernage et vice versa. On sait que les oiseaux ont un programme endogène héréditaire pour l'activité migratoire ; pour naviguer en se fiant aux boussoles solaire, magnétique et stellaire ; et pour passer à proximité de repères familiers. On a aussi émis l'idée qu'ils trouvent leur chemin en se référant aux vents, aux odeurs, aux infrasons et à des changements infimes de gravité et de pression barométrique. « Les oiseaux, écrivit Emlen, ont accès à de nombreuses sources d'informations directionnelles, et la sélection naturelle a favorisé le développement de leurs facultés de les utiliser toutes. »

Nous sommes arrivés à Kansas City et nous avons attendu notre correspondance dans le terminal. Le Greyhound à destination de Minneapolis est parti à minuit passé, avec au volant un chauffeur plus jeune, qui devait avoir dans les trente-cinq ans, aussi impeccable que peut l'être une maison bien tenue, avec une moustache parfaitement taillée et un crâne chauve, lisse et brillant qui paraissait astiqué, un uniforme exemplaire dans ses moindres plis et replis, des annonces clairement articulées et formulées – on aurait dit qu'il venait d'être frappé par la Monnaie fédérale, comme une pièce neuve. Jean et moi nous sommes assis ensemble, au troisième rang sur la droite. Les terminaux accueillaient les voyageurs et les renvoyaient groupés de manière différente : nous avons reconnu des passagers qui venaient de voyager avec nous et remarqué l'absence des deux anciens qui étaient montés dans des véhicules circulant sur différentes parties du réseau, à destination d'autres villes. À gauche de l'allée était assis un homme aux cheveux gris, avec une mâchoire de phoque mâle, portant un costume vert ; il avait desserré sa cravate et ouvert son bouton de col et, avant même le départ de notre autocar, il s'est adressé à Jean et moi pour nous dire : « J'attends simplement que les roues commencent à tourner. Du moment qu'elles tournent, je me rapproche de chez moi. »

Il n'a pas tardé à s'endormir. Jean aussi s'est assoupie. Elle avait retiré ses lunettes, laissant apparaître une marque rose et humide sur l'arête de son nez. Elle dormait avec la tête bien droite, calée contre l'appuie-tête, la bouche ouverte, les mains reposant sur le sac à provisions noir qu'elle avait gardé sur ses genoux. J'ai sommeillé, je me suis réveillé, puis rendormi tandis que nous filions vers le nord, suivant le chemin des oies des neiges à travers le Missouri et l'Iowa pour entrer enfin dans le Minnesota, entre les Grandes Plaines et les Grands Lacs. Je dormais quand le Greyhound a pris sa vitesse de croisière et que le murmure des roues s'est installé sur la même note, les lumières défilant à une cadence régulière, et je me suis réveillé chaque fois que cette constante était troublée, ouvrant les yeux pour découvrir Jean endormie à mon côté, qui rêvait de tennis et de linge odorant et lavé de frais.

La lessive. Nous avions une buanderie à la maison, avec un séchoir à linge qu'on pouvait monter et descendre à l'aide d'un système de cordes et de poulies, si bien qu'on hissait les draps et les serviettes de bain comme des voiles et que si l'on devait passer d'un bout de la pièce à l'autre, il fallait écarter le linge humide, bras tendus, comme s'il s'agissait de lianes ou de frondaisons, ou alors s'abandonner à la caresse moite des chemises et des pantalons pas encore secs, lorsqu'ils vous passaient sur la tête ou la joue. Il y avait une vieille essoreuse dont on actionnait les rouleaux à l'aide d'une manivelle, et un gigantesque évier sali par des traces de peinture, au-dessous d'une étagère où s'entassaient des bouteilles de produits ménagers : Brasso pour les cuivres, eau de Javel, térébenthine, ammoniaque et détartrant, ainsi que des pinceaux, des brosses de chiendent, diverses encaustiques et un vieux « pistolet » insecticide rouillé rose, sur lequel on pouvait voir défiler le soldat en pantalon blanc qui lui servait de logo. Le soldat en question, d'ailleurs, brandissait un de ces « pistolets » insecticides et un jour, quand j'étais très petit, j'avais scruté son arme minuscule pour tenter d'y trouver un autre soldat encore plus petit brandissant son pistolet, et ainsi de suite, *ad infinitum*, une série sans cesse décroissante de soldats et de pistolets insecticides. Et en face de la machine à laver, sur son propre socle carré en béton, était installée la vieille chaudière bleue alimentée au fuel, le cœur de la maison, dont les artères, sous la forme d'un système complexe de tuyaux capitonnés de laine blanche, montaient jusqu'au plafond.

La petite pièce dans laquelle je dormais dans mon enfance (et où j'étais retourné lorsque la maladie m'avait ramené à mon état d'enfant, dépendant de mes parents, incapable d'affronter les défis que me lançait le monde situé en dehors des confins immédiats de mon foyer) se trouvait juste au-dessus de la chaudière et, tous les matins, une fois que les corneilles avaient commencé à crailler, je l'entendais reprendre vie, obéissant au décret de la minuterie, et s'ébrouer – les murs tremblaient, le tiroir secret de la table frémissait, on entendait sous le plancher un bruit de grosses bulles maladroites galopant dans les tuyaux blancs pour porter la chaleur jusqu'aux extrémités de la maison.

Assis dans l'autocar au cours de cette nuit de mars, à la poursuite des oies des neiges, avec Jean endormie à côté de moi et tout autour de nous un glissement aveuglant de lumières, à la fois hypnotique et hallucinatoire, je n'avais aucun mal à retourner chez moi, à repartir dans la buanderie, puis dans le petit couloir blanc qui menait de là jusqu'à la porte de derrière, où les barres de trois verrous s'inséraient, avec un poids et une facilité que je connaissais bien, dans des cavités creusées dans le montant. La porte ouvrait sur la petite terrasse pavée, avec la mangeoire pleine des arachides à coque rouge ; si l'on regardait à gauche, on apercevait des châtaigniers, des sycomores et des tilleuls, on entendait les appels de basson des corneilles dans les hauteurs, le babil des eaux de la Sor Brook dégringolant en cascade, et à droite on voyait des buissons et des rosiers grimpants le long d'un mur, un hêtre pourpre, des terres cultivées montant en pente douce vers l'ouest, selon l'ordre immuable des parcelles appelées Lower Quarters, Danvers Meadow, Morby's Close, Allowance Ground.

La maladie m'avait ramené chez moi – c'était la première fois depuis que j'étais écolier que j'y avais passé plus de quelques jours de suite, une semaine au grand maximum. Et c'était pourtant toujours chez moi ; le fait que je n'y habitais plus depuis des années n'y changeait rien. Il n'y avait pas un seul autre endroit au monde où j'éprouvais un sentiment aussi puissant d'appartenance. J'étais toujours capable de me diriger d'un bout à l'autre de la vieille demeure dans le noir, ou les yeux fermés, me déplaçant grâce aux réflexes, à l'habitude, à la mémoire musculaire ; mes mains savaient précisément où chercher une poignée de porte, un commutateur électrique, une rampe ; mes pieds étaient prêts à monter ou descendre une marche, à fouler un plancher inégal, à passer du tapis à la pierre. Je connaissais les noms des objets, leurs détails et leurs histoires, chaque surface était polie par la mémoire ou l'association. Quand j'étais tombé malade – que je m'étais senti menacé, attaqué, privé de tout sentiment de contrôle ou de maîtrise – je rêvais de rentrer chez moi, j'imaginais un havre de sûreté, où il n'y aurait ni dangers, ni conflits, où tous mes besoins seraient comblés, un point immobile d'où il me serait possible d'observer et de mesurer l'instabilité de ma vie. Mais ce désir lancinant, c'était un fantasme d'évasion. C'était de la pure nostalgie.

J'ai ouvert les yeux. Une matinée de grisaille, des

tons mornes d'étain ; il y avait vingt-quatre heures que j'avais quitté Austin. Le Greyhound circulait à une vitesse régulière. Jean était éveillée, elle se frottait les yeux et remettait ses lunettes.

« Vous avez dormi ? m'a-t-elle demandé.

— Plus ou moins.

— Moi, j'ai dormi comme un loir. Ah, là, là, j'étais flapie. »

Et sans crier gare, elle a tendu le bras en travers de ma poitrine, le doigt pointé vers l'est.

« Regardez ! s'est-elle écriée. Ce sont des oies, hein ? »

Oui, c'étaient des oies. Des bandes d'oies des neiges volaient en longs rubans ou formaient des U dépenaillés de trente ou quarante oiseaux chacun, avançant vers le nord, survolant un pays plat, au-dessus de l'horizon, parallèles à l'autocar. De lentes ondulations parcouraient les rangs chaque fois que les oiseaux de tête déviaient légèrement de la ligne droite et que tous les oiseaux qui les suivaient en faisaient autant, l'un après l'autre, transmettant l'embardée tout le long de la rangée, comme une rumeur, jusqu'à l'oiseau qui venait le dernier, après quoi elle disparaissait dans les airs. Même dans cette lumière grise, je parvenais à distinguer les oies de phase bleue de celles de phase blanche – les deux sortes ne se présentaient pas pêle-mêle dans les diverses formations, elles étaient groupées ensemble à raison de trois ou quatre individus de même couleur. Chacun de ces groupes de phase bleue ou blanche correspondait sans doute à une famille, un couple et leurs petits : les oies des neiges s'accouplent pour la vie et nouent de puissants liens familiaux, les parents et leurs enfants restant tous ensemble lors de la première migration vers le sud, pendant l'hiver, puis lors de la migration du printemps pour regagner les aires de reproduction ; le mâle se charge le plus souvent d'ouvrir la voie à sa femelle – à l'inverse des canards, chez qui ce sont les femelles qui montrent le chemin. Jean s'est penchée devant moi, approchant son visage de la fenêtre, tendant le cou pour mieux voir les oies des neiges, et pendant quelques instants nous sommes restés à la hauteur des volées d'oiseaux, puis l'autocar les a dépassées, en route vers Minneapolis. J'étais à présent tout à fait réveillé, je me dirigeais vers le nord avec les oies des neiges, en parfaite complicité.

Nous sommes arrivés peu après neuf heures. Jean avait hâte de voir sa sœur. Elle est montée dans un taxi, incroyablement pimpante dans son éclatante symphonie de rouge, jaune et bleu, son sac à provisions noir à l'épaule, le badge toujours péremptoire sur son gilet en polaire. Elle a baissé la vitre.

« J'espère que tout ira bien, lui ai-je dit.

— Je sais. On verra. Et moi, j'espère que les oies n'auront pas joué les filles de l'air quand vous arriverez à bon port.

— Au revoir, Jean.

— Au revoir ! » Elle m'a crié son adieu, le taxi avait déjà démarré.

Dans le terminal de Minneapolis, un oiseau faisait le fou parmi les poutres du toit – un passereau, peut-être un moineau. Épuisé, désorienté, rendu poreux par la distance franchie, je me suis assis et j'ai regardé un grand diable au teint basané jongler avec un sac en cuir fourré de granulés, qu'il faisait passer d'un genou à l'autre, puis d'un pied à l'autre – j'étais hypnotisé par ce yo-yo sans fil, ponctué par des battements rythmés chaque fois que les granulés s'entrechoquaient au contact des genoux ou des chaussures. À midi, je suis monté à bord de mon dernier autocar, tout courbatu, et le véhicule est parti vers le nord-ouest sur l'Interstate 94 à destination de Fargo, passant du Minnesota dans le Dakota du Nord. Les terrains plats et cultivés s'étendaient à perte de vue dans toutes les directions, comme si la terre avait reconnu l'ampleur du ciel et préféré s'effacer. Des systèmes d'irrigation complexes à pivot central se dressaient immobiles dans les champs noirs labourés. Des bâtiments agricoles étaient tapis dans des creux coupe-vent, en fer à cheval. J'ai tenté de repérer des oies, les bords noirs de leurs ailes vacillant dans le ciel blanc enfumé. Le car est passé par St Cloud, Sauk Centre, Alexandria et Fergus Fall et il n'était pas loin de six heures quand nous sommes arrivés à Fargo. La température avait chuté de façon incroyable. Trente-cinq heures s'étaient écoulées depuis que le premier Americruiser avait quitté Austin sous l'orage. La cage luisante d'Eleanor se dressait, vide, à mille six cents kilomètres plein sud, à vol d'oiseau.

4

Sand Lake

L'organisation Gideons[1] avait laissé une bible sur la table de nuit de ma chambre de motel. Son logo se détachait en relief sur la couverture brune du livre, une flamme sortant en touffe, comme les cheveux de Tintin, du col d'une amphore dorée. Dans les pages d'introduction, avant même le début du livre de la Genèse, un verset de l'Évangile de saint Jean (« Dieu, en effet, a tant aimé le monde qu'il a donné le Fils, l'Unique, pour que tout homme qui croit en lui ne périsse pas, mais qu'il ait la vie éternelle ») était traduit en vingt-sept langues, et si l'on suivait le mot « fils » à mesure qu'il se transformait dans toutes ces langues – *son, søn, zoon, Sohn, sinn, sønn, seun* – on avait l'impression de regarder le visage d'un de ses intimes sous des éclairages différents, reflétant diverses humeurs. Pas un seul tableau sur les murs blancs. Un énorme téléviseur noir occupait la place d'honneur dans cette chambre carrée ; une antenne parabolique gorgée

1. Association chrétienne qui distribue des bibles à des fins d'évangélisation.

de fréquences vrombissait dehors, de l'autre côté des fenêtres coulissantes. Entre le lit et les fenêtres, face au téléviseur, se trouvait un vieux fauteuil de velours côtelé brun, à repose-pieds capitonné, dont les bras portaient de nombreuses brûlures de cigarettes. Des verres étaient posés à l'envers sur un plateau rouge. Une bande de papier protégeait le siège des toilettes comme une large ceinture, afin de bien mettre en évidence le souci d'hygiène de l'établissement.

En quittant Fargo, au volant d'un Mercury Topaz de location, je m'étais dirigé vers le sud, puis vers l'ouest jusqu'à Aberdeen, dans le Dakota du Sud. Les oies des neiges circulant au milieu du continent américain ont tendance à se poser sur les lacs des deux Dakota, afin de se reposer et se nourrir, tandis que le dégel les devance vers le nord, et le fait que Jean et moi avions vu des bandes d'oies volant vigoureusement en direction de Minneapolis laissait deviner que mes oiseaux commençaient déjà à arriver sous ces latitudes. J'ai conduit dans un brouillard blanc et dense, entrevoyant des poteaux de clôture, des fils de fer barbelés, des silos à grains, des bosquets de peupliers noirs d'Amérique et des prairies ondulantes, dans des tons de brun et de gris. Chaque fois que le brouillard se dissipait un peu, mes espoirs renaissaient. Je regardais de part et d'autre, ou bien je me penchais sur le volant pour mieux voir le ciel, espérant discerner les vacillations d'une aile bordée de noir. La route traversait des lacs gelés sur des chaussées légèrement surélevées. De forts vents du sud balayaient la neige et les particules de glace de la surface des lacs, sous forme de nappes qui traversaient l'asphalte à ras de terre ou, dans un sifflement, expédiaient un soudain grésil sur le pare-brise de la Topaz. Les pots d'échappement et les grilles de radiateur des camions se profilaient dans mes rétroviseurs. Des panneaux de signalisation sortaient du brouillard comme des souvenirs à demi oubliés. Beaucoup d'entre eux portaient des noms de villes anglaises : Bath, Bristol, Andover, Stratford. Les émigrants avaient voyagé avec leurs noms propres, comme s'il s'agissait d'effets personnels. Tous ces noms étaient des traces de la mère patrie.

*

LES OIES DES NEIGES ARRIVENT ! Le lendemain matin, la une de l'*Aberdeen American News* annonçait que plus de trois cent quarante mille oies des neiges étaient arrivées au Sand Lake National Wildlife Refuge, un parc naturel national, au cours des dernières vingt-quatre à quarante-huit heures. Je n'en revenais pas : j'étais arrivé dans le Dakota du Sud le même jour que les oies ! Sand Lake n'était guère qu'à une petite cinquantaine de kilomètres d'Aberdeen, directement au nord de l'autre côté de la plaine du Dakota, le long d'une route paisible et vide, bordée de plates étendues de terrain, avec des deux côtés des prairies d'aspect desséché et des champs couverts de chaume, ainsi que les ronds d'un blanc bleuté de petits lacs profonds, semblables à des doublons éparpillés à travers la prairie ; pas de vert en vue, uniquement des bruns, des fauves, des beiges, des gris et la surface bleuâtre et inégale de la glace. Des faucons des moineaux, les plus petits faucons américains, étaient perchés sur les fils télégraphiques, compacts et douillets, blottis dans la couette de leurs propres plumes grises et couleur de rouille. Des volées de merles aux ailes rouges, occupés à glaner, parcouraient les champs couverts de chaume comme les ombres géantes de plantes flétries emportées par le vent. Je n'avais jamais prêté une telle attention aux oiseaux. J'avais toujours à portée de main, sur le siège à côté de moi, un guide d'ornithologie et mes jumelles d'observation. Je guettais les oies des neiges. Je ne pouvais pas m'arrêter de penser à elles. Trois cent quarante mille oies des neiges.

Sand Lake, autrement dit le lac sablonneux, était une longue portion de la James River, tout près de la limite avec le Dakota du Nord. J'ai garé la Topaz à côté de deux pick-up blancs, sur les portières desquels figurait l'écusson de l'US Fish and Wildlife Service, un organisme chargé de veiller sur la faune sauvage. J'ai boutonné jusqu'au menton ma doudoune en duvet et passé la courroie de mes jumelles autour de mon cou. Il faisait un froid de loup. Il y avait des bosquets de peupliers noirs et d'ormes, des rangées protectrices de frênes rouges et d'oliviers de Bohême, et aussi des saules drapés, dans les parcelles marécageuses. Le ciel d'un bleu profond, démesuré, paraissait suivre la courbe de la terre à chaque extrémité. Des nuages qui ressemblaient à des perruques de juge dérivaient sur ce fond azuré. J'entendais, au loin, un son faible et familier, une foule de terriers en train de japper presque hors de portée d'oreille.

Tout excité, j'ai commencé à marcher vers le nord, le long de la piste en terre battue, parsemée de pierres, qui couvrait les quelques kilomètres séparant l'entrée de la réserve du barrage Houghton. Des fourrés de massette et de phragmite formaient une ceinture dorée autour du lac, leurs tiges prises dans la glace tantôt au niveau des tibias, tantôt à celui des chevilles. Des graines brunes et raides comme des cigares pointaient à l'extrémité des massettes. Quelquefois, des pick-up conduits par des chasseurs en tenues de camouflage me dépassaient sur la piste et le sillage de chaque véhicule agitait les massettes et les phragmites. Les jappements se sont transformés en bourdonnement continu. Je suis passé devant une petite ferme, puis j'ai contourné un promontoire, marchant de plus en plus vite vers la source du bruit. J'ai vu apparaître des oies des neiges, comme une promesse tenue. Des milliers d'oiseaux de phases bleue et blanche étaient massés sur la glace au milieu du lac, formant un gigantesque dessin en amande qui s'effilait à ses extrémités nord et sud. Leurs têtes étaient levées bien haut, leurs cous tendus, perpendiculaires à la glace. De près, le bruit n'était plus qu'un vacarme sauvage et universel, les appels se propageaient sur la glace comme des billes roulant sur une plaque métallique. Je me suis immobilisé, respirant à fond, à demi caché derrière une massette.

Un pick-up du Fish and Wildlife Service est venu s'arrêter à ma hauteur et un homme sanglé dans l'uniforme des gardiens s'est penché à la vitre. Il avait une cinquantaine d'années, portait des lunettes cerclées de métal, derrière lesquelles je pouvais voir deux épais sourcils pleins d'emphase et deux yeux d'un gris-vert transparent. Ses cheveux taillés court grisonnaient, on aurait dit un mélange d'oies de phases bleue et blanche.

« Ça vaut le coup d'œil, pas vrai ? m'a-t-il dit.

— Je n'en avais jamais vu autant à la fois. Combien ?

— Je dirais dans les trente mille. Elles sont vraiment en avance cette année. D'habitude, on peut se régler sur la date à laquelle les oies des neiges arrivent sous ces latitudes. C'est toujours la dernière semaine de mars. Là, elles nous ont pris par surprise. On ne pensait pas les voir avant une dizaine de jours, ou en tout cas au moins une semaine.

— Pourquoi arrivent-elles si tôt ?

— C'est le printemps qui est en avance. Elles viennent avec le temps. Ces oies remontent le plus vite qu'elles peuvent. Si elles rencontrent des orages ou s'il fait trop froid à leur goût, elles font une pause. Quelques-unes partent vers le nord pour aller voir ce qui se passe et s'il fait trop mauvais, elles reviennent aussitôt. À propos, je m'appelle Michael. J'ai comme l'impression que vous n'êtes pas du Dakota du Sud. »

Michael a coupé son moteur et il est venu me rejoindre sur la hauteur qui dominait le lac. Il était grand, plus d'un mètre quatre-vingts, ses bottes noires étaient aussi bien astiquées que celles d'un soldat, son ceinturon était déformé par le poids d'outils professionnels : revolver, menottes, spray au poivre, matraque télescopique. Nous avons contemplé les oies, élevant la voix par-dessus leur vacarme.

« Vous vous intéressez aux oies ? a demandé Michael.

— Aux oies des neiges. J'arrive tout juste du Texas. J'essaie de suivre les oies des neiges de leurs zones d'hivernage à leurs aires de reproduction – je m'efforce de rester en contact pendant leur migration de printemps.

— Ah bon ? C'est costaud, ça. Vous comptez aller jusqu'où, vers le nord ?

— Jusqu'à la baie d'Hudson. Peut-être même l'île de Baffin.

— Alors là, chapeau.

— Ce n'est pas vraiment une manière très raisonnable de voyager. Je suis à la merci des oies. Et je commence à me demander si c'est très souhaitable.

— J'ai passé à peu près toute ma vie à pourchasser des canards et des oies, d'une manière ou d'une autre, et n'allez surtout pas croire que je ne me suis pas posé la même question.

— Ça vous a étonné qu'elles arrivent si tôt ?

— Ouais, je crois. Mais les schémas n'arrêtent pas de changer. Tenez, prenez les aigles, par exemple. Avant que j'arrive au Sand Lake, on n'avait aucune trace documentée de nids d'aigles dans le Dakota du Sud depuis 1885, soit quatre ans avant que l'État ne fasse partie des États-Unis. En 1991, on a vu arriver une paire de pygargues à tête blanche, qui ont fait leur nid dans le Sand Lake Refuge. On a établi un cordon tout autour, avec une zone tampon de huit cents mètres. Les pygargues couvaient leurs œufs – si on les regardait au télescope, on voyait le mâle et la femelle se relayer. Mais alors, il y a eu une tempête terrible qui a secoué le nid. Les pygargues ont plié bagage et aussitôt des saletés de grands hérons sont venus s'y installer et ils ont foutu un œuf dehors, on l'a retrouvé sous l'arbre. En 1992, un autre couple est venu, il a fait son nid au Karl Mundt Refuge et il a pu élever un petit. Et ce couple-là a réussi à se reproduire chaque année. Alors maintenant, il y a quatre ou cinq nids dans les environs du Sand Lake. C'est une explosion démographique. Des pygargues, vous en avez qui nichent à peu près partout. »

Je lui ai demandé s'il y avait un rapport avec la quantité d'oies des neiges.

« Bien sûr. Les pygargues serrent les oies de près. Ils s'en prennent aux malades. Les oies infirmes se réunissent dans les derniers coins d'eau courante qui restent. J'en ai vu qui plongeaient pour échapper à un pygargue et j'ai vu le pygargue bel et bien s'enfoncer dans l'eau comme un balbuzard pêcheur, pour les prendre dans ses serres et les remonter sur la glace. Les pygargues ne peuvent pas s'envoler tout de suite parce que leurs plumes sont gorgées d'eau. Ils se secouent sur la glace, sans lâcher l'oie qui se débat de toutes ses forces, puis ils lissent leurs plumes un bref instant, et ensuite ils passent aux choses sérieuses et mangent leur oie. Et ils attrapent des poissons aussi. Les aigles et les goélands argentés arrivent très tôt pour le massacre des poissons. La glace fait soixante centimètres d'épaisseur, mais un poisson mort dessous fait une tache noire qui absorbe davantage de chaleur et remonte donc à la surface, et c'est comme ça que les goélands et les aigles les chopent. »

Il s'est interrompu ; une franche pagaille régnait parmi les oies. Leurs appels se sont faits plus forts, plus pressants. Tout à coup, comme si quelqu'un avait appuyé sur une détente, la bande entière s'est envolée. Trente mille oies ont quitté la surface glacée devant nous, les battements d'ailes tambourinaient dans l'air, les couinements des volatiles se transformaient en hurlements scandés et métalliques – le bruit que l'on entend quand un morceau d'acier est martelé sur une enclume, dans une caverne. La glace vibrait et chantait à l'unisson. Le troupeau éparpillé remplissait notre champ de vision, c'était un blizzard d'oies. La plupart d'entre elles décrivaient des cercles à faible distance du sol, mais certaines sont retournées se poser presque aussitôt, tandis que d'autres ont continué à s'élever. Des bourrasques d'oies fendaient l'air, derrière ou à travers d'autres bourrasques ; le troupeau continuait de tourner en rond, inlassablement, bouillonnant de tourbillons et de mouvements contraires, un chaos poivre et sel de phases bleue et blanche, qu'éclairaient de brèves étincelles argentées de dos d'ailes blancs prenant soudain la lumière du soleil. Des rubans entiers de volatiles viraient au noir quand ils nous apparaissaient de côté, tandis que d'autres lançaient des éclairs blancs chaque fois qu'ils changeaient de direction, le poitrail face à la lumière. Et puis lentement, une oie après l'autre, le troupeau s'est reposé : la masse en amande s'est reformée ; le tapage invraisemblable s'est atténué ; le bourdonnement régulier a repris. Un bref instant, j'avais oublié de respirer.

« Tenez, regardez un peu, a dit Michael en pointant du doigt, voilà pourquoi ces oies sont aussi énervées. »

De l'autre côté du lac, à quelques mètres de la massette, un gros rapace se tenait sur la glace, aussi immobile qu'une urne, avec un corps noirâtre et une tête blanche distinguée : c'était un pygargue qui cherchait une oie malade ou blessée. Les oies des neiges, elles, restaient inquiètes, vigilantes, prêtes à s'envoler. Des petites escouades décollaient pour tourner en rond ; d'autres descendaient pour atterrir au milieu de l'amande, les ailes baissées : l'échange et le renouvellement des cellules composant le tout sont permanents. Le pygargue continuait sa surveillance, près de la massette. Les ombres des nuages passaient sur la glace.

« Bon, à un de ces jours », a dit Michael. Il est remonté dans son pick-up. Des vagues de poussière se sont élevées sous ses roues lorsqu'il est reparti. J'ai marché tout l'après-midi, faisant le tour complet du Sand Lake, sur la piste en terre battue.

*

Tous les matins, j'allais à la réserve observer les oies. J'emportais mon déjeuner et je restais toute la journée, parcourant la piste jusqu'à Mud Lake, traversant la James River au barrage Houghton, regardant des cerfs de Virginie s'aventurer hors du rempart protecteur des ormes, tandis que le soleil se couchait quelque part de l'autre côté de la Missouri River, s'écriant « *West !* » au moment où il s'enfonçait dans les prairies et les buttes. Des cerfs bondissaient le long de la bordure de chaume, au moment où les oies regagnaient leur aire de repos après avoir visité les champs de céréales : elles apparaissaient comme de petites taches et de petits points au-dessus du soleil, très bas sur l'horizon. Elles arrivaient du sud en longues traînées étagées qui s'entrecroisaient et ondulaient, ou bien donnaient l'impression, par un effet d'angle et de distance, de tournoyer sous forme de cordes et de doubles hélices. Elles volaient aussi conformément à leur alphabet limité aux V, J et W, ou bien formaient des chevrons encastrés les uns dans les autres, comme les insignes sur les épaulettes des officiers, et les criailleries aiguës des oies des neiges offraient un contre-chant aux coups de klaxon plus graves et plus rudes des bernaches du Canada, nichées dans les phragmites et les massettes.

Les oies des neiges sont arrivées en nombres croissants au bord du Sand Lake au cours des derniers jours de mars. Des goélands ont fait leur apparition, en quête de poissons à tuer ; des canards se sont installés sur les parcelles d'eau courante près des barrages. Des observateurs d'oiseaux chevronnés, vêtus de tee-shirts dans des tons pastel, avec des bécasses ou des grues blanches imprimées à l'endroit du cœur, arrivaient de Fargo ou de Minneapolis, garaient leurs minibus Dodge ou Mercury et leurs jeeps Cherokee au bord de la piste, et trimballaient des trépieds Cullmann et Manfrotto, ainsi que des télescopes Optolyth, Swarovski et Questar, dans leurs housses molletonnées vertes, jusqu'à divers points stratégiques autour du lac. L'apparition de ces spécialistes était en soi une espèce de migration.

Michael m'a invité à me joindre à lui lorsqu'il

partait compter les oiseaux. Son uniforme était parfaitement repassé et immaculé ; ses bottes noires, impeccables ; son ceinturon, lesté de poches de cuir noir où se trouvait son matériel, lui tombait bas sur les hanches. Très souvent, il retirait ses lunettes cerclées de métal de la main gauche et se frottait les deux yeux de la main droite. Avant de remettre les lunettes, il clignait des yeux de manière exagérée, comme s'il venait de nager sous l'eau.

Michael avait suivi une formation de limnologiste : il connaissait tous les tenants et les aboutissants des eaux superficielles. Quand il était arrivé au Sand Lake Refuge, avant d'avoir trente ans, il avait fabriqué un affût flottant en fixant des tuyaux en plastique à une ossature en forme de dôme, qu'il avait recouverte de sacs de jute, dissimulés ensuite avec des massettes et des phragmites (allant jusqu'à tresser les roseaux, afin que son affût ressemble au logis d'un rat musqué), puis il avait monté le tout sur l'intérieur d'un pneu de tracteur. Caché sous son dôme, les jambes protégées par des cuissardes, il parvenait à se déplacer au milieu des roseaux sans effrayer les oiseaux. Il se rappelait la première fois que des hérons garde-bœufs étaient venus nicher au Sand Lake, en 1977, et il était content de se dire que cet oiseau, peu à peu, étendait son territoire, puisqu'il avait traversé l'Atlantique jusqu'en Amérique du Sud, en provenance du continent africain, au XIXe siècle, s'était ensuite répandu vers le nord, survolant la mer des Caraïbes jusqu'en Floride, et était remonté à travers les États-Unis, jusqu'au jour où on l'avait repéré dans le Dakota du Sud, au Sand Lake, en 1961.

Nous avons traversé la réserve à bord de son pick-up. J'avais des jumelles ; Michael, lui, utilisait un vieux télescope Questar, fixé au montant de sa vitre baissée. Une étiquette rappelait aux utilisateurs qu'ils ne devaient pas pointer le télescope directement vers le soleil, au risque que la lumière, concentrée par les lentilles, ait la puissance d'un rayon laser. Michael m'a indiqué le chaume de maïs, de blé, d'orge et de soja ; il a identifié le panic érigé, le bromus, l'armoise de Steller et des petites pousses rouges de renouée ; il m'a fait voir des nichoirs pour le canard branchu, la crécerelle et le merle bleu ; les logis des rats musqués dans les mares. Il m'a dit que parfois les bernaches du Canada construisaient leurs nids sur ces logis : habitat sur habitat. Les spermophiles de Richardson, que Michael appelait des *flickertails* ou écureuils terrestres, filaient dans des trous de la piste en nous entendant approcher. Un chien est sorti d'une ferme, montrant les dents au pick-up, et Michael s'est esclaffé : « Ça y est, je vais encore avoir des traces de crocs sur mon pare-chocs ! » Chaque fois que nous tombions sur une volée d'oies des neiges à un endroit ou à un autre du lac, il arrêtait son véhicule et ajustait son télescope. Il notait des chiffres sur un bloc-notes : 28 000 ; 16 000 ; 45 000. Les volées grossissaient. Les oiseaux de phase blanche et de phase bleue se tenaient tous ensemble bien serrés, formant des îles sur la glace.

Michael m'a appris à identifier les canards. Les mâles des différentes espèces étaient plus faciles à repérer : le petit fuligule avec sa tête noire et son corps blanc ; assez semblable, le fuligule à collier avait une bande blanche à la base du bec ; le fuligule à tête rouge et le fuligule à dos blanc avaient tous les deux la tête rougeâtre et le dos et les flancs gris pâle (le fuligule à dos blanc se distinguait par son front plus plat et fuyant) ; le garrot à œil d'or avait non seulement son œil d'or, mais une tache blanche ronde sur le visage ; le petit garrot, surnommé *butterball* (coquille de beurre), avait une coiffe blanche ; le long cou mince du canard pilet ; la tête verte, le corps blanc et le bec spatulé du canard souchet ; l'éclat bleu livide de la sarcelle à ailes bleues.

En apprenant les noms, on apprend aussi à faire plus attention. Michael m'interrogeait.

« Ce couple, à côté de la glace, c'est quoi ?
— Des petits fuligules ?
— Non !
— Des garrots à œil d'or ?
— Non !
— Des fuligules à collier ?
— Mais oui, des fuligules à collier ! »

En règle générale, le nom de l'oiseau avait trait à son apparence. Les canards étaient transformés (étoffés, colorés) quand je les associais à leur nom : petit garrot, canard siffleur, canard chipeau. Nous avons regardé sept fuligules à dos blanc mâles se disputer les faveurs d'une seule femelle – dressant le bec, se fendant comme des escrimeurs – et des garrots à œil d'or mâles rejeter la tête en arrière pendant leur parade amoureuse, comme pour avaler des aspirines. Michael était capable de reconnaître chaque espèce à sa façon de voler (le vol tournoyant, ondoyant de volées compactes de sarcelles ; le vol bas, en rang d'oignons des harles bièvres – des canards plongeurs, avec un corps blanc et un bec rouge étroit) et il savait exactement dans quel ordre tout ce monde ailé reviendrait au printemps suivant.

« Les premières arrivées, ce sont les bernaches du Canada, m'a-t-il dit. Puis les colverts et les oies des neiges, escortées par les pygargues, et puis toutes sortes de canards plongeurs, garrot à œil d'or et harles bièvres, qui se nourrissent de poisson, mais ne sont pas très bons à manger ; après quoi, on passe aux fuligules à tête rouge et aux fuligules à dos blanc, et il y a aussi des buses à queue rousse, et puis des crécerelles d'Amérique, et des érismatures rousses, des sarcelles, d'abord à ailes bleues, puis à ailes vertes un peu plus tard, et puis la glace fond et on a des pélicans d'Amérique, des cormorans à aigrettes, des grands hérons, des hérons garde-bœufs, des bihoreaux gris, des pluviers kildir, des mouettes de Franklin, des sternes de Forster et des guifettes noires, des bécasses, des phalaropes à bec étroit, des grèbes à bec bigarré et d'autres à cou noir, des grèbes élégants, et puis ce sont les oiseaux chanteurs qui commencent. »

Il a repris haleine, il a ôté ses lunettes de la main gauche, s'est frotté les deux yeux de la main droite, et il a cligné trois fois des yeux, d'un air très décidé.

*

Michael m'a présenté Rollin. Il avait quatre-vingt-deux ans, des cheveux blancs duveteux et une longue barbe blanche : on aurait dit la tête neigeuse d'un pygargue. Comme Michael, il portait des lunettes cerclées de métal, mais les siennes avaient des verres épais derrière lesquels ses yeux flottaient comme des poissons-globes derrière la vitre d'un aquarium. Ces lunettes chevauchaient son robuste nez aquilin, avec une sorte de permanence flegmatique. Il était en excellente forme, aussi énergique qu'un homme de vingt ans de moins. Il portait des bottes de randonnée et un de ces gilets sans manches aux innombrables poches qu'affectionnent les pêcheurs et les photographes professionnels. Il était venu de l'Iowa au volant de sa voiture pour voir les aigles du Sand Lake.

« Mike me dit que vous aimez marcher.

— Oui, en effet.

— Il pensait que ça vous intéresserait qu'on fasse une randonnée, tous les deux. Il y a pas mal de rapaces dans les peupliers d'Amérique, au-delà du barrage Houghton. J'en ai vu deux en arrivant. »

Nous sommes partis sur la piste qui bordait le lac. Les jumelles que nous portions autour du cou cognaient contre notre poitrine au rythme de notre marche, scandant le battement de notre cœur comme un pacemaker. Nous avancions avec une récolte de maïs à notre gauche, tandis qu'à droite poussaient massettes et phragmites. Au-delà des buissons, de l'autre côté du lac, nous apercevions une masse d'oies des neiges, trente mille oiseaux au bas mot. Leurs appels se transmettaient à travers la glace, comme si des gens tapaient dessus à coups de marteau.

« Pourquoi vous êtes-vous intéressé aux oiseaux ? ai-je demandé à Rollin.

— Ma foi, j'ai eu de la chance, je crois. J'ai grandi dans le nord-ouest de l'Iowa, à l'est de Sioux City, à une centaine de kilomètres, pas tout à fait. Je suis allé à l'école dans le comté de Cherokee, et entre mes deux dernières années au lycée, je suis allé vivre dans le Dakota du Nord pendant un an, chez mon oncle et ma tante. Ils étaient fermiers. Ils cultivaient le blé, le lin, l'orge, l'avoine. Ils perdaient de l'argent. La sécheresse détruisait toutes les récoltes et la vie n'était pas rose du tout à l'époque de la Grande Dépression. C'est dans le Dakota du Nord que j'ai découvert mon amour de la vie au grand air. Mes parents s'intéressaient à la nature, mais pas plus que les autres. Mon oncle, lui, connaissait bien les noms des plantes et des animaux et puis j'ai cherché beaucoup de choses dans les livres. Je ne sais pas. C'était moi, vous voyez ? J'avais quelque chose en moi. Il fallait que je sache. J'ai toujours eu une grande soif d'apprendre. Je n'arrêtais pas de poser des questions. Dans le Dakota du Nord, je suis vraiment tombé amoureux des marécages et tout ça. C'est là que j'ai vu mon premier aigle, que j'ai pris ma première truite, que j'ai abattu mon premier canard. C'était un canard souchet, vous vous rendez compte, mais je ne savais pas faire la différence. Je tirais avec un fusil à canons juxtaposés, calibre .12, et comme un abruti j'ai appuyé sur les deux détentes à la fois et je me suis retrouvé assis sur mon cul en moins de temps qu'il n'en faut pour le dire. J'ai tué le canard et je l'ai retrouvé après, mais je ne croyais pas l'avoir touché, parce que tout ce que je me rappelais, c'était que j'étais assis dans l'eau.

C'était le recul qui m'avait envoyé dinguer, vous comprenez ? Je n'étais pas bien grand à l'époque.

« Quand j'étais au lycée, j'habitais juste au bord de la Little Sioux River, c'est une des plus belles rivières du nord-ouest de l'Iowa. Cette rivière, je l'ai remontée et descendue je ne sais combien de fois, pour pêcher et camper. Au lycée, je ne jouais pas au football, ni au basket, ni au base-ball. Je souffrais d'un manque de coordination et je n'arrivais à rien. Mais j'ai toujours aimé tirer ! J'ai fini par faire partie d'une équipe de tir au fusil de gros calibre, une équipe d'adultes, alors que j'étais lycéen, et je dois dire que je suis devenu plutôt bon tireur. J'étais un expert du calibre .30, et aussi du .45 et du .22. Ça, je savais faire, voyez-vous ! Il y avait beaucoup de sports où je ne valais rien, parce que j'étais obligé de porter des lunettes, mais j'aimais bien tirer, et c'est un peu pour ça que je suis devenu un fana de la nature.

« Après la guerre, je suis retourné vivre dans l'Iowa et j'étais dehors dès que j'avais une minute. J'aimais les livres comme le *Sand County Almanac*, d'Aldo Leopold. J'aimais les livres de Zane Grey sur l'Ouest américain. Vous connaissez *The Vanishing American* ? *Man of the Forest* ? *Lost Pueblo* ? Ou aussi *Light of the Western Stars* ? Je travaillais dans le service des postes. Pendant vingt-sept ans, j'ai été facteur. Je triais et portais le courrier de trois cent quatre-vingts familles et je faisais cent soixante kilomètres de route. La plupart étaient des fermiers. Dès que j'avais fini ma tournée, je filais dans la nature. Je me range parmi les amateurs de prairies d'herbe courte. J'adore la prairie. D'après ma philosophie, chacun d'entre nous est sur terre pour une bonne raison. J'essaie de partager mon amour des beautés de la nature, de faire comprendre que la nature fait partie de nous, parce que tout ce qui vit dans la nature a les mêmes besoins que nous, et s'ils ne peuvent plus vivre, eh bien on peut être sûr que nous ne pourrons plus non plus. J'ai un faible pour les oiseaux. Les aigles, les faucons. J'aime beaucoup les oiseaux chanteurs, mais ceux que je préfère ce sont les aigles.

— Pourquoi les aigles ? » ai-je demandé. Nous marchions côte à côte le long de la piste, à une bonne allure régulière, nos jumelles battant contre notre poitrine. Rollin se déplaçait avec cette espèce de roulis propre aux galions et sa voix avait l'aisance joyeuse et mélodieuse d'un de ces chants de marin qu'on entonne à bord.

« Les aigles, a dit Rollin, ma foi, les aigles sont en haut de la hiérarchie. Les rois de la montagne. Ils ont une vision incroyable. On pense qu'elle vaut deux fois et demie la vôtre ou la mienne. Le sens de la hiérarchie est extrêmement développé chez les aigles. Imaginez qu'un jeune pygargue soit assis sur une branche d'arbre et qu'un oiseau adulte arrive et veuille cette branche, eh bien il délogera le jeune sans autre forme de procès. Ou bien, si un juvénile est en train de manger un poisson et que l'adulte le veut, il ira le lui prendre séance tenante et il n'y aura pas à discuter. Un pygargue se perche en général sur la plus haute branche qui peut l'accueillir et si c'est dans un peuplier d'Amérique, tant mieux. Ils veulent pouvoir regarder à la ronde. Ils aiment savoir ce qui se passe. Très souvent, un faucon prendra une branche plus basse. L'aigle n'a peur d'aucun autre oiseau. Beaucoup d'oiseaux sont obligés de se percher en tenant compte de la crainte qu'ils ont d'être attaqués, mais le pygargue ne redoute personne.

« Chaque fois que j'ai une occasion de voir des pygargues, je la saisis. Un hiver, j'en ai vu sur le Mississippi, près de Davenport, au-dessous des docks et des barrages. Le fleuve était gelé littéralement jusqu'au déversoir. L'eau courante était rare. Les pygargues ciblaient les poissons qui franchissent l'écluse et passent par le déversoir. Les poissons étaient un peu étourdis par le déversoir et les pygargues en profitaient pour les harponner. J'ai vu des pygargues dans le Manitoba, le Missouri, en Louisiane, dans le territoire du Yukon, en Alaska. Là-bas, il y a une portion de la Chilkat River, qui doit faire un peu plus de trois kilomètres, sur laquelle il n'est pas rare de voir deux mille cinq cents ou trois mille aigles attirés par la récente remontée des saumons. Je suis resté assis sous un arbre, où les pygargues se fichaient tellement de ma présence qu'ils lissaient leurs plumes sans même se soucier de moi. »

Nous nous sommes arrêtés. Nous entendions des canards cancaner de l'autre côté des roseaux. Nous avons porté nos jumelles à nos yeux.

« Petit fuligule, ai-je dit, en me prenant pour un expert. Deux couples. »

Rollin n'a pas élevé d'objection. Une bernache du Canada a klaxonné au milieu des massettes.

« Ah, ces bernaches, a dit Rollin. Elles ont de la fierté, je les aime bien. »

Nous avons repris notre marche, en direction du barrage Houghton.

« Et quand vous avez fini le lycée, qu'avez-vous fait ? ai-je demandé.

— Ma foi, la grande crise battait son plein, a expliqué Rollin. Personne ne trouvait de travail. On faisait ce qu'on pouvait. Tous les boulots qu'on voulait bien vous donner. On travaillait quelques jours dans une ferme, et puis ensuite on était embauché dans une équipe de batteurs de céréales. Franchement, on prenait ce qui se présentait. J'ai travaillé dans un magasin d'alimentation, mais je savais que ça ne pouvait pas durer, parce que je voulais travailler dehors. J'ai vendu des espaces publicitaires pour le journal local. Et puis la guerre a commencé et je me suis engagé dans la marine en qualité d'instructeur pour l'artillerie aéroportée. Je pense qu'ils ont dû remarquer que j'avais travaillé pour un journal, parce que j'ai été employé par deux journaux de bases militaires. Un à Monterey, en Californie, l'autre à Santa Rosa.

« Pendant que j'étais à Santa Rosa, un type est arrivé du Pacifique Sud, un commandant, un gars des relations publiques. Il a fait savoir à tous les journaux des bases qu'il accorderait une interview à la bonne franquette à tous les gars qui iraient le voir à San Francisco. Alors le chapelain, qui était mon patron, m'a dit : "Tu veux y aller, Rollin ?" et moi, j'ai dit : "Ouais." Et on m'a transporté jusqu'à San Francisco à bord d'un bombardier-torpilleur, on s'est posés à l'aéroport naval d'Alameda. J'ai traversé la baie et je suis monté tout en haut du Mark Hopkins Hotel, et j'ai assisté à l'interview.

La seule chose, c'est que ce gars des relations publiques, comme ça s'est trouvé, c'était le plus grand connard du siècle. Il était commandant, un gros bonnet du Minnesota, et il nous a fait poireauter une heure dans son antichambre, pendant qu'il papotait avec son ordonnance. Puis il est enfin venu nous trouver. À aucun moment il ne nous a dit "Repos". L'ordonnance a fait passer des feuilles de papier sur lesquelles des questions étaient inscrites. "Voilà les questions que vous pouvez poser au commandant", qu'il a dit. Bon Dieu ! Moi, je n'ai pas pipé, pas posé une seule question. Tout ce qu'il y avait sur la feuille, on aurait pu le trouver dans le *San Francisco Examiner* paru le matin même.

« Bon, alors j'ai retraversé la baie. Le moment est venu de repartir à Santa Rosa. Le pilote a dit : "Tu as envie de rigoler un peu ?" et moi j'ai dit : "Bien sûr. Qu'est-ce que tu mijotes ?" Alors, il a répondu : "On va passer sous le pont du Golden Gate !" Ça, c'était du jamais vu. Si on nous pinçait, c'était la cour martiale assurée. Mais enfin, on a décidé d'y aller. On est remontés dans le torpilleur. Moi, j'occupais le siège du mitrailleur, derrière le pilote. L'avion avait une peinture camouflage. Il aurait fallu qu'ils nous voient de face, parce qu'on restait collés au rivage et franchement, à quelques dizaines de mètres on ne pouvait même pas nous voir, et encore moins nous entendre. Joe, il s'appelait Joe je ne sais plus quoi, le pilote, je crois qu'il avait toujours eu envie de faire ça et c'était le moment idéal pour essayer. Il y avait très peu d'avions en vol et tout de suite, on a compris que si on devait le faire, c'était ce jour-là. On a décollé et survolé l'eau en direction du pont. On avait un espace de soixante-quinze mètres environ. Dans mon souvenir, il y avait un bateau qui venait vers nous sous le pont, mais ce n'était pas un cuirassé, et ça m'étonnerait beaucoup qu'ils nous aient vus, parce qu'on se fondait dans le décor, compris ? Il n'est pas doré, le pont : il est d'une espèce de rouge orangé, comme de la rouille. Plus loin à gauche, il y avait des collines, et sur la droite des plages, des dunes, de gros rouleaux. Et puis, il y a le Presidio, et là il y avait des maisons, mais ce ne sont pas les maisons qu'on regarde, c'est l'océan et la ville. Donc on s'est rapprochés, de plus en plus près. Et ce Joe, il avait une expression qu'il disait tout le temps, "Nom d'un petit bonhomme !", et quand on s'est retrouvés sous le pont, il braillait "Nom d'un petit bonhomme ! Nom d'un petit bonhomme !", comme s'il ne devait jamais y avoir de lendemain. Moi, je rigolais comme un bossu. L'océan était si proche qu'on n'aurait eu qu'à tendre la main hors du cockpit pour l'effleurer comme un oiseau. Donc, on est passés sous le pont et je peux vous dire que c'était chouette ! »

Nous étions presque arrivés au barrage Houghton.

« L'été dernier, a continué Rollin, je suis allé en Californie, voir de la famille que j'ai là-bas. Ma belle-sœur a un copain qui travaille dans le tourisme à San Francisco. Je l'ai appelée et j'ai demandé : "Il y aurait moyen de monter tout en haut du pont du Golden Gate ?" Elle a répondu : "Écoute, c'est pour ainsi dire impossible, mais je vais voir ce que je peux faire." Et puis, plus de nouvelles du tout. Mais quelques jours plus tard, elle m'a téléphoné et elle a dit : "Appelle ce numéro." C'est ce que j'ai fait et c'était le responsable des transports en personne. Je lui ai expliqué pourquoi j'aurais voulu monter tout en haut du pont, parce que j'étais passé dessous de façon illégale cinquante ans plus tôt, et puis aussi parce que j'étais monté tout en haut du pont au-dessus du détroit de Mackinac, là où le lac Michigan se jette dans le lac Huron. Il a réfléchi un long moment et puis il a dit : "Écoutez, en règle générale, je dirais non, mais votre histoire tient la route, alors on va vous donner l'autorisation." J'y suis allé avec un de mes amis. Il était dans la marine, lui aussi, et il venait de perdre sa femme, quelques mois plus tôt. On est allés jusqu'à San Francisco dans le pick-up et on est montés tout en haut du pont du Golden Gate. La vue qu'on a de là-haut ! Bon Dieu, c'était géant. Incroyable ! Et quand je suis arrivé en haut, le pont oscillait, il oscillait, je vous dis. Ils sont construits comme ça, pour osciller dans le vent. Et ce pont, il n'arrête pas de parler, tout le temps. Ou plutôt, il gémit dans le vent et tout en haut, le vent souffle en tempête. Il faut se cramponner. On ne peut pas être emporté parce que les garde-fous montent très haut. Mais on peut voir à travers, et l'eau est à plus de cent mètres. Ah, c'était vraiment quelque chose. Je ne l'oublierai jamais. »

Nous avons atteint le barrage à l'extrémité septentrionale du Sand Lake et nous avons continué vers l'est jusqu'à Houghton. Pendant quelque temps, nous avons marché sans dire grand-chose, suivant la route qui menait à la plaine inondable. Une étroite chaussée permettait de franchir la glace, l'eau ayant gelé de part et d'autre. Des peupliers d'Amérique morts se dressaient engloutis jusqu'aux genoux dans la glace, d'un blanc de chaux là où leur écorce s'était détachée.

« Regardez », s'est écrié Rollin en étendant le bras droit pour m'arrêter.

Trois pygargues étaient posés sur la glace, totalement immobiles. Je les ai observés aux jumelles. J'ai vu, très rapprochées, leurs têtes blanches, leurs corps noirâtres, leur puissant bec jaune, leurs serres et leurs pattes jaunes, leurs yeux sévères.

« Non, pas ceux-là, a murmuré Rollin. Regardez derrière. »

J'ai obtempéré. Quinze ou vingt pygargues étaient perchés dans un peuplier mort tout au bord de l'eau qui avait débordé du lac. L'arbre ressemblait à un candélabre, les têtes blanches des oiseaux étaient comme des flammes au bout de gros cierges noirs. L'un d'entre eux s'est envolé d'une des branches, laquelle a frémi. Tout en virant sur l'aile pour s'éloigner de l'arbre, il a déployé sa queue blanche en prenant son essor. Plus loin, au-delà du peuplier, d'autres pygargues tournaient en rond dans le ciel, portés par une colonne d'air chaud ; un groupe de vingt ou trente oiseaux, volant dans le calme, sans effort, comme sur un manège, tournant inlassablement sur leur bulle de convexion.

« Et ça, c'est quelque chose aussi, non ? a dit doucement Rollin. Ils ne sont pas géniaux, ces oiseaux ? »

*

Le contenu de mes bagages était en passe de coloniser la chambre blanche du motel. Des manuels d'ornithologie et des papiers s'empilaient sur le bureau, dont un exemplaire de *L'Oie des neiges*, avec les initiales de ma grand-mère inscrites au crayon sur la page de garde, à côté d'une date : octobre 1942. Mon père l'avait retrouvé parmi ses livres et laissé sur mon lit, dans la petite chambre, vers la fin de mon long séjour à la maison. La plume de buse à queue rousse que m'avait donnée Eleanor sous l'antenne radio était allongée bien à plat, comme un marque-page, entre les feuillets de ce livre. Mes affaires commençaient à entamer l'impersonnalité de la chambre de motel. Livres et papiers sur le bureau, vêtements par terre, l'endroit me devenait familier en dépit de sa fadeur. Dans le couloir, la clef à la main, je savais à quoi m'attendre lorsque j'ouvrirais la porte : le téléviseur noir, le fauteuil, les deux verres posés à l'envers sur le plateau rouge. Je savais à quel endroit trouver le commutateur à l'encolure de la lampe de chevet, comme une infirmière sait où chercher le pouls du malade. Cette chambre, j'étais capable de m'y déplacer dans le noir. Tous les matins, je partais vers le nord au volant de ma Topaz jusqu'au Sand Lake. Je marchais et j'observais les oiseaux, quelquefois en compagnie de Michael ou de Rollin. Mais le soir, dans la chambre du motel, j'avais des angoisses. Cela faisait un mois que j'étais parti maintenant, aux trousses des oies. Certaines personnes me manquaient. Je ressentais l'attrait des lieux familiers, mon pendule intérieur était reparti vers eux, s'écartant de tout ce qui était nouveau et à découvrir pour revenir vers tout ce qui était connu, qui avait un nom, qui éveillait un souvenir, tout ce que je comprenais. Je me sentais seul dans la chambre blanche. Pour la première fois, le voyage que j'avais entrepris était une source de frustration. Sur les cartes, le vol des oies des neiges du golfe du Mexique jusqu'à la baie d'Hudson et l'île de Baffin formait un arc parfait, ininterrompu, suivant la courbe du temps d'une saison à la suivante. Mais la réalité était différente – ce n'était pas un passage continu et sans interruption d'ici à là, mais une série d'à-coups, d'étapes successives, une lente remontée vers le nord, tandis que les oies volaient d'une zone de repos à une autre, n'avançant qu'aussi loin que le permettaient les conditions atmosphériques. Je m'étais attaché à ces oiseaux. Je ne pouvais pas avancer tant qu'elles n'avançaient pas, elles, et elles étaient bien obligées d'attendre le printemps.

Un soir, j'ai pris la bible Gideon sur la table de nuit et je me suis confortablement carré dans le fauteuil. Feuilletant au hasard, je me suis aperçu qu'à d'innombrables reprises le volume s'ouvrait de lui-même à un endroit précis, dans le livre des Psaumes. J'ai regardé plus attentivement. Quelqu'un avait arraché une page. Les pages 617 et 618 manquaient. Le psaume XXIII avait disparu. Je me suis demandé qui avait pu arracher une page de cette bible. C'était le mieux connu des psaumes : « Yahvé est mon berger : je ne manque de rien. » Qu'y avait-il donc eu dans ces versets de si important aux yeux d'un précédent occupant de la chambre blanche ? Ou bien, tout simplement, cette personne avait-elle tendu la main pour attraper le premier bout de papier venu afin d'y noter un message pendant qu'elle téléphonait ? La page manquante me frappa d'autant plus fortement que j'avais, quelques mois auparavant à peine, recopié le dernier verset du psaume dans un de mes carnets : « Oui, bonheur et fidélité m'escorteront tous les jours de ma vie ; j'habiterai la maison de Yahvé en la longueur des jours. » Je m'étais dit, sur le moment, que les auteurs des Écritures dépeignent très souvent la maison de Dieu comme un refuge où l'on pourrait s'établir, comme si la foi elle-même était un foyer, offrant la protection, le confort, la stabilité et le sentiment d'appartenance que sous-entend l'idée de foyer – comme si le besoin de Dieu était une paraphrase du mot nostalgie.

Nostalgie, mal du pays, mal du foyer. Jamais je ne m'étais considéré comme sujet à ce mal. Même quand j'étais parti pour la première fois en pension, à l'âge de huit ans, mon foyer ne m'avait pas particulièrement manqué. Il y avait tant de choses nouvelles pour vous distraire, pour vous empêcher de penser à ses charmes et à son confort. Mais je me rappelle quand même la surexcitation croissante pendant les derniers jours avant les vacances, à quel point notre moral remontait, nos émotions étant aiguisées par l'imminence du retour à la maison, si bien que lorsque Mr Faulkner nous avait lu *L'Oie des neiges* (ses longues jambes croisées à la hauteur des chevilles, la grande horloge de l'école tout juste visible à travers les hautes fenêtres, comme une pleine lune), on sentait dans la salle de classe une agitation chargée d'affect, fébrile, une montée en puissance semblable à de l'électricité statique. Cette idée de rentrer chez soi vous donnait bel et bien de l'énergie. Nous chuchotions, nous ne tenions pas en place, nous nous passions des petits billets, nous raclions le sol avec les pieds de nos chaises. Mais Mr Faulkner s'était perdu dans le Grand Marécage. Il ne parut pas entendre la cloche sonner la fin des leçons. Il continua de lire l'histoire de Rhayader, le phare abandonné, la retraite de Dunkerque et les migrations des oies jusqu'au moment où le brouhaha et le tapage l'obligèrent à s'avouer vaincu et à marquer l'endroit avec un marque-page orné d'un gland, avant de ranger le livre dans sa serviette en cuir éraflée et de nous dire d'un air las que nous pouvions sortir.

Nous pouvions sortir. Par ces mots, Mr Faulkner reconnaissait notre agitation et signalait notre libération. Mais cette agitation n'avait rien eu de comparable avec le désir exacerbé que j'avais éprouvé quand j'étais tombé malade. À l'hôpital, après Noël, l'envie de rentrer à la maison était encore plus forte que celle de me rétablir. Quelquefois, j'avais du mal à distinguer l'une de l'autre. Je n'en pouvais plus d'attendre que les médecins me disent que j'étais libre de partir. Chaque fois qu'un médecin passait à proximité, même ceux que je n'avais encore jamais vus (à vrai dire n'importe quelle personne en blouse blanche, avec les deux extrémités du stéthoscope sortant de sa poche de poitrine), mes espoirs montaient en flèche. Je me disais : « Ça y est, toi, tu es venu me dire que je rentrais chez moi. » Et quand mes parents m'ont enfin ramené dans la vieille demeure de pierre, à la nuit tombée, avec un coussin coincé contre la ceinture de sécurité pour protéger ma cicatrice abdominale, j'ai senti les tenailles de mon angoisse se desserrer, j'étais soudain calme et soulagé, comme si l'on venait de m'accorder ma grâce.

En 1688, remarquant qu'il n'existait aucun terme médical pour désigner le mal du pays, Johannes Hofer, un médecin né à Mulhouse, proposa d'utiliser le terme nostalgie qu'il avait imaginé à partir des mots grecs *nostos*, « le retour », et *algos*, « la souffrance » – « en sorte qu'il est possible, par la force du mot nostalgie, de définir la tristesse ayant pour origine le désir de regagner son pays natal ». Hofer considérait la nostalgie comme une maladie grave dont les symptômes étaient « une tristesse constante, le fait de ne penser qu'à sa patrie, un sommeil troublé, tantôt intermittent, tantôt continu, un décroissement des forces, une diminution de l'appétit et de tous les sens, et des inquiétudes allant jusqu'aux palpitations du cœur, aux soupirs fréquents et même à la lourdeur d'esprit – car on ne pense plus à rien d'autre qu'à l'idée de la patrie ».

Pour illustrer sa thèse, Hofer décrivait le cas d'une « jeune paysanne » transportée à l'hôpital à la suite d'une chute. « Elle est restée prostrée, inconsciente et immobile, pendant plusieurs jours. » Lorsqu'elle revint à elle et constata qu'elle était « aux mains de vieilles femmes querelleuses et geignardes », elle devint aussitôt la proie de la nostalgie. Elle refusa de manger, recrachant sa nourriture et ses médicaments. « Et surtout, précisait Hofer, elle pleurait très souvent, ne geignant jamais autre chose que "*Ich will heim, ich will heim*" (je veux rentrer chez moi), ne répondant jamais que ces trois mots à toutes les questions. Donc, pour finir, ses parents acceptèrent qu'on la ramenât chez eux, dans un état d'affreuse faiblesse, et au bout de quelques jours, elle se rétablit tout à fait sans l'aide de la médecine. »

Hofer considérait la nostalgie comme une réaction à une double épreuve : non seulement à la perte des choses qu'on aimait ou qui allaient de soi dans l'ancien environnement, mais aussi à l'étrangeté de ce qu'on rencontrait dans le nouveau – « le mode de vie différent », le climat, la nourriture inhabituelle « et divers autres accidents déplaisants ». En ce qui concernait le traitement du mal, Hofer insistait sur l'importance d'occuper l'esprit du patient par des pensées autres que celle du pays natal – il fallait lui trouver des compagnons « qui distrairont son imagination de cette idée persistante ». Il recommandait en outre la prise d'huile céphalique, de mercure, d'opium, d'huile de jusquiame, de purges, de remèdes diaphorétiques et stomacaux, de baumes céphaliques externes et d'émulsions hypnotiques internes pour soulager les angoisses ininterrompues du patient et répandre en lui un sentiment de chaleur.

Par-dessus tout, il fallait lui donner l'espoir qu'il allait rentrer chez lui. Si ces mesures restaient sans effet, Hofer précisait : « Le patient, si faible soit-il, doit être emporté chez lui sans tarder, dans une berline à quatre roues, ou dans une calèche, ou par tout autre moyen. Car assurément jusqu'à présent, beaucoup d'exemples prouvent que tous ceux que l'on a ainsi emportés étaient entrés en convalescence soit pendant le trajet lui-même, soit tout de suite après leur retour au pays natal ; et au contraire, beaucoup de ceux qui n'avaient pas les moyens de rentrer chez eux avaient peu à peu rendu l'âme, leur force vitale étant épuisée, tandis que d'autres étaient victimes du délire et pour finir de la démence proprement dite. »

À l'époque où la thèse de Hofer fut publiée, on croyait volontiers que le mal du pays n'affectait que les Suisses. En langue allemande, d'ailleurs, cette maladie portait le nom de *Schweizerkrankheit*, la maladie des Suisses. En 1705, le médecin suisse J.J. Scheuchzer avait écrit que la nostalgie avait pour origine l'accroissement de la pression atmosphérique qui pesait sur ces montagnards dès qu'ils se hasardaient dans les régions plus basses. Il recommandait de renvoyer au plus vite les malheureux chez eux. Si c'était impossible, il fallait leur faire gravir la montagne la plus proche ou même les faire monter en haut d'une tour.

À mesure qu'un surcroît d'études voyait le jour, l'idée que seuls les Suisses étaient sujets à la nostalgie perdit peu à peu tout crédit. Une note ajoutée à la nouvelle édition de la thèse de Hofer, en 1799, précisait : « Les Écossais, surtout les habitants des Highlands, sont aussi très souvent victimes du mal du pays, et le son des cornemuses, un de leurs instruments de prédilection, est capable de les plonger soudain dans cet état. » Dans un article de 1975, « La nostalgie : un trouble psychologique oublié », George Rosen fait référence à un traité sur la médecine militaire, publié en 1754 par Guillaume Mahieu de Meyserey, médecin ordinaire du roi de France, anciennement médecin des armées royales en Italie et en Allemagne. Celui-ci, en remarquant avec quelle fréquence la nostalgie était causée par l'ennui ou les contrariétés, soulignait la nécessité de veiller à ce qu'un soldat souffrant de ce mal fût constamment occupé par des tâches à accomplir ou d'importantes dépenses d'énergie. Il recommandait les médicaments qui feraient mieux circuler le sang et les humeurs. Et, comme Hofer, il soulignait que si ces mesures échouaient, il fallait permettre au nostalgique de rentrer chez lui ou, tout au moins, lui donner l'espoir d'un retour au pays.

Il paraît étrange que la nostalgie ait été longtemps associée aux seuls Suisses, alors qu'une des œuvres fondatrices de la littérature européenne dépeint de manière si éloquente la nostalgie d'un Grec. Lorsque le lecteur de l'*Odyssée* rencontre Ulysse pour la première fois, sur l'île de Calypso, il manifeste des symptômes que Hofer ou Meyserey auraient aussitôt reconnus : assis tout seul, sur un promontoire, contemplant la mer, « son cœur se brisait en larmes, gémissements et chagrins » et il soupirait après Ithaque – les êtres chers, la maison au toit élevé et la terre de ses pères. Il passe ses nuits avec Calypso, ses journées solitaire, assis sur le rivage « à pleurer son retour perdu ». Plus tard, il adressera ces mots aux convives réunis dans la salle du roi Alcinoos :

... après tant d'épreuves subies. La vie peut
me quitter, pourvu que je revoie seulement mes biens,
mes esclaves et le haut toit de ma grande maison ! »
Il dit et tous approuvaient l'hôte et demandaient
son retour ; car il avait sagement parlé.

L'*Odyssée* n'est qu'une œuvre parmi un riche canon d'histoires grecques anciennes (les *Nostoi*, ou

« Retours »), décrivant les durs périples d'un personnage ou d'un groupe de personnages cherchant à regagner leur patrie, surtout parmi les héros grecs ayant combattu à Troie. Ces histoires perdurent parce que, aujourd'hui encore, leurs plaintes sonnent juste : le lecteur comprend à quel point ce désir de rentrer chez soi est fort et combien profonde est la souffrance que cause tout ce qui empêche ou ralentit le voyage de retour. « J'habite Ithaque qui s'aperçoit de loin », dit Ulysse à Alcinoos.

L'île est rocheuse, mais c'est une bonne nourrice de jeunes hommes.
Non, je ne puis trouver rien de plus doux
à voir que cette terre où je suis né.

*

Sur la glace du Sand Lake, les oies s'étaient rassemblées en grand nombre. Michael lui-même n'en revenait pas ; il n'avait jamais rien vu de pareil.

« Deux cent mille oies, dit-il. Non, davantage, deux cent cinquante mille. »

Nous nous tenions au bord du lac. Des petits groupes de bernaches du Canada restaient aux abords de la frange dorée de massette et de phragmite. La glace était couverte d'oies des neiges : d'un bout à l'autre du lac, une bousculade de cous blancs. Par un effet de résonance, les cris des oies donnaient l'impression d'être emprisonnés sous la surface gelée. Des escouades de volatiles s'envolaient hors de la masse ; d'autres revenaient des champs voisins, ils descendaient en planant les ailes recourbées et se posaient au milieu de leurs congénères. Tout à coup, la volée entière a décollé, comme un public éclate en applaudissements. On aurait dit que la glace venait d'exploser – on était presque surpris de voir la surface dure, marbrée de bleu, intacte au-dessous des oiseaux. La masse d'oies bouillonnait, paraissant se rouler sur elle-même, et son ombre dérivait sur la glace, comme une turbulence. Les applaudissements se sont faits plus graves et l'on aurait cru entendre des trains gronder dans des tunnels. Des écharpes lamées ondulaient dans les rangs, lorsque des groupes d'oies tournaient leurs dos et leurs ailes blanches vers le soleil, et par instants le ciel entier était éclairé par leur chatoiement, on aurait dit une robe bordée de sequins argentés s'agitant sous une boule à facettes, tandis que le vacarme des cris et des battements d'ailes martelait la glace. Avec mes jumelles, je me suis efforcé de suivre certains oiseaux individuellement, au milieu du capharnaüm. J'ai été le témoin de collisions – carambolages et échauffourées entre phase-bleue et phase-blanche, une oie en heurtant une autre au passage, les oculaires de mes jumelles révélaient une frénésie d'ailes bordées de noir. Et puis, comme auparavant, les premiers oiseaux se sont posés sur la glace, suivis par d'autres, chaque animal prenant sa place, la masse se reformant, une oie après l'autre, le rugissement s'atténuant, jusqu'à ce que le groupe entier, plus d'oies qu'il n'y a de mots dans ce livre, fût revenu s'étaler sous nos yeux à la surface du Sand Lake.

« Il y en a un autre groupe dans l'eau courante, à l'extrémité sud du lac, a dit Michael. Quarante mille oies peut-être. Si vous vous garez près du barrage Columbia et que vous vous faufilez parmi les phragmites, vous arriverez peut-être à vous en approcher vraiment. »

J'ai roulé jusqu'au barrage et j'ai garé la Topaz derrière un bosquet d'ormes. J'ai marché à travers le brome mou, en direction des phragmites. J'entendais les oies des neiges de l'autre côté des roseaux, un sourd bourdonnement qu'ornementaient les vocalises de quelques oies solistes. Les phragmites lumineux, jaune paille, faisaient bien deux ou trois mètres de haut, chacun avec sa capsule porte-graines duveteuse qui paraissait brandir plus de lumière qu'elle ne l'aurait dû. Je me déplaçais avec précaution parmi les roseaux, en essayant de ne pas faire de bruit, sachant que les oies des neiges sont facilement effrayées. Les phragmites sont devenus plus clairsemés et j'ai vu les oies, à une vingtaine de mètres. Il y avait des phase-bleue et des phase-blanche et aussi quelques oies de Ross, plus petites, qui ont le même plumage que les oies de phase blanche, mais le cou moins long et un bec triangulaire assez court. Quelques colverts et fuligules flottaient parmi les oies.

Je me suis faufilé parmi les phragmites, aussi près que j'ai osé. Les capsules luisaient au-dessus de moi : on aurait dit un taillis de lumière. Je ne voulais pas déranger les oies. Certaines avaient le cou dressé ; elles dérivaient dans l'eau en regardant autour d'elles. D'autres dormaient, le cou ployé et enfoui entre leurs ailes repliées, reposant dans le berceau de leurs épaules, comme si l'oie était à la fois le nid et l'oiseau blotti dedans. Par paires et par trios, certaines décollaient du lac ; d'autres descendaient se joindre au troupeau. Les capsules des phragmites frémissaient et soupiraient quand le vent les effleurait. Je suis resté immobile, contemplant les oies. Puis, je suis revenu sur mes pas à travers les roseaux et le brome mou jusqu'au bosquet d'ormes, écoutant jaser les oies derrière moi. Je suis remonté dans la Topaz et j'ai regagné Aberdeen.

*

Lorsque je rentrais à Aberdeen, j'allais m'installer pour lire ou écrire dans un restaurant de Logan Street, le Dally's Dining Lounge. Sa façade était entièrement vitrée, le mot DALLY'S gravé sur la vitre en lettres obliques et tarabiscotées. Depuis la rue, il fallait accéder à un petit renfoncement vitré en montant une marche, puis on poussait une porte en verre, d'une lourdeur inattendue, au point que la plupart des clients s'aidaient d'un coup d'épaule. L'intérieur était composé de petites alcôves en similicuir rouge matelassé, d'un long comptoir avec sa rangée de hauts tabourets. Au plafond, quatre ventilateurs en bois tournaient lentement, et sur les murs des photographies en noir et blanc montraient Aberdeen avant la guerre : lampadaires, hommes en bleus de travail et chapeaux de toile, imposantes horloges mises à la disposition des citoyens. Derrière le comptoir, un réfrigérateur vitré, contenant des *cheese-cakes* et des grands plats de tartes aux airelles, aux noix de pécan, aux cerises, au citron meringué et à la rhubarbe, était équipé de miroirs obliques qui permettaient au client d'avoir une vue plongeante sur les tartes. Il y avait un percolateur à café en inox et une machine distributrice de lait à laquelle était collé un sticker : « LE LAIT DANS UN VERRE... ÉLÉGANT ET SANITAIRE » ; et enfin des assiettes chargées de muffins et de biscuits à la cannelle, sous des couvercles en plexiglas qui n'étaient plus de la première jeunesse.

Les deux serveuses, Misti et Crystal, d'environ vingt-cinq ans, portaient des blouses à rayures vertes et blanches. Les cheveux noirs de Crystal étaient ramenés en chignon au sommet de son crâne, les boucles blond oxygéné de Misti tombaient en cascades sur les épaules rembourrées de sa blouse. Elles transmettaient leurs commandes à un chef invisible par l'intermédiaire d'un passe-plat et elles lampaient les restes de milk-shake directement dans le récipient du mixer, comme les prêtres finissent les dernières gouttes de vin de messe.

Tous les jours, à six heures du soir, Dally's fermait ses portes. Misti et Crystal commençaient à tout nettoyer et ranger à partir de cinq heures et demie. Au lieu d'essuyer les surfaces avec des chiffons, elles enfilaient de grosses moufles en tissu capitonné. Misti nettoyait les sièges rouges des tabourets comme si elle passait devant une rangée de jeunes gens en leur ébouriffant les cheveux. Crystal essuyait les tables avec les longs gestes souples d'une personne qui étrille un cheval. Elles caressaient le percolateur avec une tendresse qui paraissait préluder à une étreinte, puis elles frottaient la machine à lait comme pour en faire sortir un génie. Les moufles transformaient leur travail en un rituel plein d'une sollicitude qui confinait à la sensualité.

Un après-midi, bien avant l'heure des moufles, un vacarme épouvantable a retenti. Toute la clientèle de chez Dally's a levé le nez pour voir un grand diable passer à travers la vitre de la porte de l'établissement et s'effondrer sur le sol dans une avalanche de débris et d'échardes de verre. Il est resté, quelques instants, immobile au milieu du désastre. Ses cheveux gris étaient soigneusement calamistrés à l'aide d'un gel. Une casquette de base-ball, délogée par sa chute, gisait à l'envers à côté de sa tête. Misti et Crystal se sont précipitées. L'homme a remué la main. Son premier geste a été de récupérer sa casquette. Puis il a levé la tête, le front ensanglanté. Il a remis son couvre-chef où l'on pouvait lire « CULPRIT, LES LEURRES PRÉFÉRÉS DES PÊCHEURS AMÉRICAINS ». Quand il a commencé à se remettre péniblement debout, les deux serveuses ont protesté. On a entendu tinter les morceaux de verre qui tombaient de ses bras et de ses épaules.

« Ouaouh ! s'est-il exclamé. Vous parlez d'une entrée ! »

Misti l'a pris par le coude et l'a guidé vers une des alcôves, comme s'il était aveugle.

« Je crois qu'il vaudrait mieux appeler une ambulance, a-t-elle dit à sa collègue.

— Mais non, ce n'est pas la peine, a protesté l'homme. Je n'ai rien du tout. Je suis un peu choqué, mais je n'ai rien de cassé. Je vais juste vous demander une serviette en papier ou quelque chose pour essuyer la coupure.

— Voulez-vous un café, monsieur ? a proposé Crystal.

— Non, donnez-moi un verre d'eau, ça ira », a-t-il répondu.

Nous l'observions tous avec attention, comme s'il risquait de tomber à la renverse d'un instant à l'autre.

« Excusez-moi de vous avoir tous interrompus aussi brutalement, a-t-il repris. C'est vraiment idiot. Idiot de faire une chose pareille. Je suis désolé. Il faut être le roi des cons pour passer à travers une porte. J'ai cru qu'elle était ouverte. Mais vraiment, il faut être complètement idiot.

— Vous êtes sûr que ça va ? a insisté Misti. On peut appeler l'ambulance.

— Non, non, ça ira très bien. Je vais quand même rester assis un petit moment. Dites donc, vos vitres, elles sont plus limpides que l'air !

— Vous trouvez qu'on ne devrait pas les astiquer autant, pas vrai ? s'est excusé Crystal.

— Exactement ! » a répondu l'homme. Il pressait un mouchoir en papier contre son front. En voyant que le mouchoir était rouge de sang, il a secoué la tête.

« Le roi des cons », a-t-il répété.

Misti était allée chercher un balai et rassemblait les morceaux de verre près de la porte. Crystal avait enfilé ses moufles et s'était mise à fourbir le percolateur.

« Je ferais mieux de rentrer chez moi, a dit l'homme en se levant lentement. C'est le seul endroit où je n'enquiquine personne ! Combien je vous dois pour la vitre ?

— Mais non, vous n'y pensez pas, s'est récriée Misti.

— Bon, d'accord. Alors, je rentre chez moi. »

L'extrémité de sa ceinture pendait de la boucle, on aurait dit la langue d'un chien. Il a soulevé sa casquette Culprit et par deux fois il a rapidement lissé ses cheveux vers l'arrière. Il a franchi la porte, qui était en effet, désormais, un espace ouvert, et il a descendu la marche avec précaution pour prendre pied dans Logan Street. Misti et Crystal ont repris leur nettoyage. Les lumières étincelaient sur les surfaces en métal et en plastique, comme pour complimenter les deux femmes du beau travail de leurs mains.

*

Au cours de la première semaine d'avril, un vent fort a soufflé du sud. Les oies des neiges ont commencé à quitter les prairies marécageuses du Dakota du Sud, filant vers le nord avec le vent dans le dos. Je les voyais par la fenêtre du pick-up de Michael, tandis que nous roulions vers l'ouest depuis Sand Lake, sur une piste en terre battue, à travers la plaine du Dakota. Les volées fonçaient à tire-d'aile : un peu plus tôt, alors qu'il remontait vers le nord au volant de sa voiture, Michael avait vu des oies voler au-dessus de lui et le distancer.

« Ce vent est si violent qu'il permet aux oies de faire du stop, a-t-il dit. C'est un vrai don du ciel. Elles n'ont qu'à tendre l'aile et dériver droit jusqu'au Canada. »

De grosses boules de plantes desséchées traversaient la piste à toute allure, vers le nord. De part et d'autre, certaines parcelles de la prairie étaient déjà labourées, d'autres avaient encore leur barbe de chaume ou bien étaient en herbe. Le vent balayait la fine couche de lœss à la surface des champs labourés depuis l'automne. Elle s'élevait en sombres nuages, dérivant vers le nord, comme la fumée des brûlis de chaume ; des petits tourbillons de poussière en sortaient comme des derviches. Quand nous nous sommes enfoncés dans un de ces nuages, Michael a allumé ses lumières.

« Ce gars a labouré encore et encore, l'automne passé, sans laisser de couverture, a dit Michael. Et c'est pourtant ce sol qui a le meilleur rendement. C'est vraiment du travail salopé à tous les points de vue. Quelquefois, on n'arrive pas à croire que les gens font des choses pareilles. Et en plus cette couche de terre qui s'envole est en train de remplir de poussière les fossés au bord de la route. »

Nous sommes sortis du nuage. Des rafales nous heurtaient par le travers : nous étions comme un de ces anciens chariots de cow-boys, vacillant un peu sous l'effet du vent. La piste en terre, qui montait légèrement, dessinait une ligne impeccable devant nous jusqu'à l'horizon. Des silos à grains abandonnés se dressaient au bord, leurs panneaux en fer-blanc pendant de leurs châssis entretoisés. La prairie ondulait de tous les côtés. Les nuages filaient vers le nord avec les oies, à croire qu'ils avaient eux aussi des aires de reproduction tout là-haut. Quelquefois, à travers des trouées, la lumière du soleil se déversait sur le paysage. Les vents commençaient à rompre la glace sur les lacs glaciaires, poussant les débris sous forme d'épais cristaux contre leurs rives septentrionales et soulevant des crêtes d'écume dans l'eau. Nous saisissions des bouffées d'une odeur âcre d'œufs pourris : le sulfure d'hydrogène produit par la végétation pourrissant sous la glace se trouvait soudain libéré par le dégel. Michael inspirait profondément, à pleins poumons.

« J'adore cette odeur, m'a-t-il confié. Pour moi, c'est un des signes du printemps. C'est pour ça que je l'aime tant. Franchement, je l'adore. »

Nous avons franchi l'Elm River, puis nous sommes passés devant le Leola Country Club, où quelques cèdres verts placés de manière incongrue laissaient deviner qu'un architecte avait créé un parcours de golf.

« Leola est la capitale mondiale de la rhubarbe, m'a annoncé Michael. Tous les ans, au mois de juin, il y a trois jours de fête de la Rhubarbe. On peut l'accommoder de beaucoup plus de façons qu'on ne l'imagine. Il y a des tas de fermes abandonnées par là-bas et le seul signe indiquant qu'elles ont été habitées dans le temps, ce sont les rhubarbes qui continuent de pousser. »

Entre Leola et Eureka, nous sommes passés devant une petite éminence – qu'on appelle dans le coin une bosse de la prairie. Sur un de ses flancs, des pierres blanches avaient été disposées pour former les lettres LHS, c'est-à-dire Leola High School, le lycée de Leola.

« La semaine prochaine, a repris Michael, vous lirez EHS, Eureka High School. Les jeunes viennent en voiture, d'une ville ou de l'autre, pour bouger les pierres. Et ça recommence. Ils se contentent de les remettre dans un autre ordre. Je me rappelle qu'un jour les pierres avaient été disposées pour qu'on puisse lire BEER ME et, une autre fois, c'était 69 ME[1] ; c'est à ce moment-là qu'on s'est dit que ça allait bien comme ça et qu'on a fait rouler les pierres jusqu'au pied de la colline. Deux jours plus tard, elles étaient de retour, et de nouveau on pouvait lire LHS, la même vieille rengaine. »

La prairie était moins plate à présent, elle se gonflait, comme un drap quand on l'étale sur le matelas, des collines basses, ondulantes, herbeuses, qui s'étendaient jusqu'à la Missouri River. La poussière formait des panaches sous nos roues arrière.

« C'est ce qu'on appelle le *coteau*[2] par ici, m'a dit Michael. C'est ravissant. La majeure partie des terres que vous voyez sont des prairies de servitude, c'est-à-dire des terres que le gouvernement a achetées grâce aux dollars que rapportent les *duck stamps*, les timbres fiscaux sur les canards, et qu'on met de côté pour l'agriculture. Les chasseurs doivent se procurer ces timbres avant d'aller tirer le gibier d'eau, et l'argent sert à protéger la reproduction et à préparer des zones réservées aux canards et aux oies. C'est beau, hein, cet endroit ? C'est comme ça que j'imagine la région, dans l'ancien temps. Pas d'arbres. Rien que des prairies et

---

1. « À moi la bière » et « À moi le 69 ».
2. En français dans le texte.

des marécages, de la James River à la Missouri River. Les feux de prairie, les bisons et le vent, pour empêcher les arbres de s'implanter. Si nous nous étions aventurés par ici, il y a trois cents ans, nous aurions vu des bisons, des élans, des antilopes, des grizzlis et des loups, mais pas de ratons laveurs ni de cerfs de Virginie, pas de renards roux ni de faisans. Nous avons tout changé. Tout est si différent. J'aurais vraiment aimé voir cette région il y a trois cents ans. Il y avait des tas de mouffettes, alors qu'elles ont pour ainsi dire disparu. Il ne reste plus, aux États-Unis, qu'un pour cent de la prairie de hautes herbes originelle, mais dans le Dakota du Sud nous en avons six ou sept pour cent, donc nous ne nous débrouillons pas si mal. La prairie, on ne peut pas la recréer. Une fois qu'elle a disparu, c'est fini. Dès qu'on l'a labourée, elle est perdue à tout jamais. »

Sous cette lumière grise et plombée, le coteau avait des couleurs de pierre : blanc cendré, beige, brun, fauve. Par endroits, on voyait les traces de camps indiens, des zones que des bandes de Sioux du Dakota avaient habitées pendant quelque temps, au milieu des herbes de la prairie : herbe des Indiens, panic, panic érigé, diplachne, sporobole tenace et cette herbe qu'on appelle en américain *needle and thread* (aiguille et fil). Comme les tasses de café, les tipis avaient laissé des ronds.

« Les couleurs se sont atténuées pendant l'hiver, m'a dit Michael, mais à l'automne, je trouve que les teintes de la prairie, surtout les tons dorés, valent bien celles de n'importe quelle région boisée, même ce qu'on peut voir dans le Vermont et les Appalaches. Je suis allé en Nouvelle-Angleterre, à l'époque où les arbres virent à l'écarlate, mais je trouve nos prairies bien plus belles. Le lever du soleil, quand ses premiers feux éclairent les herbes indigènes. Le vent fait courir de l'or à travers le barbon à balais. Regardez, c'est superbe, non ? On ne voit rien d'autre que la prairie. Pas d'arbres. Moi, j'adore ce genre de paysages. »

J'ai regardé Michael. Ses yeux passaient de la route aux vastes étendues de prairie de chaque côté, emplis de ferveur derrière les lunettes à monture d'acier – c'était un homme dans son élément, qui vivait exactement la vie pour laquelle il était fait. Près de la piste, sur notre droite, une colline s'élevait au-dessus des autres buttes, une authentique bosse de la prairie, une éminence au milieu de terres basses et ondulantes.

« On pourrait s'arrêter un moment, a proposé Michael. Ça pourrait être sympa de faire un petit tour à pied par là-bas. »

Il s'est garé sur le bas-côté de la piste. La force du vent l'a obligé à pousser fort pour ouvrir sa portière. Nous avons enfilé nos manteaux et sauté par-dessus des fils de fer barbelés, une main posée sur le haut d'un poteau de clôture. Des rafales à près de soixante-dix kilomètres à l'heure nous écorchaient le visage. Les herbes s'agitaient comme sous un fléau. Le vent mugissait à nos oreilles, nos pardessus battaient et claquaient à qui mieux mieux, et le souffle de l'air tirait des profonds soupirs des tiges, des feuilles et des capsules de graines à travers tout le coteau. Nous étions obligés de hurler pour nous entendre.

« Brome mou ! a glapi Michael en m'indiquant l'herbe autour de nos pieds. Pâturin des prés ! Barbon à balais ! » Je me suis serré contre lui pour entendre les noms. Il articulait de façon exagérée, lançant ses mots contre le vent. « Agropyre de l'Ouest ! Échinacée ! Euphorbe ésule ! »

Nous étions arrivés au pied de la grande colline et nous avons pris le chemin du sommet, poussés par le vent. Celui-ci venait frapper la paroi et il accélérait, balayant la cime à plus de quatre-vingt-dix kilomètres à l'heure, puisant sa force dans la vaste étendue des Grandes Plaines. Tout autour de nous, la prairie s'éloignait vers l'horizon avant de disparaître le long de la courbe de l'hémisphère. Le vent tenait le milieu entre le vandale, fracassant la glace des marécages, et le voleur, disparaissant vers le nord avec des oiseaux plein ses poches. Nous nous adossions contre lui, confiant notre poids à sa vitesse. Michael avait écarté les bras pour garder son équilibre, comme un parachutiste. Il était penché en arrière, selon un angle de près de quarante-cinq degrés, et il riait aux éclats, mais je n'entendais rien : le vent me dérobait son hilarité en même temps que les oiseaux. Toujours appuyé contre le vent, mon compagnon a pointé le doigt vers le haut. J'ai levé les yeux. Des oies des neiges volaient au-dessus de nous, mais elles avaient abandonné leurs formations en V bien ordonnées pour se laisser ballotter par groupes éparpillés ou par paires, flottant à grandes embardées sur la tempête, sans vraiment contrôler leur passage.

Le lendemain, je ferai mes bagages dans la chambre blanche du motel et je m'en irai vers le nord, au volant de la Topaz, en direction de Fargo, tout d'abord, puis de Winnipeg, franchissant la frontière canadienne. À quelques kilomètres en dehors d'Aberdeen, je verrai des volées d'oies se dirigeant cette fois vers le sud, avançant péniblement contre le vent – des oies qui s'étaient précipitées jusqu'au Dakota du Nord, où elles avaient trouvé des tempêtes et des températures peu clémentes, si bien qu'elles entamaient à présent des migrations de recul, luttant pour repartir vers le sud afin de rester à l'intérieur du royaume printanier. Mais lorsque je me suis enfin dressé tout en haut de la colline, avec le somptueux tapis de prairies du coteau du Missouri tout autour de moi, tout ce qui se déplaçait dans les airs voyageait vers le nord : les vents, les nuages, les oies. Le ciel lui-même paraissait n'avoir d'yeux que pour le Canada. Michael et moi nous sommes penchés en arrière, aussi loin que nous avons osé, pour observer le passage des oies des neiges, chacun riant aux éclats sans être entendu de l'autre.

5

Le Mont-Riding

En 1753, Jerome Gaub, professeur de médecine et de chimie néerlandais, exerçant à l'université de Leyde, établit un lien entre la nostalgie et l'amour qui n'était pas payé de retour. « Lorsqu'un désir ardent pour un objet convoité est trop longtemps prolongé, écrivit-il, la force et la constance des fonctions décroissent, la condition du corps humain dépérit, et toutes les facultés de l'économie s'affaiblissent et s'effondrent ! Il n'y a pas jusqu'aux races les plus robustes qui ne nous fassent voir des hommes sujets à des maux particuliers, lorsqu'ils sont assaillis par une envie désespérée de rentrer chez eux, après s'être attardés trop longtemps en terre étrangère, et qu'ils n'y cèdent pas assez promptement ; et ces maux peuvent connaître une issue fatale quand tout espoir de retour a disparu. Avec quelle fréquence aussi les belles jeunes filles et les beaux jeunes gens, en proie aux tourments de l'amour, sont envahis par une affreuse pâleur et se languissent, consumés par la mélancolie, la chlorose ou l'érotomanie, lorsque leur satisfaction est différée ou qu'ils doivent renoncer à tout espoir de possession. »

À la fin du XVIIIe siècle et au début du XIXe, on signalait beaucoup de cas de nostalgie dans les armées d'Europe, surtout parmi les soldats qui avaient été conscrits ou enrôlés de force. Les médecins militaires faisaient état de véritables « épidémies » de ce mal. La plupart des médecins croyaient que les personnes d'origine rurale étaient plus susceptibles d'en souffrir que celles qui venaient d'environnements urbains. Le baron Dominique-Jean Larrey, inspecteur général du service de santé des armées de Napoléon, aborda longuement le sujet de la nostalgie dans ses essais sur la chirurgie. En se fondant sur des observations faites au cours de la catastrophique retraite de Russie, Larrey divisa le déroulement de la maladie en trois phases. D'abord, une exacerbation de la faculté d'imagination : dans l'idée des patients, leur foyer était aussi enchanteur que délicieux et ils s'attendaient à voir leur famille et leurs amis venir au-devant d'eux. Ensuite, venait l'apparition de symptômes physiques : fièvre, troubles gastriques, « douleurs vagabondes ». Enfin, c'était la dépression, l'apathie, les pleurs et parfois le suicide. De même que Johannes Hofer, Larrey soulignait l'importance des distractions pour empêcher les crises de nostalgie : musique, récréation, exercice physique régulier – tout ce qui pouvait occuper l'esprit et détourner l'attention du patient de sa patrie.

Weir Mitchell, un médecin qui participa à la guerre de Sécession, signala que « les cas de nostalgie, de mal du pays, [pesaient] très lourd pour l'issue des blessures et des maladies ». En 1943, David Flicker et Paul Weiss, de l'US Army Medical

Corps, publièrent un document intitulé « Nostalgia and Its Military Implications » (La nostalgie et ses implications militaires), dans la revue *War Medicine*. « Le plus grand facteur permettant de livrer une guerre victorieuse est le moral des troupes, annonçaient d'emblée les auteurs. Et l'un des principaux facteurs favorisant un bon moral chez les combattants est de parvenir à empêcher ou surmonter la nostalgie. » Pour définir le terme, Flicker et Weiss citaient *The New International Encyclopedia* de 1905 : « La nostalgie est un sentiment mélancolique causé par le chagrin que l'on ressent à être absent de son foyer ou de son pays, pour lequel la langue anglaise possède le terme équivalent de *homesickness*[1]. La nostalgie représente un ensemble de troubles psychiques et doit être considérée comme une maladie. Elle peut mener à la mélancolie et même à la mort. Elle risque plus d'affecter des personnes dont l'absence loin de chez eux n'est pas volontaire, mais imposée. »

Écrivant durant la Seconde Guerre mondiale, Flicker et Weiss notèrent une bonne partie des caractéristiques de la nostalgie qui avaient tant intrigué les médecins militaires à l'époque des guerres napoléoniennes. Ils considéraient la nostalgie comme « une maladie contagieuse qui peut se répandre à la vitesse d'une épidémie à travers une compagnie ou un camp ». Ils virent les cas de mal du pays se multiplier lorsque les circonstances devenaient plus menaçantes, observant : « Chaque fois qu'une division est transférée ailleurs, on voit

---

1. Littéralement : « la maladie du foyer ».

un grand nombre de patients se déverser dans les services neuropsychiatriques. » Ils n'avaient aucun doute quant à la nature très sérieuse du mal : « Afin de se libérer de leur nostalgie, les hommes sont capables de commettre toutes les infractions ou tous les crimes qui ne soient pas monstrueux sur le plan sociologique ou moral. La police militaire a tout à fait conscience de cette réalité ; donc, lorsqu'un soldat manque à l'appel, la police est d'ordinaire certaine de pouvoir l'arrêter si elle va le chercher chez lui. » Et tout comme Larrey, Flicker et Weiss soulignaient la tendance qu'avait le patient à idéaliser son environnement familial. « Comme l'a souvent noté Freud, écrivaient-ils, la distance donne de l'enchantement, si bien que l'on oublie les nombreux aspects désagréables de son foyer ou de son environnement coutumier pour ne plus songer qu'à ses aspects les plus désirables. »

Il est certain que la nostalgie aiguë que j'avais éprouvée à l'hôpital avait été déclenchée par des circonstances menaçantes et s'était emparée de moi à un moment où mon esprit, privé des distractions qu'offrent la camaraderie, l'activité ou les plaisirs, avait eu amplement l'occasion de remâcher certaines réflexions et de s'y attarder. Des études récentes ont montré que les écoliers des pensionnats sont plus susceptibles d'avouer que leur famille leur manque aux heures du coucher ou du lever. Les événements de la journée, en offrant à leur attention d'autres objets intéressants, les détournent de leurs regrets. Hofer et Larrey avaient tout à fait raison de souligner l'importance des distractions. Et je sais qu'à l'hôpital, ce que je désirais avant tout, c'était regagner un endroit où je me sentais parfaitement à mon aise et qui n'était pas caractérisé par les dissensions, les difficultés ou la tristesse, mais par un ensemble d'images rassurantes : les corneilles, la Sor Brook, les animaux blottis tous ensemble dans les plis des rideaux.

*

La moquette rouge sombre de ma chambre d'hôtel, à Winnipeg, était maculée de taches noires et on pouvait voir, juste devant la porte, un endroit usé jusqu'à la corde, là où les pas des visiteurs s'étaient concentrés. Les rideaux crasseux, rose chair, puant la cigarette, n'étaient pas égayés par leurs motifs floraux dans une autre nuance de rose, de même qu'on n'égaie pas une pièce en y mettant des fleurs fanées. Les rayures fuchsia et corail du papier mural étaient si passées qu'on avait presque l'impression d'un fond uni ; la peinture rose de la commode s'écaillait sur les tiroirs. La tuyauterie exposée aux regards branlait dans son système de fixation bon marché, dont les vis s'étaient desserrées. Une large fenêtre donnait sur Ellice Avenue, et ce soir-là, quand la tempête s'abattit sur la ville, la neige passa devant cette ouverture sous la forme de flocons aussi gros et duveteux que du duvet d'oie. Le lendemain matin, Winnipeg était toute blanche.

C'était l'hiver. Pas une oie des neiges ne partirait vers le nord dans des conditions pareilles. Pas étonnant que j'aie vu les pauvres bêtes s'efforcer de repartir en sens contraire aux vents du sud, battant en retraite loin de la frontière canadienne. Elles attendaient le printemps. Dès que le temps s'améliorerait, toutes les oies en migration venant du Mississippi, du Missouri et des vallées de la Red River convergeraient vers les champs de céréales à l'ouest de Winnipeg, c'est-à-dire les champs des plaines de Portage La Prairie, où se situait la dernière grande étape de leur périple du sud au nord. Elles s'y arrêteraient pour se reposer et remettre à niveau leurs réserves de graisse, tandis que le dégel remonterait vers le nord en avant-coureur. La baie d'Hudson et les premières aires de reproduction se trouvaient à plus de mille cinq cents kilomètres vers le nord-est.

Mes lectures m'avaient familiarisé avec les nombres incroyables d'oiseaux concernés par ce que John Dewey Soper appelait « le bivouac de printemps dans le Manitoba ». En 1942, Soper avait mentionné dans ses écrits les « rassemblements », « mobilisations » et autres « innombrables légions des airs » : la guerre qui sévissait en Europe favorisait ce langage militaire. « Faut-il s'étonner si les estimations de leurs nombres varient énormément, avait noté le major Burt Gresham dans le *Winnipeg Free Press*, en 1936 ; si les observateurs se heurtent à de courtois mais sceptiques haussements de sourcils, lorsqu'ils disent que les oies arrivent par centaines de milliers ? Combien d'oiseaux diriez-vous avoir vus si vous parliez à quelqu'un d'une volée où les animaux de tête venaient se poser sur le lac alors que la queue du groupe n'était pas encore en vue ? Et combien y en aurait-il en tout, en sachant que ces volées se répètent à intervalles réguliers, disons d'une demi-heure, de la fin de l'après-midi jusqu'à une heure bien postérieure au coucher du soleil ? »

La violence accompagnait des nombres aussi considérables. Certains fermiers lançaient des fusées la nuit pour faire peur aux hordes migratrices. « Quand une de ces immenses volées s'élève d'un champ labouré de terre noire, écrivit un observateur, on a l'impression qu'une éruption volcanique vient d'expédier le champ tout entier dans les airs. » Un jour, près d'Elgin, dans le Manitoba, on a vu des oies des neiges voler vers le nord-est pendant un orage. La volée, large de près de trois cents mètres et longue de mille deux cents mètres, circulait à environ soixante mètres de haut. D'après les témoins, il y eut un éclair aveuglant, un coup de tonnerre et toute une partie de la volée tomba au sol, foudroyée. Quelques oiseaux qui n'étaient qu'assommés tombèrent en même temps, mais reprirent conscience assez vite pour s'envoler de nouveau, juste à temps.

J'avais espéré partir vers le nord avec les oies et passer des lacs du Dakota aux plaines de Portage La Prairie. Mais je n'avais pas deviné dans quelle mesure les conditions atmosphériques allaient déterminer l'allure et la facilité de ce voyage vers le nord. Dans mon idée, la migration décrivait un arc net et ininterrompu du Texas jusqu'à la péninsule de Foxe, et je m'imaginais que le vol des oies serait aussi aisé et continu que la courbe gracieuse de mon arc d'un point à l'autre. Or cette courbe idéale était une fiction. Les oies des neiges improvisaient leurs déplacements des zones d'hivernage aux aires de reproduction au coup par coup, selon les directives de la saison. Brusquement, je me sentais tout bête. Je n'avais plus aucune liberté. J'étais enchaîné à mes oies. Et si elles devaient attendre, j'attendrais aussi.

*

David habitait aux confins du parc national du Mont-Riding, à deux cent quarante kilomètres au nord-ouest de Winnipeg. Un ami m'avait donné son adresse et nous avions correspondu avant mon départ pour le Texas. David était un fana de la vie au grand air, diplômé de biologie, et mon idée de suivre les oies des neiges d'Eagle Lake à la péninsule de Foxe paraissait lui plaire. Je l'ai appelé depuis ma chambre rose et lui ai expliqué mon problème.

« Vous pourriez venir au Mont-Riding, m'a-t-il dit. Il y a une cabane. C'est très rudimentaire, mais vous pourriez vous y installer jusqu'à ce que ces satanées oies veuillent bien s'organiser.

— Rudimentaire me convient très bien. Comment y va-t-on ?

— Il y a un autocar. Le Grey Goose[1]. »

J'ai donc pris le Grey Goose le jour de Pâques, quittant Winnipeg pour une région de plaines découpées en carrés d'un kilomètre et demi de côté, formant un patchwork matelassé par la neige fraîchement tombée. Ici ou là, on apercevait des bâtiments de fermes disposés en fer à cheval pour

1. L'oie grise.

couper le vent, ainsi que des silos à grains cylindriques en métal galvanisé, se dressant au milieu de vastes étendues, comme les tours de lancement de Cap Canaveral, et quand les vagues contours de collines se dessinaient vers le nord, on avait l'impression de voir enfin la terre depuis le pont d'un bateau en pleine mer – d'être enfin arrivé au bout de toute cette platitude. Les hauteurs du massif du Mont-Riding bornaient la zone des prairies. Au-delà, on trouvait une forêt de conifères boréale qui ne prenait fin qu'à l'endroit où elle rejoignait la toundra loin vers le nord. Le ciel était d'un bleu limpide au-dessus des épicéas. La température était descendue au-dessous de zéro, mais il ne neigeait pas.

L'arrêt d'autocar était une pompe à essence perdue dans la nature et en panne de surcroît. Je me suis mis à sautiller sur place pour me fouetter le sang. Je gardais l'œil sur le ciel bleu, au cas où il viendrait des oies. Je sentais l'odeur des arbres. Au bout d'une vingtaine de minutes une Suburban marron est venue s'arrêter devant la pompe à essence.

« David ?

— Vous avez l'air gelé. Montez vite. »

Il avait soixante ans passés, enseignant à la retraite, avec un fouillis de boucles grises et d'épais sourcils noirs qui surprenaient, comme deux traînées de goudron. Il portait un jean, une veste Columbia en polaire bleu pâle et des chaussettes blanches dans des courtes bottes en caoutchouc Eddie Bauer. Il avait une boîte de tabac à chiquer Copenhagen sur le plat-bord de la Suburban, et toutes les quelques minutes il la prenait, dévissait le couvercle d'une seule main et calait à l'intérieur de sa joue un petit peu de l'espèce de pâte fibreuse qui se trouvait à l'intérieur. Il parlait très lentement, avec de longs silences ; il paraissait peser chaque nom et chaque verbe comme un petit sac de sucre en poudre. Quelquefois il avait recours à une petite toux dissyllabique pour meubler ces silences et, très vite, j'ai eu l'impression qu'il s'agissait d'un mot faisant partie de son vocabulaire.

« Alors, comment vont les oies ? a-t-il demandé.

— Je les ai laissées derrière moi, ai-je répondu. Je crois qu'elles ont carrément reculé à cause du mauvais temps.

— Oui, les oies sont très sensibles au froid.

— C'est la première fois qu'elles se trouvent au sud de là où je suis.

— Elles seront bientôt ici. Pour le moment, tout est encore gelé, mais dès que la glace commencera à bouger, vous les verrez, vos oies. »

Nous roulions au milieu de forêts d'épinettes blanches, au feuillage sombre et persistant, et de peupliers faux trembles aux troncs minces et blancs – des arbres hauts, droits, plantés dru, qui s'élevaient de part et d'autre de la route comme les parois d'un canyon, avec des buissons de cornouillers et de saules en guise de sous-bois, fournissant une nourriture idéale aux élans et aux wapitis. De loin en loin, les arbres s'écartaient pour céder le terrain à des mares boueuses gelées, ourlées de joncs bruns, où par endroits des tas de branchages, broussailles et boue sortaient de l'eau – c'étaient les huttes des castors, pour lesquelles ces animaux creusaient une entrée sous l'eau, un nid, un réfectoire et des tunnels d'accès.

« Il ne faut jamais marcher sur la glace qui entoure la hutte d'un castor, m'a dit David. Le castor nage tout autour, au-dessous de la surface. La glace est toujours plus mince qu'on ne le croit.
— D'accord. »

Nous avons quitté la route carrossée pour nous engager sur une piste en terre battue, franchissant une grille tout en haut d'une pente abrupte. La piste menait à une vaste clairière dans la forêt, avec à une extrémité une maison à ossature de bois, à demi revêtue d'un bardage à clin peint en blanc crème. Au-delà de la maison, j'entrevoyais vaguement, à travers les épinettes, un lac tout en longueur, ourlé de roseaux, encore gelé, du même blanc aveuglant, marbré de bleu, que le Sand Lake. Des conifères très serrés poussaient jusqu'au bord du lac, près de la maison, alors que de l'autre côté, le paysage était dégagé : des champs en pente douce couverts d'herbes couleur d'ambre.

« C'est le lac Timon », a dit David.

Deux chiennes somnolaient dans le jardin. Elles ont bondi sur leurs pattes à l'approche de la Suburban – Harley, labrador noire, avec un pedigree long comme le bras, et Sitka, bâtarde, moitié chienne, moitié coyote, noire et gris cendré, avec les sens aiguisés et les réactions exacerbées d'un chien sauvage, dès qu'elle était surprise. Lorsque nous sommes descendus de voiture, elles nous ont sauté dessus, agitant la queue avec des petits jappements de joie, qui se transformaient par intermittence en mélodieux cris de bonheur poussés à gorge déployée. David les a saluées, accroupi, prenant leurs têtes dans ses mains et se laissant lécher la bouche et le menton.

Harley et Sitka nous ont accompagnés à l'intérieur. La femme et le beau-père de David, assis à une table en pin verni dans la cuisine, prenaient le café. Le linoléum était à motifs de fleurs de lys brunes. Une barre de seuil métallique délimitait la jonction entre ce lino et l'épaisse moquette bleue du salon, où de larges fenêtres donnaient sur la surface gelée et luisante du lac Timon. Karen était beaucoup plus jeune que son mari, grande et dégingandée, avec des cheveux auburn ondulés. Elle portait un caleçon noir et un long pull rouge informe, avec deux marguerites sur le devant ; elle était en train de consulter un livre de cuisine, en format de poche, intitulé *Hotter Than Hell*[1]. Son père, au contraire, était trapu et compact, en chemise de bûcheron écossaise et lunettes à double foyer cerclées d'acier. Il avait des cheveux hérissés, couleur d'argent terni, et une moustache assortie qu'on aurait crue en paille de fer : on aurait pu s'en servir pour débarrasser une vieille casserole en cuivre des traces de vert-de-gris.

David me l'a présenté sous son sobriquet : le Viking.

« Pourquoi le Viking ? ai-je voulu savoir.

— Parce que tous mes ancêtres sont venus d'Islande ! » a-t-il répondu, comme s'il s'agissait d'un argument imparable. Il s'exprimait par saccades

---

[1]. Plus brûlant que l'enfer ou, s'agissant de cuisine, qui vous arrache la bouche.

sèches et bourrues. « L'Islande a été colonisée par les Vikings, a-t-il repris. Ils sont venus de Norvège en 874. Les Islandais sont allés au Canada. C'est dans le sang ! Le sang viking !

— Asseyez-vous, m'a invité David. Faites comme chez vous. »

Il a franchi la barre jusque dans le salon. J'ai regardé le lac par la fenêtre.

« Alors, elles sont où, ces oies ? a demandé Karen.

— Elles ne devraient pas tarder à arriver, ai-je répondu. C'est le mauvais temps qui les a retardées.

— Les oies ! s'est écrié le Viking en frappant la table du plat de la main. Nom de Dieu ! Mais qu'est-ce qu'elles foutent encore, ces sacrées oies ? C'est pire que le jeu de l'oie, votre histoire ! Les oies, les oies, toujours les oies ! On ne sait plus quoi en faire, de ces foutues oies ! Nom de Dieu ! » Nouveau coup sur la table. « Ces oies de malheur !

— Bon, attends un peu, lança David en revenant dans la partie cuisine et en allongeant la main vers le Viking, paume en avant, comme pour empêcher son beau-père de formuler ce qu'il voulait ajouter concernant les oies. Je vais vous emmener jusqu'à la cabane, m'a-t-il dit. Comme ça, vous pourrez vous installer. Et puis vous reviendrez jusqu'ici quand vous en aurez envie.

— D'accord, on pourra parler des oies plus tard.

— Nom de Dieu ! »

Nous avons laissé Karen et le Viking dans la cuisine et nous sommes remontés dans la Suburban. Un peu plus haut à flanc de colline, entourée d'une épaisse forêt, nous sommes arrivés à une petite cabane : c'était un de ces modèles préfabriqués, dressé sur une ondulation de terrain dégagé, loin au-dessus du lac Timon. Plusieurs années auparavant, à l'époque où David possédait un petit troupeau de bovins Gelbvieh, il avait équipé la cabane d'un bureau et d'un classeur, afin d'y recevoir les acheteurs qui autrement auraient mis de la boue plein leur maison. Les murs de la cabane étaient encore décorés de photographies de ses vaches de concours, avec ou sans cornes. Ces superbes bêtes, d'un brun caramel, se tenaient devant des affiches commémorant la foire agricole de Regina en 1982 ou bien celle de l'Alberta en 1986, et David posait à côté d'elles sur chaque cliché, coiffé d'un Stetson et vêtu d'une veste en cuir fauve ; on pouvait lire sa fierté sur son visage, malgré l'ombre du Stetson.

Il m'a laissé seul et j'ai fait l'état des lieux. C'était là que j'allais attendre les oies. Le bureau et le classeur avaient disparu, remplacés par un lit étroit contre le mur du fond, un évier, une table ronde métallique quelque peu branlante, un fauteuil d'osier dont le dossier s'élargissait au niveau des épaules et une salle de bains exiguë qui ressemblait à un placard. Le vieux chauffage au gaz de la marque Perfection se mettait en marche avec un bruit sourd chaque fois que le thermostat estimait que le moment était venu. Sur une desserte à côté de l'évier, j'ai vu une rangée de livres, calée aux deux extrémités par des bocaux en verre, pleins à ras bords de boutons de toutes sortes : plastique, métal, porcelaine et écaille. Les livres avaient trait à la construction de la cabane, avec des titres tels que

Profitez au mieux de votre tour à bois, Profitez au mieux de votre perceuse, Profitez au mieux de votre scie à ruban et de votre scie à chantourner ou encore *Exploitez votre inverseur solaire.* J'ai choisi *The Wilderness Cabin*[1], de Calvin Rutstrum, et je me suis installé dans le fauteuil d'osier qui a aussitôt grincé. Le moindre mouvement produisait ce son grêle et plaintif qu'émettait le tressage fléchissant sous mon poids.

En quatrième de couverture, une photo montrait l'auteur, vêtu d'une chemise à carreaux et coiffé d'un feutre impeccable. Il était assis au bord d'un lac encerclé d'épinettes, un lac qui ressemblait beaucoup au lac Timon. Il avait construit sa cabane dominant la vallée de la St Croix River, à une heure de voiture de Minneapolis, et il y passait six mois par an. La cabane était en madriers et pierres de carrière, et il avait tout fait de ses propres mains. Il avait incorporé des lambris en pin, un plancher et un âtre encadré par une cheminée en pierre. Calvin Rutstrum prônait l'évangile de la cabane. Il célébrait « sa forme simple, élémentaire, dans notre civilisation moderne complexe ». Il adorait les cabanes de pionniers, avec leurs toits en tuiles de bois, leurs murs encadrés de terre, leurs portes en bûches fendues maintenues ensemble par des lattes du côté plat ; il adorait la force élastique et la raideur du contreplaqué de pin ; il adorait les madriers, les tenons et mortaises, les planchers parfaitement assemblés et teintés. Il recommandait les goussets en contreplaqué pour servir de plaques d'assemblage et, si les planches étaient d'épaisseur

---

1. Que l'on pourrait traduire par *Une cabane en pleine nature.*

inégale, il préférait avoir recours à des cales en bois plutôt qu'au rabot, afin de préserver leur côté brut d'origine. En règle générale, il commençait par construire une petite cabane auxiliaire avant de s'attaquer à l'habitation principale. C'est une fois la cabane finie, et qu'il avait entendu la pluie battre sa première retraite sur le toit, qu'il avait eu le sentiment d'« appartenir » au pays où il se trouvait.

Par moments, je me carrais dans le fauteuil, rien que pour entendre grincer l'osier. Il commençait à faire sombre. Il n'y avait qu'une seule source de lumière : une lampe munie d'un abat-jour rouge, dans lequel on remarquait des petits trous et incisions qui paraissaient faits au hasard, jusqu'au moment où on allumait la lampe et où la lumière sortait par ces ouvertures pour dessiner un chat, assis bien droit avec, autour du cou, un ruban qui formait un gros nœud. Il y avait un autre chat dans la cabane, assis dans l'encadrement de la fenêtre, au-dessus de la table ronde, comme une espèce de diable dans sa boîte : c'était un chat en plastique gris qui bondissait hors d'un tambour ceinturé par une bande de chintz sous une cordelière en zigzag courant d'un bord à l'autre. Le chat portait une robe en chintz ornée d'un pompon blanc. Il avait les yeux bleus démesurés des poupées Barbie et un petit nez rose fripon.

J'ai repris ma lecture. « L'exercice mental et l'exercice manuel façonnent à eux deux une vie heureuse, expliquait Rutstrum. On pourrait même dire qu'une grande partie de notre pensée passe par nos mains. » Quelques étagères, bien garnies, de vivres et d'équipement, un fourneau, une table en bois blanc, quelques caisses de bière vides en guise de tabourets, une couchette ou un lit de camp, une provision de livres, une baignoire portable en fer galvanisé, un transistor – il n'en fallait pas davantage pour se sentir chez soi, pour se dire qu'on appartenait à un endroit autant qu'il vous appartenait. En lisant *The Wilderness Cabin*, on comprenait qu'il y aurait des difficultés (entre le bois qui rétrécirait en séchant et d'éventuelles déformations du sol, sous l'effet du gel, la cabane aurait besoin de temps pour se mettre en place), mais qu'elles paraissaient donc insignifiantes à côté de la musique des outils et des techniques : les broches et les ciseaux de maçon, les cisailles à métaux, les vrilles et forets pour percer des trous dans les billes de bois, les clavettes pour les cadres de fenêtres, les pics de levage et les tournebilles pour porter et maintenir le bois, la pierre à huile pour l'affûtage des lames de hache, les départoirs pour fendre les tuiles en bois.

C'était une chanson à la gloire des maisons de bois. Ce n'est pas le bois qui manque, soulignait Rutstrum : il pousse sur les arbres. « Les portes de chambre donnant directement sur l'extérieur offrent aux lève-tôt la possibilité de quitter la maison sans réveiller les autres, notait-il. Lorsqu'on choisit de construire des cabanes séparées, des petites zones cuisine permettent à vos invités ainsi qu'à vous-même de profiter de la solitude, si importante dans des rapports humains prolongés. » Il faisait nuit à présent. J'ai poursuivi ma lecture à la lumière de la lampe, la lanterne magique avec l'image du chat dessinée dans son abat-jour. « Ce qui est de plus en plus important pour nous, ai-je lu, c'est notre plus vive conscience et notre plus riche connaissance de la nature, du vol des oiseaux, des changements dans le ciel, de la disposition des étoiles. Ces merveilles, contemplées jour après jour, nous apporteront la paix avec qui nous sommes brouillés depuis trop longtemps. »

Le fauteuil d'osier a grincé. Des loups et des coyotes hurlaient. La cabane était environnée par la sauvage forêt du Mont-Riding : des ours noirs hibernaient dans des creux et des ravins ; des élans et des wapitis rongeaient des pousses de saule ; des castors affaiblissaient la glace autour de leur hutte, préparant le nid pour l'arrivée des petits en été. La maison à ossature de bois de David était à environ huit cents mètres en contrebas. Je lui étais reconnaissant de m'abriter ainsi. J'avais devancé les oies des neiges et je resterais tranquille aussi longtemps qu'il le faudrait. J'ai remis *The Wilderness Cabin* à sa place, entre les pots de boutons, et j'ai éteint la lampe, anéantissant le chat.

*

En mars 1875, le massif montagneux du Dyngiufjöll, en Islande, explosa sous l'effet d'éruptions volcaniques. Des pierres ponces recouvrirent une zone de six mille cinq cents kilomètres carrés, sur cinq ou sept centimètres d'épaisseur, dévastant les terres agricoles. De nombreux Islandais n'eurent plus d'autre choix que d'émigrer, certains optant pour le Canada, à la suite de Sigtryggur Jonasson, qui était parti pour le Québec au cours de l'été 1872. Les immigrants s'arrêtèrent d'abord à Kinmount, dans l'Ontario, avant de pousser plus loin vers l'ouest, attirés par ce qu'ils avaient entendu dire de la vallée de la Red River. Son sol (terreau noir sur argile blanche) avait la réputation d'être extrêmement fertile et on assurait que la région était riche en canards, oies, élans, fraises, framboises, airelles, groseilles et cassis. Le lac Winnipeg, sorte de mer intérieure de près de cinq cents kilomètres de long, promettait en outre un approvisionnement inépuisable en grands corégones, môles, poissons-chats, dorés jaunes, esturgeons et brochets.

Le voyage d'Islande jusqu'en Nouvelle-Islande prit six semaines. Près de trois cents immigrants partirent en bateau à vapeur de Sarnia, dans l'Ontario, pour Duluth, dans le Minnesota, emportant avec eux toutes leurs possessions, cochons compris. À Duluth, ils grimpèrent dans un train de marchandises qui les achemina jusqu'à Fisher's Landing, au bord de la Red River, où ils prirent un vieux vapeur à aubes, l'*International*, en direction du nord, jusqu'à Winnipeg, passant ensuite dans des bateaux à fond plat pour franchir les hauts-fonds, et changeant encore une fois d'embarcation à Stone Fort pour parcourir la dernière étape jusqu'à Willow Point, tout près du lac Winnipeg, à bord d'un vieux vapeur en piteux état de l'Hudson's Bay Company, le *Colville*.

La première ville construite en Nouvelle-Islande fut baptisée Gimli ; c'était le nom du séjour des dieux de la mythologie nordique. Le mot signifie « grande demeure ».

« Ils ont eu du mal à attraper des poissons, m'a confié le Viking. Ils étaient, pour la plupart, pêcheurs de haute mer et la pêche dans les lacs n'a rien à voir. »

Nous étions assis à la table en pin reluisant de la cuisine, les pieds sur les fleurs de lys du lino.

Les grands-parents du Viking avaient participé à la construction de Gimli. « Mon père était maçon, a-t-il dit. Il adorait la musique. Il était capable de retenir n'importe quoi et de retrouver l'air. Il jouait du tuba dans une fanfare, l'Argyle Brass Band. Il y en a qui disent que c'était la meilleure du pays. Sa femme jouait dans les concerts, les événements sportifs, les expositions. Mon père s'est produit à Baldur, Glenboro, Cypress River, Holland, Greenway, Belmont. Et moi, je chante faux comme une casserole. Et mon père, il savait aussi tricoter. Quand j'étais petit, le soir, mes deux parents tricotaient. Ma mère était capable de tricoter tout en jouant aux cartes. Et mon père se débrouillait très bien. Il mettait deux jours pour faire une paire de chaussettes, mais il ne pouvait rien faire d'autre en même temps. »

D'habitude, quand je descendais jusqu'à la maison, David était dans son bureau, en train de travailler sur son ordinateur, Karen était partie donner des cours à Erickson, et le Viking réparait tout ce qui en avait besoin. Il avait la tête à l'intérieur du tambour du sèche-linge, parce que la courroie s'enroulait de travers sur la poulie de tension, ou bien il avait ouvert le capot de sa camionnette pour pouvoir vérifier le niveau du liquide de refroidissement du radiateur ou l'état de la courroie de transmission. Ou alors, il était dans la salle de bains et il avait déposé le couvercle de la chasse d'eau, afin de régler le flotteur. Il brandissait des marteaux, des tournevis, des pinces ou des clefs anglaises, avec des vis ou des clous entre les dents. Il portait une chemise à carreaux et un jean maintenu par une paire de bretelles et une ceinture en cuir noir. De la musique folk canadienne sortait à plein volume d'un combiné radiocassette criblé de taches de peinture. Le Viking avait une prédilection pour un violoniste dénommé Mel Bedard.

« Je l'ai entendu jouer dans un dancing pour mille deux cents personnes, m'a-t-il dit en levant sa clef anglaise pour souligner le chiffre, et plus il les voit danser, plus il s'acharne avec son archet. Il les oblige à danser, voyez-vous. Des gens qui n'ont encore jamais dansé, quand ils entendent Mel Bedard, ils sont incapables de résister ! » De la main gauche, il a empoigné le manche d'un violon imaginaire et il a joué en même temps que sa cassette, avec sa clef anglaise en guise d'archet.

Un matin, en arrivant dans la maison, j'ai trouvé le Viking qui donnait audience dans la cuisine. Deux autres descendants d'Islandais, la soixantaine bien sonnée, étaient venus lui rendre visite. Ils s'appelaient Bjornson et Bjornsson.

« Aucun lien de parenté, m'a déclaré Bjornson. Il a un *s* de plus que moi. »

Le trio buvait du café autour de la table en pin. Bjornson avait ôté sa casquette de base-ball bleue et l'avait posée sur la table, à côté de sa tasse, la visière rabattue vers l'intérieur. Il avait une chevelure châtain, plutôt clairsemée, et un visage large et plat. Une voix douce. Il avait été fermier : un petit troupeau de vaches, un peu de blé. Bjornsson était lourd et bavard, avec un imposant triple menton et un fort accent islandais. Il portait le genre de lunettes polarisantes sépia qu'affectionnent les pêcheurs à la ligne et un gilet gris aux innombrables poches, comme celui que portait Rollin, mon ami du Sand Lake. Et dessous un tee-shirt noir où l'on pouvait lire une devise : NE MOLLIS PAS, REGARDE DE HAUT.

« J'ai fait du beurre pendant quarante ans, a dit Bjornsson en se balançant d'avant en arrière sur sa chaise qui paraissait bien frêle sous son poids, le regard indistinct derrière les lunettes polarisantes. Le gouvernement m'a obligé à fermer. Les règlements ! On achetait la meilleure crème aux fermes laitières. De nos jours, on met de tout dans le beurre, des tas de produits dérivés du lait. Ce beurre fouetté, vous savez ce que c'est ? De l'air ! Rien d'autre ! On le fouette pour y incorporer une grande quantité d'air, comme ça, il est plus mou, mais vous, vous avez moins de beurre. C'est comme les glaces. On fabrique des bonnes glaces bien dures et tous les jeunes veulent ces glaces molles. Et qu'est-ce qu'on met dans les glaces molles ? De l'air ! »

Le Viking n'écoutait pas Bjornsson.

« L'Islande ! s'est-il exclamé. Ça, c'est un pays ! »

Il avait découvert l'Islande l'année précédente, en voyage organisé, dans le but de retrouver les traces de sa famille. Le chasseur de son hôtel à Reykjavik n'était autre que son cousin issu de germain, et quand il avait demandé à la réceptionniste de chercher le numéro d'une certaine personne dans l'annuaire, elle avait répondu que ce n'était pas la peine parce qu'il s'agissait d'amis intimes et qu'elle connaissait le numéro par cœur. Ce qui l'avait frappé le plus vivement, c'était de voir combien le pays était verdoyant.

« Tout le monde croit qu'il n'y a que de la neige et des glaciers, mais bon Dieu, ce que ça peut être vert, là-bas ! Il y a tellement d'herbe ! De prairies ! Et des vaches qui paissent, partout !

— Les vaches portent des soutiens-gorge, a glissé Bjornson.

— C'est vrai ! s'est écrié Bjornsson. Leurs vaches ont des gros soutiens-gorge en cuir. C'est pour empêcher le pis et, comment on dit déjà, les tétines, c'est ça, de frotter sur les rochers ! »

Et les trois hommes de se renverser sur leurs sièges en gloussant de rire.

Puis ils se sont mis à parler du défilé de Gimli. Chaque année, pour l'*Islendingadagurinn*, ou jour des Islandais, Gimli accueille un carnaval dont le clou est un défilé de chars. Une femme se tient sur le premier, représentant Fjallkona, la Dame des Montagnes, symbole de l'Islande, vêtue d'une robe blanche, d'un manteau vert bordé d'hermine avec une ceinture dorée, et coiffée d'un haut diadème et d'un voile blanc qui lui descend jusqu'à la taille.

« Je peux vous dire qu'elle est rudement belle, a déclaré le Viking.

— Pour ça, oui, a confirmé Bjornsson d'un air grave.

— C'est la pure vérité ! » a renchéri Bjornson.

J'ai appris qu'une ou deux fois, le Viking avait

pris place sur ce premier char, au côté de la Fjallkona. Bjornson et Bjornsson l'ont encouragé à me montrer son costume. Le Viking a disparu un instant, puis il est revenu coiffé d'un étrange casque : un grand bol jaune, allant au four micro-ondes, auquel deux cornes en carton étaient fixées par du papier collant, tandis qu'un gland en cuir rouge, attaché au bord du bol, lui pendait le long du nez.

« Vous voyez ça ? a-t-il dit en me montrant les deux cornes qui rebiquaient. Eh bien, j'ai la troisième nettement plus bas ! Dans tout le Manitoba, il n'y a pas un Viking qui ait plus de cornes que moi ! »

La cuisine a résonné de leurs éclats de rire. Bjornson et Bjornsson se sont renversés contre leurs dossiers. Bjornsson a dépassé d'un ou deux centimètres son point d'équilibre et il n'a réussi à éviter la chute qu'en se raccrochant in extremis au coin de la desserte. Les rieurs ont suspendu leur souffle une seconde, constaté que Bjornsson était sain et sauf, et repris de plus belle.

J'ai remarqué la boucle de la ceinture du Viking qui se tenait devant nous, avec son casque à cornes. Sa boucle était une plaque argentée où se détachaient en relief l'avant d'un trolleybus et celui d'un tramway. Après la guerre, pendant dix ans, il avait été conducteur de trolleybus et de tramways à Toronto.

« Je travaillais dans le quartier de Long Branch, a-t-il précisé. Et aussi Neville Park, Dundas, Humber, Spadina Station. Toronto grouillait d'activité, ça grouillait. Des gens, des gens, des gens partout. L'heure de pointe durait trois heures. Je suis allé m'installer à Winnipeg en 1955. Là-bas, on a supprimé les tramways cette année-là. Alors j'ai conduit une flotte entièrement neuve de trolley-bus, fabriqués par la firme Canadian Car & Foundry. Je faisais les quartiers de Sargent, Notre Dame, Logan, Ellice, Salter, Polo Park. Et puis, ils ont remplacé les trolleys par des autobus diesel. Ils ont éteint la machine à courant continu de Mill Street. C'était la première fois depuis je ne sais combien d'années que l'endroit était silencieux. »

Derrière lui, contre le mur, il y avait une vieille bibliothèque en bois, avec quatre canards leurres de chasse en bois peint sur les étagères. Je me suis rappelé Michael et j'ai identifié les quatre espèces : colvert, petit garrot, fuligule à dos blanc, pilet.

« Je l'ai achetée dans une vente aux enchères, cette bibliothèque, m'a dit le Viking. Je l'ai eue pour trois fois rien, à cause des marques qu'on avait faites là, tout le long du côté. » Il m'a indiqué un des montants latéraux, sur le bois duquel on pouvait voir toute une série de courtes lignes tracées au stylo à bille bleu. Aucune n'était tout à fait droite, car la bille avait dérapé le long du grain. Chacune était accompagnée d'une date. J'ai reconnu ces marques : un enfant s'était adossé contre le montant pour être mesuré. Aussitôt, par la pensée, je me suis retrouvé chez nous, devant le mur blanc de la salle de bains, à côté du héron cendré peint par ma mère, les talons contre la plinthe, à l'endroit où nos tailles respectives montaient, par poussées de quelques centimètres, à l'assaut du plafond.

Cet après-midi-là, une tempête s'est abattue

sur le Mont-Riding. Au bout de deux heures, une bonne épaisseur de neige recouvrait le lac Timon et les pistes de la forêt. Le soir, quand j'ai quitté la maison pour gravir la pente jusqu'à la cabane, la neige tombait toujours. La lune restait invisible. La piste n'était qu'un vague ruban blanc au milieu des bois noirs et impénétrables. J'ai piétiné péniblement dans la neige, la tête rentrée dans les épaules, le corps penché en avant contre le vent, comme une lettre en italique. La neige s'était amoncelée contre la porte de la cabane. Une fois à l'intérieur, j'ai allumé la lampe. Le chat est apparu par les trous et les fentes de l'abat-jour. Le *fouff* de la chaudière au gaz qui se mettait en marche m'a fait sursauter. La cabane grinçait et tremblait dans les rafales. Il me semblait que le vent allait l'arracher du sol pour aller la déposer au pays d'Oz.

Sur le rebord de la fenêtre, le chat en plastique gris était toujours occupé à jaillir de son tambour, à l'arrière duquel j'ai remarqué une clef de boîte à musique à l'ancienne mode. Je l'ai tournée et je l'ai entendue tendre un ressort, avec une succession de cliquetis. Quand je l'ai lâchée, un mécanisme à l'intérieur du tambour s'est mis en marche et m'a fait entendre une mélodie désuète et tintinnabulante, tandis que le corps du chat oscillait et virevoltait et que ses pattes de devant montaient et descendaient, modifiant totalement les ombres de sa robe en chintz. À mesure que le ressort se détendait, la musique ralentissait, les pauses entre les notes s'allongeaient, la danse du chat devenait une suite de mouvements rêveurs, comme s'il dansait en eau profonde, les yeux grands ouverts, sans ciller.

La musique s'est arrêtée, le chat s'est immobilisé. Le vent soufflait à travers les arbres, secouant la cabane par brusques à-coups. Je me suis imaginé à l'intérieur d'une minuscule boîte lumineuse au milieu de la forêt. J'ai pensé aux oies des neiges, toujours retenues là-bas dans le sud par cette météo hivernale. Je me suis demandé combien de temps il me faudrait attendre avant qu'elles ne reprissent leur voyage. Une rafale a heurté la cabane, l'a fait trembler, déclenchant le mécanisme du tambour qui a fait entendre trois dernières notes inattendues. Je me suis retourné très vite, en frissonnant ; la tête du chat décrivait un ultime quart de tour, la neige filait en travers de la fenêtre juste derrière lui, teintée de rose par la lampe, les hurlements des loups et des coyotes n'étaient plus audibles dans la tempête. Je me suis déshabillé, fourré au fond du lit étroit en grelottant, et je m'y suis pelotonné en pensant à la maison de ma famille.

*

Les martinets revenaient tous les ans, la dernière semaine de mai. Il s'agissait de martinets noirs, *Apus apus*, d'un noir de suie uniforme à l'exception de leur gorge plus pâle, des oiseaux dont certains surnoms en langue anglaise, que l'on pourrait traduire par diables planants ou martins hurleurs, font allusion aux cris perçants qu'ils poussent en vol et à leur aspect noir et diabolique. Les martinets font volontiers leurs nids dans les murs de pierre des maisons, dont ils occupent les interstices situés en hauteur, sous les gouttières, et même parfois parmi les poutres des charpentes, et ils manifestent une forte tendance à la philopatrie (du grec *philo*, aimer, et *patria*, pays du père), puisque les générations les unes après les autres reviennent faire leurs nids aux mêmes endroits. Les avantages d'un tel comportement sont évidents : un oiseau familiarisé avec son environnement sera moins vulnérable aux prédateurs et trouvera plus efficacement à manger. La philopatrie tend à se développer chez les espèces qui font leur nid dans des sites stables et sûrs, par exemple les falaises et les édifices, plutôt que chez celles utilisant des lieux instables, comme les bancs de sable dans les rivières. À quoi bon retourner quelque part quand on ne peut pas être sûr de ce qu'on y trouvera ?

Chaque année les martinets revenaient d'Afrique jusqu'à notre demeure médiévale en *ironstone*, au milieu de l'Angleterre, filant directement sous les gouttières du côté sud, plus chaud, dont le toit en ardoise était colonisé par des lichens formant des auréoles bigarrées de blanc, rouille et vert pâle. Mon père les attendait comme s'il les avait invités à dîner, le 23 mai, et ils restaient chez nous pendant les mois de juin et de juillet, ne repartant pour l'Afrique qu'au début du mois d'août ; les juvéniles se mettaient en route vers les aires d'hivernage plusieurs jours avant leurs parents. À l'instar d'un jeune coucou, un jeune martinet dépend de son programme migratoire et de son sens de l'orientation endogènes, hérités de ses ancêtres, pour se diriger à travers l'Europe jusque dans l'ouest de l'Afrique. Depuis cette région, les martinets noirs s'infiltrent peu à peu vers le sud avec le front intertropical (un confluent de masses d'air qui attire les insectes de l'Afrique subsaharienne et qui se dissipe aux environs du golfe de Guinée vers la fin de l'automne), avant de bifurquer vers l'est à travers le continent. En hiver, les martinets bagués en Angleterre sont le plus souvent retrouvés au Malawi. Un sur six meurt pendant la migration.

Les martinets noirs ont de longues ailes étroites et recourbées et des becs courts qu'ils peuvent ouvrir très largement, ce qui leur permet d'attraper les insectes au vol : ils se nourrissent d'un plancton aérien composé de pucerons, scarabées, araignées, syrphes, cicadelles, tipules et thrips. En étudiant des martinets qui avaient fait leurs nids dans les puits de ventilation de la tour de l'University Museum à Oxford, David Lack découvrit qu'un martinet apporte à chacun de ses petits un peu plus d'un gramme d'insectes à chaque repas. Or une paire de parents avait apporté quarante-deux repas à ses oisillons en un seul jour – soit, selon les estimations de Lack, un total de vingt mille insectes. L'air tiède et abrité du côté sud de notre vieille demeure regorgeait d'insectes, et en juin et juillet, au soleil couchant, des escouades de martinets exploitaient ces abondantes ressources ; on pouvait les voir sortir de sous leurs gouttières et y rentrer, afin d'apporter à manger à leurs petits.

Dans la cabane du Mont-Riding, tandis que la tempête soufflait au-dehors, j'ai repensé à ce ballet des martinets. Le petit édifice ne cessait de grincer et de trembler. Je portais des sous-vêtements thermiques et des chaussettes, et j'avais étalé mon manteau sur l'étroite couchette, à titre de couverture supplémentaire. Les yeux fermés, je me revoyais assis derrière notre maison, après le dîner, contemplant les martinets, assez peu de temps après avoir trouvé *L'Oie des neiges* dans la bibliothèque de l'hôtel, ce qui m'avait incité à m'intéresser de plus près aux oiseaux. Deux ou trois mois avaient passé depuis mon dernier séjour à l'hôpital et mon attitude envers notre demeure avait commencé à changer. J'éprouvais de la colère à l'idée d'être enfermé depuis si longtemps, je mourais d'envie de reprendre ma vie active dans la société, comme si la maison de mon enfance était, je ne sais trop comment, séparée du monde, une zone à part. Quand je regardais les martinets, j'avais l'impression d'échapper à moi-même. Et maintenant, avec cette tempête qui tournoyait autour de la minuscule cabane sur les pentes du Mont-Riding, le souvenir de ces soirées était à son tour une espèce de retraite ou de sanctuaire loin des turbulences qui m'environnaient. Les corneilles poussaient leurs appels rauques. Un vent léger bruissait dans les arbres, on aurait dit un froufrou de robes à crinoline sur le parquet d'une salle de bal, avec les sifflements de la Sor Brook en fond sonore. J'entendais la porte de derrière s'ouvrir (les trois verrous coulissant aisément) et je voyais mon père sortir sur la pelouse, les manches de sa chemise roulées au-dessus du coude, une tasse à la main. Il s'arrêtait à côté de moi et nous levions tous les deux les yeux.

Débauche d'activité au crépuscule. Huit, dix,

douze martinets décrivaient des cercles au-dessus de nous, silhouettes noires tournoyant inlassablement et ornant leurs trajectoires de piqués, bascules, roulés-boulés, plongeons, glissades, zigzags et brefs écarts, chaque fois que l'un d'eux quittait le droit chemin pour s'emparer de l'insecte qu'il apercevait. Les martinets faisaient semblant de partir dans une direction pour mieux filer dans une autre, cinq ou six oiseaux apparaissant soudain en formation, comme une escouade, leurs ailes raidies en forme de faucilles pour virer, puis se remettant à battre pour s'élever au ras du toit, leurs queues s'ouvrant pour former une double pointe, ce qui leur permettait de mieux contrôler leurs manœuvres, puis se refermant, afin de profiler leur corps qui se déplaçait à toute vitesse. Ils fendaient l'air comme des lames, se coupaient mutuellement la route, et le bruit de leurs doux cris s'enflait et s'estompait en rapides effets Doppler lorsqu'ils passaient au-dessus de nous – accélérant, obliquant, flirtant avec la verticale, se penchant pour virer sur l'aile comme s'ils nettoyaient l'intérieur d'une sphère. Quelquefois, un martinet volait à la hauteur d'un autre et leurs allures, leurs trajectoires, leurs écarts et leurs feintes se répondaient avec une irréprochable exactitude, à croire que chacun de leurs mouvements était concerté par un commun caprice. Les corneilles s'envolaient vers l'ouest au-dessus de la maison, partant au ravitaillement comme de lourds chiffons noirs qui dérivaient dans la pénombre, car leur vol semblait lent et laborieux à côté de celui des martinets véloces et minces, criant dans l'air du soir.

Ces prouesses aéronautiques enchantaient mon père. « On sent leur joie », m'assurait-il. Le retour des martinets était pour lui un cordial et un fortifiant, il y voyait le signe que le centre du monde tenait bon, que les orbites étaient régulières et fidèles. À l'instar d'une éclipse, l'arrivée des espèces migrantes révélait le mouvement planétaire. Une fois de plus, la Terre avait tourné autour du Soleil. Les circuits étaient correctement alignés. Les saisons respectaient l'ordre de leur succession. On pouvait compter sur le temps.

La journée s'achevait. Nous regardions les martinets poursuivre leurs vols vespéraux précipités. Cette famille d'oiseaux a évolué au point d'être désormais propre à une existence presque exclusivement aérienne et les martinets épineux d'Afrique et d'Asie sont les plus rapides de tous les oiseaux, en vol droit, capables d'atteindre les cent soixante-dix kilomètres à l'heure. Les martinets possèdent de fortes serres pour s'agripper, mais ils ne sont faits ni pour se percher, ni pour marcher. Ils ont de toutes petites pattes qu'on a du mal à distinguer. Leur nom latin, *Apus*, vient en réalité du grec qui signifie « sans pieds ». Les martinets passent pour ainsi dire le plus clair de leur vie en vol. À moins d'être forcés de se poser par un accident ou une tempête, ils ne cessent de voler que pour faire leur nid. Pour cela, ils cueillent leurs matériaux dans les airs – feuilles et brindilles flottant au vent – et pour boire, ils se laissent descendre en planant jusqu'à une étendue d'eau et avalent une gorgée au moment où leur bec touche la surface, puis en remontant ils se secouent pour faire tomber l'eau de leurs plumes.

Ils se laissent doucher par la pluie. Ils s'accouplent en volant et dorment même en vol, et la nuit les plumes couvrant l'extrémité de leurs pattes leur tiennent chaud. Un aviateur français de la Première Guerre mondiale décrivit sa mission de reconnaissance sur le front des Vosges : il était monté à plus de quatre mille quatre cents mètres d'altitude, au-dessus des lignes françaises, puis il avait coupé les gaz pour redescendre en planant au-dessus du territoire ennemi. « Quand nous sommes arrivés aux environs de trois mille mètres, écrivit-il, planant en étroites spirales avec un léger vent contre, et un plein clair de lune, nous nous sommes soudain trouvés au milieu d'un étrange vol d'oiseaux qui paraissaient immobiles, ou qui en tout cas n'ont laissé voir aucune réaction visible. Ils étaient largement éparpillés et quelques mètres seulement au-dessous de notre appareil, se détachant contre une mer blanche de nuages un peu plus bas. Au-dessus de nous, on ne voyait aucun oiseau. Bientôt nous étions au milieu de la volée. À deux reprises, des oiseaux ont été pris et le lendemain, j'en ai trouvé un dans la machine. Un martinet, adulte et mâle. »

Vers les neuf heures, les escouades glapissantes derrière la maison commençaient à prendre leur essor, s'élevant peu à peu pour disparaître juste avant l'obscurité complète, se dirigeant vers l'air raréfié des hautes altitudes, où le vol demandait moins d'énergie.

Il était justement cette heure-là. Nous ne parvenions pas à détacher nos regards des martinets. Mon père était hypnotisé par leurs vols, leurs trajectoires frétillantes, ponctuées de feintes et d'embardées. Il tenait sa tasse tout contre sa poitrine, sans la porter à ses lèvres, tandis que les martinets tournaient encore et toujours au-dessus de lui, sous l'impulsion de leurs ailes raidies et recourbées, d'une adresse et d'une énergie diaboliques, traînant leurs cris derrière eux comme de fines banderoles argentées. Ils commençaient leur ascension nocturne, tournoyant loin au-dessus des toits. Les corneilles avaient cessé de crailler. Je me remettais debout et m'adossais au mur de la maison, surpris – et charmé – de le trouver si tiède, restituant la chaleur de la journée qu'il avait gardée en lui. Je restais là, la pierre chaude contre mes épaules, pressant la paume de mes mains contre la maison. Je levais les yeux, mais les martinets avaient disparu. « C'est fini », disait mon père. Il faisait demi-tour, poussait la porte de derrière et rentrait chez lui.

*

La tempête est passée au-dessus du Mont-Riding et le dégel la talonnait de près. La neige a fondu très vite, s'écoulant dans les zones humides et les marécages. Des tas de neige et des congères s'attardaient dans les zones ombragées. Chaque jour, j'allais me promener avec les chiennes, espérant apercevoir des oies des neiges. Harley, la bête de race, obéissante, restait auprès de moi alors que Sitka, le blanc crème et l'anthracite entremêlés dans sa fourrure, s'en allait fouiller les sous-bois comme une folle, ou bien bondissait loin devant, escaladant les pentes pour aller prendre des poses au sommet, guidée par son seul instinct, étudiant le territoire. À environ un kilomètre et demi de la cabane, la piste débouchait de la forêt et l'on se trouvait devant une vue grisante de vastes étendues ondulantes couvertes de chaume et des herbes blondes de la prairie. Dans les fondrières, la glace se fissurait de partout : les bernaches du Canada, leurs jugulaires blanches brillant contre leurs cous noirs comme le jais, allaient rejoindre les colverts et les garrots à œil d'or sur l'eau courante. Un pygargue était perché sur la pointe d'un épicéa. Un grand héron bleu est venu atterrir devant moi, afin de se poster à l'angle d'une mare ; ses ailes faisaient entendre une sorte de froufrou qui évoquait le bruit d'un marcheur en sarong.

Des oiseaux arrivaient de partout. Chaque fois que je mettais le nez dehors, je cherchais des yeux les oies des neiges. Des oiseaux de passage se posaient sur la table installée pour eux devant la fenêtre de la cuisine de David, c'était chaque jour une nouvelle espèce : carouges à épaulettes, juncos ardoisés, gros-becs errants, roselins pourprés. Le Viking attendait avec impatience les oiseaux plus tardifs, surtout les orioles de Baltimore et les colibris à gorge rubis. Il pestait contre la bardane qui poussait dans les herbes sèches tout autour de la maison.

« Cette bardane ! rugissait-il. C'est le fléau de la planète ! Elle me pourrit la vie ! Ah, nom de Dieu ! Saleté de bardane ! »

Des aigrettes de poils arrachées aux akènes de massette ont dérivé autour de lui, dans le vent.

Il n'y avait toujours aucun signe des oies des neiges. Tous les matins, j'écrivais, assis à la table branlante de ma cabane, sous le regard du chat en robe de chintz, et l'après-midi j'allais me promener avec les deux chiennes le long des pistes qui traversaient la forêt d'épinettes ou parcourais de longs circuits autour du lac Timon, souvent en chantant ou en sifflant, car je me méfiais des ours noirs qui étaient sur le point de sortir de leur hibernation, à présent qu'il commençait à faire plus doux. « Faites du bruit, m'avait conseillé David. Les ours n'aiment pas qu'on les surprenne. »

Un après-midi, j'ai remonté la piste depuis ma cabane, en compagnie de Sitka et Harley. Nous avons débouché d'entre les arbres et les deux chiennes sont parties au galop devant moi, bondissant à travers les étendues d'agropyre. Les ombres des nuages vagabondaient à travers la campagne. Nous sommes partis, au milieu de l'agropyre qui m'arrivait au genou, en direction de la cabane d'un ancien colon, désormais réduite à l'état de trapézoïde ; les rondins étaient colmatés par la boue, la moitié des tuiles du toit manquaient, le plancher était pourri. Quand je suis entré, des lambeaux de papier mural sont tombés au sol, tandis que les chiennes avaient déjà entamé une chasse aux rats dans le cellier. Un vieux soulier en cuir était posé sur une des lames du parquet encore entières, durci et tordu comme un morceau de bois flotté. Des ressorts de matelas étaient éparpillés à travers la pièce. Le fourneau était intact : de la marque Peninsula Monarch, fabriqué par Clare Bro. & Co. Ltd. de Preston, Winnipeg et Vancouver ; un cadran indiquait la chaleur du four, qui allait de TIÈDE à TRÈS CHAUD. Une cuiller rouillée était posée sur la plaque. La cabane était en voie de désintégration, mais le fourneau – le foyer de la maison – était résolu, inébranlable, il paraissait résister au processus de décomposition.

En regagnant la maison de David, les chiennes ont attrapé un rat musqué qu'elles ont carrément déchiré en deux, après quoi elles ont trotté à mes côtés, tenant chacune sa moitié de la victime entre les dents. Harley avait la tête et le torse, les pattes de devant sortant des coins de son museau ; Sitka avait le bassin et l'arrière-train, et la queue du rongeur se balançait sous son menton. Nous avons trouvé le Viking occupé à nettoyer son pick-up, frottant le capot et le pare-brise à l'eau savonneuse avec une grosse éponge en forme de brique ; il portait une chemise en denim boutonnée jusqu'au cou et un pantalon de la même toile bleu pâle, maintenu par des bretelles, en plus de sa ceinture noire à boucle d'argent, en cas de défaillance de l'une ou des autres, ai-je supposé.

« Dites donc, vous ! a-t-il braillé en me voyant approcher. Vous avez regardé le ciel récemment ?
— Où ça ?
— Mais ici, voyons ! Nom de Dieu ! Regardez ! »
Il a pointé le doigt au ciel, mon regard l'a suivi. Des oies des neiges volaient au-dessus de nous, phase-bleue et phase-blanche, trois formations en V, bien distinctes, arrivant du sud.

« Pourquoi avez-vous mis si longtemps ? a hurlé le Viking, s'adressant aux oies et brandissant son éponge dans leur direction. Vous êtes en retard !

Nom de Dieu ! Il y a des gens qui vous attendent ! Nom d'un petit Jésus ! »

Les chiennes ont posé leurs moitiés de rat musqué et levé le nez.

*

Nous étions au milieu du mois d'avril. J'avais prévu d'observer les oies des neiges dans les plaines de Portage La Prairie, puis de prendre le train de Winnipeg à Churchill, au bord de la baie d'Hudson. Le Viking, qui devait rentrer chez lui à Winnipeg, où il avait un appartement, m'a offert de m'emmener jusque-là.

« Nous trouverons les oies en cours de route », m'a-t-il dit.

Harley et Sitka ont couru derrière le pick-up en aboyant. Nous avons quitté la forêt d'épinettes, redescendant des hauteurs du Mont-Riding jusqu'à la plaine. Le Viking avait fixé une paire de verres teintés relevables à ses lunettes à monture d'acier. Il les a fait monter et descendre, sans parvenir à se décider. Il conduisait lentement, mais en pressant le dos contre le dossier de son siège, les bras tendus, comme s'il devait résister à une force de gravité considérable. Je gardais l'œil sur les champs et le ciel, cherchant les oies.

Avant la guerre, le Viking avait été boulanger pendant un an. À dix-neuf ans, il s'était engagé dans l'armée et il avait débarqué en Normandie le 7 juin 1944, en qualité de signaleur en première ligne, avec une radio sur le dos. Après la guerre, il avait espéré devenir joaillier.

« Pourquoi joaillier ?

— Parce que j'ai toujours aimé tripoter les petits objets et me servir de petits outils.

— Et qu'est-ce qui s'est passé ?

— À cette époque, le gouvernement proposait des tas de possibilités de formation. Alors j'ai dit que je voulais être joaillier, mais on m'a répondu que c'était un créneau réservé aux anciens combattants invalides. Fin de ma carrière de joaillier. C'est là que je suis entré dans la compagnie des transports de Toronto. J'ai conduit des trolleybus, puis des tramways. J'ai rencontré ma femme. On s'est mariés. C'était une sacrée délurée. On avait grandi dans le Manitoba, tous les deux, alors on a décidé de retourner à Winnipeg. Je suis divorcé. Quand elle a quitté la maison avec toutes ses valises, mon appareil photo était prêt. Je voulais avoir sa photo, en train de franchir le seuil de la porte de service pour la dernière fois. Elle m'a vu, qui l'attendais, prêt à appuyer sur le bouton. Elle a pris une lavette et me l'a balancée en pleine figure. Nom de Dieu ! »

Nous roulions vers le sud, à travers la plaine, le Viking carré contre son dossier comme un astronaute. Le paysage était découpé en parcelles d'un kilomètre et demi de côté, où l'on voyait du chaume de blé, d'orge, de maïs, de lin et de colza. Des chemins et des poteaux télégraphiques, se croisant à angle droit, bordaient ces parcelles. Il y avait des rangées coupe-vent de frênes rouges et des bâtiments agricoles tout juste visibles au fond de leurs abris. Nous sommes passés devant un cimetière.

« Tous les gens qui s'y trouvent sont morts, a dit le Viking. Tous jusqu'au dernier. »

Quelquefois, nous quittions la grand-route pour aller nous arrêter au bord de lacs. Partout, la glace avait disparu. J'ai passé mes jumelles au Viking ; il a relevé ses verres teintés et appuyé ses double-foyer contre les oculaires. Nous avons vu des bernaches du Canada, des colverts et des petits fuligules, ainsi que huit pélicans d'Amérique, accompagnés de cormorans à aigrettes et de mouettes de Franklin, des petites mouettes d'eau douce à tête noire. Peut-être tous ces oiseaux arrivaient-ils du golfe du Mexique.

Des oies des neiges volaient loin au-dessus de nous, en longs rubans ondulants et formations échelonnées. Des volées de pluviers kildir – une espèce au ventre blanc avec deux bandes noires à la hauteur de la poitrine – décollaient des champs de chaume. J'ai vu une formation en V de longs oiseaux efflanqués, avec de lourdes ailes qui battaient lentement, les cous allongés tout droits, les pattes traînant souplement derrière le corps, et je me suis demandé si ces grues du Canada étaient venues du Texas – si elles avaient même, peut-être, hiverné dans les prairies autour d'Eagle Lake, avançant de leur démarche délicate de ballerine le long de la mare de Jack. J'ai repéré aussi une volée de gros oiseaux blancs dans un champ de chaume de colza et j'ai demandé au Viking de se ranger sur le bas-côté, pensant qu'il s'agissait peut-être d'oies des neiges. Mais c'étaient en réalité des cygnes siffleurs, beaucoup plus grands que les oies des neiges, avec des pattes et des becs noirs et un plumage entièrement blanc, à la différence des oies aux ailes bordées de noir. Ces cygnes hivernent par petits groupes sur les côtes des États-Unis et partent ensuite vers des aires de reproduction qui s'étendent entre l'Alaska et l'île de Baffin à l'est, tout le long du Grand Nord canadien. Tout comme les oies des neiges, ils faisaient une escale dans le Manitoba, pour y glaner du grain et reconstituer leurs provisions de graisse, en attendant le dégel.

Nous avons poursuivi notre route, un peu au hasard, à la recherche de volées d'oies. Des structures monumentales se sont profilées à l'horizon, vers l'ouest : couleur de sable, comme des pyramides inachevées.

« Je sais ce que c'est ! » m'a annoncé le Viking.

Des bottes de paille de lin, empilées en énormes meules. Elles seraient envoyées en Pennsylvanie pour y être traitées et transformées en papier à cigarette et en rames de papier de qualité supérieure.

« J'ai vu une de ces saletés brûler un jour, a-t-il continué. Un été. Frappée par la foudre. Nom d'un chien, elle flambait comme un feu de joie ! On la voyait à des kilomètres à la ronde, à l'horizon. Une colonne de fumée noire à laquelle vous ne croiriez même pas, si je vous disais. Nom d'un petit Jésus !

— Quand avez-vous appris à connaître tous ces oiseaux ? ai-je demandé.

— Figurez-vous que je n'arrêtais pas de chasser quand j'étais gamin. J'avais une carabine. Un jour, je suis parti tout seul et j'ai abattu cinquante-deux colverts, comme un paquet de cartes.

— Comment avez-vous fait pour les rapporter chez vous ?

— Oh, il y avait des bottes de paille un peu partout. J'ai piqué un peu de la ficelle qu'on avait mise autour et j'ai attaché tous les canards ensemble. Puis, j'ai attaché l'autre extrémité au siège de mon vélo. Et je suis rentré en traînant cinquante-deux colverts derrière moi et, nom d'une pipe, je peux vous dire qu'ils pesaient plus lourd que des tapis. »

Après son divorce, cinq années avaient passé avant que le Viking ne consentît à adresser la parole à sa femme. Et il l'avait vue une fois au cours de cette période. Il était de service, conduisant son véhicule le long de Portage Avenue, il attendait à un feu rouge. Il avait vu sa femme dans une voiture, de l'autre côté de l'intersection.

« Vous voulez que je vous dise ce que ça m'a fait ? m'a-t-il demandé.

— Oui, quoi donc ?

— Je n'arrivais plus à respirer. »

Cela faisait près de trois heures que nous errions à travers les plaines, quand nous avons trouvé des oies des neiges, au sol. Le Viking s'est rangé sur le côté et nous sommes sortis du pick-up. Dix mille oiseaux, peut-être, étaient occupés à glaner parmi le chaume de blé. Certains étaient sur le qui-vive, la tête levée comme un périscope ; d'autres fouillaient du bec le sol noir, en quête de grains restés sur place. Quelques cygnes siffleurs déambulaient au milieu des oies, tels des samouraïs : plus nobles, la silhouette plus éclatante et plus imposante, d'un blanc plus pur. Les appels des oies se fondaient en un bourdonnement obsédant, agrémenté de jappements individuels, avec en contre-chant les glapissements des pluviers kildir. Une volée de ceux-ci a pris son essor, puis s'est reposée sur le chaume, entre les oies des neiges et le sentier où je me tenais, avec le Viking.

« Salut, les oiseaux », a-t-il dit.

Le Viking a commencé à se peigner. Il avait toujours deux peignes en plastique dans sa poche revolver : un noir et un rose plus petit, avec des dents très serrées, comme un peigne anti-poux. La façon dont il passait ces peignes dans ses cheveux couleur d'argent terni, tantôt tout doucement par petits coups, tantôt d'un geste brusque, me rappelait son ambition d'être joaillier, son goût pour les « petits outils ». Il se servait du peigne noir pour la mise en ordre et en forme générale, puis il passait au rose pour le travail de précision et de décoration. Ses mains étaient lourdes, rudes, tannées, mais il utilisait ses peignes avec toute la rapidité et l'habileté d'un prestidigitateur.

Des petits groupes d'oies des neiges s'envolaient hors de la masse et quittaient le champ ; d'autres groupes arrivaient pour prendre leurs places au milieu de leurs congénères. Elles descendaient en planant, les ailes ployées, laissant pendre leurs pattes comme un train d'atterrissage, le corps penché en arrière, les ailes battant à l'envers, et puis au tout dernier moment le poids de chacune semblait basculer vers l'avant d'un bout à l'autre de son corps, les pattes touchaient le sol, l'oie repliait ses ailes et se mettait à manger. Des goélands argentés volaient dans le vent, couinant comme des hautbois.

Le Viking a remis ses peignes dans sa poche. Avec son jean, ses bretelles, sa ceinture noire et sa chemise assortie, boutonnée jusqu'au cou, cet homme était l'objet de la convoitise des veuves.

« Dans l'immeuble où j'habite, il y en a pas moins de huit, a-t-il précisé. Je peux vous dire qu'il faut se défendre pied à pied. Elles assiègent ma porte. Nom d'un petit Jésus, ces veuves, elles refusent de s'avouer vaincues. Elles vous terrorisent un bonhomme, ni plus ni moins. Même chez soi, on n'est jamais en sécurité. Si vous baissez votre garde une seule seconde, elles vous bondissent sur le poil, ces veuves ! Vous n'avez pas le temps de dire ouf que vous voilà affublé d'une veuve. Nom de Dieu ! »

Il faisait un superbe après-midi : le printemps assuré.

« Regardez-moi ça, a dit le Viking. Le ciel à perte de vue. Mon frère adorait ces nuages blancs tout duveteux qui flottent dans l'air. Regardez-moi ça ! »

La masse d'oiseaux n'était jamais immobile. Les oies se déplaçaient à pied à travers le chaume, phase-bleue et phase-blanche entremêlées, jasant sans discontinuer, occupées à se nourrir et à guetter les prédateurs. C'était là le grand avantage de cette vie grégaire : plus le nombre d'oiseaux assemblés était grand, moins chacun avait besoin de passer de temps à guetter le danger, et partant, plus il avait de temps pour manger à sa faim. Je me suis demandé si j'avais déjà vu quelques-unes de ces oies : dans les prairies tout près d'Eagle Lake, au coucher du soleil, ou bien dans le ciel au-dessus de la maison en travaux de Matthew, dans les collines, ou encore volant selon un trajet parallèle à celui du Greyhound, au sud de Minneapolis, s'élevant de la surface gelée du Sand Lake, quelque part au milieu de ce grouillement de bêtes.

« Alors, c'est quoi votre programme, maintenant ? a demandé le Viking.

— Je vais acheter des vêtements chauds à Winnipeg, ai-je expliqué. Puis je prendrai le train pour Churchill.

— Et ensuite ?

— Ça dépend. Quand les oies commenceront à quitter Churchill, j'espère pouvoir prendre un avion jusqu'à l'île de Baffin. On dit que c'est là que se trouvent les plus vastes aires de nidification.

— Et ensuite ?

— Ensuite, je rentrerai chez moi. »

Nous nous sommes détournés du troupeau d'oies pour regagner le pick-up.

« Je vais vous dire une chose, a repris le Viking. Quand vous serez à Winnipeg, faites gaffe aux veuves. On n'est jamais trop jeune pour elles.

— D'accord. »

J'ai claqué la portière. Le bruit a surpris les oies. Leurs cris se sont faits plus aigus et plus sonores, prenant des résonances métalliques. La masse s'est soulevée du champ à l'unisson, dix mille paires d'ailes battant l'air, comme si des gens battaient des tapis : un méli-mélo de phase-blanche et phase-bleue, avec des cygnes siffleurs, coincés au milieu. Nous avons regardé la volée prendre de la hauteur, lançant des éclairs quand le soleil frappait les dos et les ailes des oiseaux blancs, puis se disperser en longs rubans effilochés ou en V, s'éloignant à tire-d'aile vers le nord-ouest.

« Bon Dieu ! a dit le Viking. Ces oiseaux ! »

Quand nous sommes arrivés à Winnipeg, il faisait nuit. Le Viking m'a déposé devant l'hôtel à la chambre rose. Je l'ai remercié, nous nous sommes serré la main. Il m'a mis en garde encore une fois contre les veuves, m'a souhaité bonne chance et il est reparti au volant de sa voiture.

6
Le Muskeg Express

La femme au nez chaussé de grosses lunettes en plastique bleu, vêtue d'une veste en polaire bleu marine, d'un jean et de chaussures de course à pied toutes neuves, s'est penchée en avant pour poser un gobelet en carton plein de café sur le sol en marbre luisant, puis elle s'est redressée sur son siège, ébouriffant ses longues boucles châtain clair de ses deux mains. Elle avait une quarantaine d'années, un semis de taches de rousseur assez pâles et des épaules tombantes qui donnaient l'impression que son sac ne pourrait jamais s'y accrocher. Une valise en cuir brun attendait à ses pieds, comme un chien. À sa gauche, un petit bonhomme presque sphérique, la soixantaine bien tassée, vêtu d'un anorak vert olive, d'un pantalon anthracite au pli aiguisé et de chaussures noires en cuir verni, était perché tout au bord d'un siège en lattes de bois, les mains posées l'une sur l'autre sur le pommeau d'une canne – une canne orthopédique, fournie par un hôpital, avec à la base un sabot en caoutchouc éraflé et le long de ses tubes de métal des trous qui faisaient penser à ceux sur lesquels on appuie ses doigts dans une flûte à bec. Il avait des lèvres épaisses et charnues et les yeux vifs et exorbités d'un petit bébé. Sa chevelure était couleur d'argent terni, comme celle du Viking, mais plus longue et plus raide, lissée en arrière à la façon des plumes d'un oiseau, enduites de cire ou d'huile. Ses cheveux brillaient autant que ses chaussures (on aurait dit qu'il portait des lumières à la tête et aux pieds) et il dégageait une assurance de propriétaire, comme si le bâtiment entier lui appartenait.

La femme a consulté sa montre. Il était presque dix heures du soir, le 20 avril, et nous étions assis dans la salle d'attente de la gare de Winnipeg, Union Station.

On a annoncé notre train : l'Hudson Bay. L'homme sphérique s'est levé le premier, il a attrapé son sac en similicuir, qui avait vu du pays, de la main gauche, a brandi sa canne orthopédique de l'autre, et s'est dirigé d'un pas vif vers le contrôleur de billets en uniforme, à l'entrée du quai, en se dandinant comme une oie. Une fois sur le quai, il a passé le bras dans les poignées de son sac, accroché sa canne dans le creux de son coude et, levant les bras pour empoigner les deux côtés du chambranle, il s'est hissé à bord du wagon avec un joyeux « Oup là ». J'ai suivi la dame aux cheveux châtains et aux épaules si inexistantes qu'on aurait dit que ses bras étaient reliés directement à son cou, sous la veste en polaire.

Nous avons trouvé chacun notre minuscule compartiment dans le wagon-lit, sans échanger un mot. Les compartiments supérieur et inférieur, deux mètres dix de long sur un mètre de large, s'encastraient les uns dans les autres des deux côtés du wagon – des sortes de placards à vivre, toutes les surfaces tapissées ou peintes en gris-vert, les meubles et le matériel étroitement imbriqués comme à bord d'un sous-marin : siège capitonné, toilettes miniatures, portemanteau, liseuse, ventilateur ronronnant enchâssé derrière sa grille, lit dépliable grâce à un levier qui indiquait RELEASE/DÉCLENCHEUR. Dans chaque compartiment, une pile de serviettes blanches, un tube de gobelets en carton et un lavabo se rabattant contre la paroi – une simple cuvette en inox dont les anneaux concentriques scintillaient au fond de la cavité impeccablement propre ; il n'y avait pas de bonde mais une fente étroite juste au-dessous du bord, du côté du mur, par laquelle l'eau s'échappait très logiquement, chaque fois que l'on rabattait le lavabo.

Le train a donné une secousse vers l'avant, il s'est ravisé, puis il a fini par quitter Union Station en glissant doucement le long des rails. J'ai actionné le levier RELEASE/DÉCLENCHEUR et fait glisser l'étroite couchette comme un tiroir de la morgue en travers des toilettes et du siège capitonné. Un déclic m'a annoncé qu'il était solidement coincé à sa place. La femme aux cheveux châtains et l'homme sphérique avaient pris possession de leurs compartiments gris-vert, de l'autre côté de l'allée recouverte d'une moquette, et nous étions tous les trois douillettement installés dans nos petits cagibis, comme des bulots dans leur coquille. J'ai éteint la lumière, remonté le store avant de m'allonger, tandis que l'Hudson Bay brinquebalait au-dessus du confluent de la Red River et de l'Assiniboine River, puis traversait le quartier de St Boniface, où une croix de lumières rouges brillait comme un fanal sur le toit d'un haut édifice ; le train se balançait doucement d'un côté à l'autre, les attelages cliquetaient et gémissaient chaque fois que les wagons franchissaient des aiguillages, avant de reprendre leur roulement normal. J'entendais ces cliquetis à travers le grondement des roues et le mélange de sons de haute fréquence venant de l'intérieur de mon compartiment : le tintement du lavabo contre son loquet, la grille de la veilleuse qui tremblait, les anneaux du rideau qui s'entrechoquaient, la porte coulissante s'agitant sur ses roulettes. Quand nous avons laissé les lumières de la ville derrière nous, la fenêtre s'est transformée en panneau étoilé, et lorsque le train a obliqué vers l'est, est apparu un croissant de lune dont la courbe correspondait exactement à celle du lavabo d'inox, rabattu contre le mur, qui formait un cercle visible dans la pénombre. Ces bruits environnants et rythmés étaient réconfortants, de même que le doux roulis du wagon et l'agréable sensation d'être en route vers un but déterminé – d'avancer, un kilomètre après l'autre, vers les aires de reproduction des oies des neiges, tandis que les petites villes défilaient à travers la nuit comme des noms propres qu'on vous murmure à l'oreille : Plumas, Glenella, McCreary et Laurier ; Dauphin, Roblin, Togo et Kamsack ; Veregin, Mikado, Sturgis, Endeavour, Reserve.

Cette ligne était celle du blé. L'idée d'un chemin

de fer reliant Winnipeg à la baie d'Hudson avait été prônée dès 1812. On avait fait valoir qu'une telle voie ferrée fournirait aux producteurs de blé de l'ouest du Canada une route directe vers les marchés européens, beaucoup moins coûteuse et plus simple que le trajet en vigueur à l'époque, où il fallait, en effet, emporter le blé par le train jusqu'à la ville de Thunder Bay, puis l'acheminer le long des Grands Lacs et du Saint-Laurent jusqu'à l'océan Atlantique, par le détroit de Cabot. Même si les eaux de la baie d'Hudson ne dégelaient que trois mois par an, le port de Churchill était à la même distance de Liverpool que Montréal, et il y avait mille six cents kilomètres en moins à parcourir pour y faire parvenir le blé de l'Alberta et du Saskatchewan. Churchill était en outre beaucoup plus près des ports de la Russie septentrionale que n'importe quel autre port de la côte est de l'Amérique du Nord. Lorsque la construction de la ligne ferroviaire de la baie d'Hudson fut annoncée en 1886, le *Manitoba Free Press* fêta « l'aube d'un jour de gloire. Avec ce débouché océanique qui mettra les étendues de prairies et les champs de céréales de notre vaste pays aussi près des marchés britanniques que les fermiers de l'est du Canada et les ports des États-Unis, l'énorme obstacle de la distance sera balayé d'un coup et les greniers abondants de nos régions se trouveront au seuil du marché britannique ».

« L'énorme obstacle de la distance », cependant, ne fut pas balayé aussi aisément que prévu. Le chemin de fer de la baie d'Hudson ne fut achevé qu'en 1929. Pourtant, les travaux commencèrent avec zèle, les matériaux nécessaires au ballast partirent sur des pistes en planches par un premier convoi, tandis que les rails, les traverses, les palans, les tire-fonds, les éclisses suivaient à bord d'un second convoi. Des centaines de terrassiers autrichiens, italiens, finlandais, polonais, russes et galiciens vinrent se faire embaucher ; certains marchèrent pendant vingt-deux jours, couvrant plus de sept cent cinquante kilomètres le long de la voie ferrée qui reliait Winnipeg à Le Pas, dormant sur les traverses. Les uns trouvèrent des emplois de cheminot, élevant les rampes, utilisant des graviers, des rochers et de la végétation épaisse pour mettre la voie à niveau ; d'autres posaient le ballast sur la voie pour soutenir les traverses auxquelles les rails étaient fixés ; d'autres encore construisaient des ponts, fixant des travées d'acier à des structures en béton capables de porter les rails pour la traversée de plusieurs cours d'eau, Saskatchewan River, Limestone River, Weir River et Owl River, et même pour franchir deux fois la Nelson River, à Kettle Rapids et à Manitou Rapids. Ces hommes travaillaient seize heures par jour, en bleus de travail en toile, chemise de laine, lourdes bottes et casquette de tweed ou feutre mou de mauvaise qualité. Ils continuaient leur labeur l'hiver, par moins quarante, comme l'été, harcelés par les moustiques et les simulies ; l'alcool était interdit et les femmes n'avaient pas le droit d'aller au-delà du kilomètre 663, sauf les infirmières que l'on faisait venir en cas de nécessité. Les seuls luxes des ouvriers étaient le tabac à priser Copenhagen, qu'on appelait le *snoose*, et les livres, revues et disques que leur fournissait la Reading Camp Association, l'association de lecture, laquelle organisait aussi des cours de lecture, écriture, calcul, algèbre et histoire du Canada.

Au-delà de Le Pas, les terrassiers durent faire face au *muskeg* (un mot algonquin qui signifie « tourbière ») ; et aussi au permafrost, comme on appelle le sol gelé en permanence se trouvant sous le *muskeg*. Il était essentiel de conserver une couche de *muskeg* entre la voie ferrée et le permafrost, parce qu'au moindre contact avec les graviers de la rampe la glace aurait fondu, provoquant un creux ou *gulch* à la surface de la voie et un affaissement. Les ingénieurs firent enterrer à plusieurs mètres de profondeur des conduites appelées thermosiphons, afin de détourner toute chaleur du permafrost qui soutenait la voie, et les terrassiers érigèrent de disgracieux trépieds pour faire passer les fils télégraphiques le long de la ligne, de simples poteaux plantés dans le *muskeg* pouvant parfois être éjectés par les mouvements du permafrost.

Par endroits, celui-ci atteignait une profondeur de soixante mètres avant d'arriver enfin au soubassement de roche. Une nuit, sous la pluie, un convoi de construction comportant huit wagons tombereaux qui travaillait à l'extrémité nord de la rampe sortit des rails et s'enfonça dans le *muskeg*. L'équipage, s'étant sorti indemne de l'accident, vit le train couché sur le flanc, à demi enfoncé dans la fondrière, et se rendit à pied jusqu'au camp le plus proche expédier un télégramme réclamant l'envoi immédiat d'un convoi de réparation. Les ouvriers attendirent le convoi pour l'accompagner jusqu'au lieu de l'accident, mais, à la grande stupeur des hommes, la locomotive et les wagons avaient disparu. Le convoi déraillé s'était enfoncé jusqu'à la couche de permafrost et il s'était révélé un si excellent conducteur de chaleur qu'il avait fait fondre la glace et achevé de s'enfoncer sur place, au point d'être entièrement englouti. C'était un pays capable d'avaler les trains.

La voie atteignit finalement Churchill le 29 mars 1929. Le dernier tire-fond, enveloppé dans du papier d'étain arraché à un paquet de tabac, fut enfoncé à coups de marteau, afin de marquer l'achèvement du projet : un tire-fond en fer portant sa robe de cérémonie. Le premier chargement de céréales suivit la ligne un peu plus tard cette année-là. Une tonne de blé de la prairie, cultivé dans le sud du Manitoba et conditionné dans un millier de sacs en toile d'un kilo, en prévision de sa distribution en Angleterre, fut chargée sur le navire *SS Ungava*, par la firme James Richardson & Sons Ltd., pour le compte de la Hudson's Bay Company. En 1932, dix navires traversèrent l'Atlantique pour aller prendre des cargaisons de blé à Churchill. Le dixième, le *Bright Fan*, ayant à bord vingt-trois mille boisseaux de blé, heurta un iceberg dans le détroit d'Hudson et coula. Ce désastre était un avant-goût du déclin. Depuis leur apogée, en 1977, les exportations de blé à partir de Churchill se sont effondrées. La ligne ferroviaire qu'on appelle Hudson Bay Railway perd de l'argent et reçoit de lourdes subventions. Beaucoup de gens réclament la fermeture du port.

À partir de Winnipeg, la voie filait vers l'ouest jusqu'à Portage La Prairie, puis elle bifurquait vers le nord, en direction de Le Pas, avec à l'est le lac Manitoba et le lac Winnipegosis, et à l'ouest, de l'autre côté de la fenêtre de mon petit compartiment, les denses forêts d'épicéas du Mont-Riding, de Duck Mountain et des Porcupine Hills. Allongé dans l'obscurité, je m'imaginais les oies des neiges passant au-dessus de moi en route vers Churchill, en même temps que des tonnes de blé de la prairie.

Le Hudson Bay Railway n'existerait pas sans le blé. Il s'aventure dans l'arrière-pays du nord du Canada, une région que les premiers cartographes avaient baptisée « les terres nues ». Même sur une carte moderne, le chemin de fer ressemble à une simple interrogation, à un filament ou un brin de vagues hypothèses, à la dérive dans ces vastes étendues. À trente-six heures de voyage, à plus de mille cinq cents kilomètres vers le nord-est, un immense silo à grains attendait à l'embouchure de la Churchill River, capable de loger cinq millions de boisseaux de blé et de faire parvenir soixante mille boisseaux à l'heure aux navires mouillant dans les zones d'eau profonde. Mais avant d'y arriver, mon train, le Hudson Bay, devait se frayer un chemin à travers les forêts boréales et la toundra, avançant avec toute la prudence voulue, afin de ne pas succomber aux « creux », là où la voie s'était affaissée en raison de la fonte des glaces situées au-dessous.

*

Je me suis éveillé au milieu de forêts d'épicéas et de trembles, un colvert mâle à l'éclatante tête verte volait à côté du train, juste devant ma fenêtre, faisant la course vers le nord. Je me suis habillé pour me rendre au wagon-restaurant. Le petit homme presque sphérique, à la chevelure gominée, avait déjà pris son petit déjeuner et tourné son siège en direction de la fenêtre située de l'autre côté de l'allée. Vêtu d'un pantalon anthracite impeccable, de chaussures noires vernies et d'une chemise blanche à manches courtes sur un tee-shirt blanc, en guise de tricot de corps, il contemplait les innombrables épicéas devant lesquels nous passions ; le vert profond des conifères était interrompu de loin en loin par les troncs blancs et graciles des trembles. Les mains de l'homme reposaient sur le pommeau de sa canne et il était légèrement penché en avant, s'y appuyant de tout son poids, de même qu'un vieux magicien, disons un Merlin ou un Gandalf, se fierait à un bâton magique.

« Alors ? m'a-t-il lancé. Il vous plaît, le Muskeg Express ? »

Une voix profonde, enrouée, rauque, la voix d'une grenouille taureau, dite aussi ouaouaron ; en franchissant ses lèvres les « s » du Muskeg Express prenaient un son mouillé, à mi-chemin entre le sifflement et le zézaiement.

« Ce n'est pas vraiment un express.
— C'est votre première fois, non ?
— Oui. Et vous ?
— La dix-neuvième.

— La dix-neuvième ?
— Ouais. Et pourtant, je n'habite pas Churchill.
— Vous allez rendre visite à quelqu'un ?
— Non. C'est juste pour faire le voyage. Histoire de prendre le train. »

Sa physionomie était mobile, espiègle. Il ne me regardait pas ; ses yeux restaient fixés sur les arbres ; il les a levés quand la femme aux boucles châtain clair a pénétré dans le wagon-restaurant, le nez chaussé des grosses lunettes bleues, vêtue d'un jean, de ses chaussures de course immaculées et d'un tee-shirt blanc orné d'un motif gris abstrait sur le devant, qui pendait mollement de ses épaules tombantes.

« Bonjour ! a-t-il dit.
— Bonjour, a-t-elle répondu.
— Bonjour, ai-je dit.
— Bonjour », a-t-elle répondu en s'asseyant en face de moi, car c'était la seule place où le couvert avait été mis. Derrière les montures en plastique bleu, toute une palette de bruns : la cascade mousseuse de cheveux châtains, les yeux noisette, les sourcils châtain clair, le semis de taches de rousseur. Nous avons pris le petit déjeuner ensemble, pendant que l'homme à la canne métallique et à la voix de ouaouaron contemplait les arbres par la fenêtre. La femme s'appelait Brenda. Elle habitait Winnipeg et elle allait voir sa mère à Churchill. Elle travaillait dans une banque ; son mari vendait du matériel de jardinerie.

« Ah, Mark est fait pour vendre, m'a-t-elle confié. D'abord, il a un bagout incroyable. Il serait capable de vous vendre la chemise que vous avez sur le dos.

Il vous vendrait une tondeuse même si vous n'aviez pas l'ombre d'une pelouse.

— Combien de temps allez-vous passer à Churchill ? ai-je demandé.

— Pas plus de deux jours. Au bout de quarante-huit heures, mes chiens me manquent trop.

— Ah bon ? Des chiens de quelle race ?

— Des dobies.

— Des dobies ?

— Doberman pinscher. Je les élève. J'en ai quatorze. »

Je me suis soudain rendu compte que le motif abstrait sur son tee-shirt représentait la tête et le cou de trois dobermans. Brenda a sorti de la poche de son jean un portefeuille en cuir, bourré non pas de billets de banque, mais de photographies de dobermans luisants, sur des podiums, avec Brenda à côté d'eux, brandissant des trophées en argent, le flash de l'appareil se reflétant dans les verres de ses lunettes et le métal du trophée.

« Voilà une de mes fifilles, a-t-elle dit. Et là, c'est l'aîné de mes garçons.

— Ils sont très beaux.

— Ah, j'adore mes chiens. »

La métrique brinquebalante des wagons sur les rails. Quelquefois, la forêt s'entrouvrait pour laisser voir des lacs gelés, des étendues blanches et craquantes, bordées d'épicéas vert foncé ; le train suivait les courbes des lacs avec une souplesse sensuelle. Des deux côtés de la voie, je voyais des signes de dégel : les premières mares et ruisselets de l'année, dans le *muskeg*, et puis des bernaches du Canada, des goélands argentés, des colverts et des petits fuligules, posés sur les plans d'eau courante ; ils étaient les premiers oiseaux arrivés du sud, l'avant-garde de la saison. Des hameaux se cramponnaient aux rives des lacs – des petits groupes de baraques mal fichues, de cabanes préfabriquées, avec des antennes paraboliques, des motoneiges, des pick-up Dodge Ram ou Chevrolet S-10, et des bateaux renversés tout près de la glace, la quille dénudée comme un arrière-train dans le froid glacial. À plusieurs reprises le Hudson Bay a traversé des régions de forêts ravagées par des incendies, un des constants dangers de l'été, quand la couche d'aiguilles sèches et de mousse duveteuse sur le sol fournit un allume-feu de première qualité, si la foudre lui en donne la moindre occasion. Ces brasiers laissaient les épicéas avec de courtes flèches en guise de branches et des aiguilles vertes tout en haut, ou bien les réduisaient à l'état de billes de bois : des poteaux calcinés se dressant dans les cendres.

« Vous êtes en vacances ? m'a demandé Brenda.

— Pas tout à fait, non, je suis venu observer des oiseaux.

— Ah, oui, a-t-elle opiné.

— Des oies des neiges. Elles remontent jusqu'à la baie d'Hudson depuis Winnipeg, au cours de leur migration. Certaines d'entre elles font leur nid tout près de Churchill.

— Oui, oui, je crois en avoir vu.

— Des oies des neiges ? est intervenu l'homme à la canne.

— Oui, ai-je confirmé. Je les suis depuis le Texas.

— Vous aimez les trains ?

— Oui. »

Brenda a repoussé son siège et s'est levée en s'essuyant les mains sur sa serviette en papier.

« Bon, je vais retourner dans mon compartiment prendre un peu de repos.

— Ne soyez pas en retard pour le déjeuner ! a conseillé l'homme.

— Autrement, il ne restera plus rien à manger, c'est ça ? » a répondu Brenda en souriant, avant de disparaître par la porte menant au wagon-lit.

De l'autre côté de l'allée, l'homme était toujours penché en avant, vigilant, les mains sur le pommeau de sa canne, face à la fenêtre. Des épicéas défilaient, avec de temps à autre un canard, un goéland, une bernache ou les taches blanches saisissantes des lacs gelés.

« Jusqu'à quand comptez-vous rester à Churchill ? ai-je demandé.

— Jusqu'à demain, pas plus. Visite éclair. » Ses yeux étaient toujours tournés vers la fenêtre.

« Vous habitez Winnipeg ?

— Non, j'habite Thunder Bay. Vous y êtes déjà allé ?

— Non.

— C'est au bord du lac Supérieur, un des Grands Lacs. Vous les connaissez ?

— Non.

— Huron, Ontario, Michigan, Érié, Supérieur. Leurs premières lettres forment le mot HOMES. C'est un moyen mnémotechnique pour se les rappeler.

— Vous allez voir quelqu'un à Churchill ? ai-je demandé.

— Non, non.
— Vous prenez des vacances ?
— En quelque sorte. J'aime bien les trains. »

L'homme s'appelait Marshall. En fait, il avait une passion pour les trains. Après le petit déjeuner, dans le wagon-restaurant, alors que les forêts boréales d'épicéas et les lacs gelés du centre du Manitoba emplissaient les fenêtres de part et d'autre, il m'a raconté des histoires sur les chemins de fer, de sa voix grave et enrouée. J'ai eu l'impression qu'il n'avait attendu qu'un auditoire. Ses souvenirs se sont emballés ; il frappait l'embout en caoutchouc de sa canne contre le sol devant ses souliers vernis pour ponctuer ses propos, ses sourcils bondissant comme des écureuils, ses yeux tournés vers la fenêtre tandis qu'il parlait, le wagon tout entier s'éclairant comme pour une photographie chaque fois que le train passait devant un lac et que la lumière du soleil se reflétait sur sa surface blanche. Marshall adorait les chemins de fer depuis 1947, l'année de ses quinze ans, où il s'était sauvé de chez lui à Montréal en grimpant à bord du premier train en partance.

« Je ne sais pas si c'était de l'entêtement, de l'orgueil, un besoin d'aventure, de l'indépendance ou je ne sais quoi encore, mais c'est le dernier billet que j'ai acheté pendant longtemps, très, très longtemps. Après, je suis monté à la sauvette dans mon premier tortillard, c'est comme ça qu'on appelait les trains de marchandises, au réservoir d'eau de Richmond, près de Toronto, et je suis allé en wagon fermé jusqu'à Washago, avec un vieux clodo du nom de Jerry. On a passé la nuit dans la gare désaffectée, et quand on s'est réveillés au point du jour, le soleil donnait à l'oblique dans le bureau de vente, qui était bourré de poussière et de toiles d'araignées ; alors je me suis levé pour baisser le store et quand je l'ai déroulé, vingt et un dollars sont tombés par terre, en billets d'un dollar. Une fortune ! Et puis ensuite, avec Jerry, je suis monté dans un autre tortillard jusqu'à Parry Sound, où on est allés tout droit dans un troquet tenu par Bert O'Dell pour le petit déjeuner, le déjeuner et le dîner en un seul repas, et après je me suis fait le tortillard à destination de Capreol, et le contrôleur, dans le fourgon en queue du train, c'était Fred Thomson, qu'on appelait "le pin blanc" – il mesurait un mètre quatre-vingt-dix et il était blanc comme un verre de lait – et un autre contrôleur s'appelait Boob Graham, on le surnommait "Boob", le ballot, parce que c'était sa femme qui portait la culotte, et j'ai finalement atterri à Sioux Lookout où on m'a recruté pour lutter contre les incendies de forêt. On dormait tous sous la tente et moi je couchais à côté d'un véritable alcoolo du nom de Benny Ferguson, dit "le fusil" ; on travaillait du lever au coucher du soleil, et on finissait la journée épuisés, abrutis par les flammes, la fumée, noirs de suie et bouffés par d'infernales saloperies de moustiques et de simulies. Fallait jamais se laver, c'était ça le secret ; ça éloignait les moustiques et aussi les beaux-parents. »

Marshall avait vécu sur les voies ferrées, dormant dans les wagons de marchandises, retrouvant de vieux amis dans les communautés des gares de triage, qu'on appelait les jungles des clochards, sautant à bord des tortillards d'un bout à l'autre du Canada, de l'Atlantique au Pacifique : les montagnes Rocheuses, le Saint-Laurent, le bouclier granitique de l'Ontario, les grandes plaines de l'Alberta et du Saskatchewan. Et désormais, il donnait audience dans le wagon-restaurant, soulevant parfois une main du pommeau de sa canne pour gesticuler, ou bien frappant l'embout violemment contre le sol, tandis que le Hudson Bay brinquebalait en oscillant vers le nord-est, traversant Orok, Finger, Budd et Dyce ; ses histoires étaient bien rodées et coulaient de source, c'étaient les annales d'un barde ou d'un troubadour.

En sa qualité de Canadien et, en théorie du moins, de contribuable, Marshall s'était considéré comme un des propriétaires des chemins de fer. Pourquoi aurait-il dû payer deux fois le même service ? Lorsqu'un agent de police avait tenté de l'arrêter à bord d'un train, à Biggar, dans le Saskatchewan, Marshall lui avait dit sa façon de penser. « "On paie tous notre impôt sur le revenu, a-t-il expliqué de sa voix rauque soudain plus sonore, puisqu'il imitait le jeune homme qu'il avait été, son front mobile s'agitant au-dessus de ses yeux globuleux et froids, et ce fils de pute de chemin de fer ne fonctionne qu'avec un déficit annuel de cent millions de dollars d'argent des contribuables ! À strictement parler, nous sommes tous actionnaires de la compagnie ! Je sais qu'entre Halifax et Prince Rupert, il y a un tire-fond qui porte mon nom, et en fin de compte, monsieur, je ne fais que chercher cette saleté !" » Marshall a fait une pause et m'a dévisagé un court instant, comme si j'étais l'agent de police et lui le gamin attendant la réponse à sa tirade. Mais je n'ai rien dit. Il s'est de nouveau tourné vers la fenêtre, où les épicéas défilaient toujours, et il a regardé dehors d'un air absent, embarqué dans une fugue imaginaire.

« C'étaient qui, les gens qui voyageaient sans billet à cette époque-là ? ai-je demandé.

— Oh, a répondu Marshall en sortant de sa transe, il y avait des gens comme Simpson la Valise, qui n'avait jamais eu de sac à dos ; et Kelly le Wagon fermé, je crois qu'il était né dans un de ces wagons, il y avait passé le plus clair de son existence ; et il y avait aussi Razibus la Banlieue, qui prenait toujours les lignes de banlieue et jamais les grandes lignes ; et puis Hollywood Slim, qui voulait être vedette de cinéma, il avait vécu à Hollywood dans les années 1930 et 1940, il voulait jouer dans les films de D.W. Griffith, mais il n'y est jamais arrivé ; et sa petite amie, Gertie les Graviers ; et puis Tommy Slater de Sapperton, quatre-vingts balais, qui avait travaillé à Boston comme éclaireur de réverbères à gaz, qui avait perdu son boulot quand la lumière électrique était arrivée et qui n'avait plus jamais travaillé depuis ; et sa petite amie à lui, Alice le Cauchemar, elle l'avait pas volé son surnom – une vraie dure à cuire, qui jurait comme un charretier, buvait autant que les pires ivrognes et se battait comme une tigresse – ; et encore Wilson la Béquille, qui boitait à qui mieux mieux, sauf quand il poursuivait un wagon de marchandises, alors là, il envoyait promener sa foutue béquille et courait comme un athlète ! Quelquefois, on voyageait ensemble, d'autres fois on se retrouvait dans les jungles, il y en avait d'habitude aux alentours de toutes les gares de triage, des endroits comme Kamloops, Boston Bar, North Bend. On volait des patates, des épis de maïs et des carottes. Quand on avait de l'argent, c'était pour acheter du pinard : du Calona Royal Red, à trois dollars soixante-quinze le gallon[1] – si vous en buviez suffisamment, vous vous mettiez à chanter "Ô mon Canada" en chinois ! »

Dans l'idée de Marshall, les trains avaient servi à faire son éducation. « Je suis allé à l'université, m'a-t-il dit. Et comment ! J'ai un diplôme de vagabondage et de clochardisation, d'une côte à l'autre, au pain et à l'eau ! » Dans les années 1930, m'a-t-il expliqué, le chanteur Hank Snow avait eu un gros succès avec une chanson intitulée *I'm Moving On* (« Je reprends la route »), et les clochards aimaient bien dire « Bon, ben, je vais faire comme Hank Snow » pour faire savoir qu'ils allaient sauter à bord d'un train et prendre le large. Marshall m'a parlé de blancs-becs – des gamins qui se prenaient pour des vagabonds, mais qui ne savaient rien du monde et des chemins de fer qui s'y trouvaient – et aussi des hivers glaciaux, au cours desquels blancs-becs et clochards confirmés restaient dans les villes, où ils fréquentaient les hospices de l'Armée du Salut, qu'on appelait des Sally-Ann. Quand un agent de police leur demandait où ils allaient, ils répondaient : « Chez ma sœur ! », et aussitôt l'agent de questionner : « Et elle s'appelle comment, votre sœur ? » et eux de rétorquer : « Sally-Ann ! » Il y

---

1. Le gallon américain fait 3,78 litres.

avait des lois contre le vagabondage – c'était un délit puni par une amende de cinquante dollars ou trente jours de prison, mais on pouvait y échapper pourvu qu'on quittât la ville dans les vingt-quatre heures, auquel cas on avait droit à un sursis. Marshall guettait toujours du coin de l'œil les agents de sécurité du Canadian National Railway, les flics ferroviaires. Chaque fois qu'il se faisait arrêter et qu'on lui demandait son adresse, il disait : « CN19586. C'est le dernier wagon de marchandises dans la gare de triage de Trascona. Vous ne pouvez pas le rater ! » Je ne sais plus comment, il finit par se retrouver à Maple Creek, dans le Saskatchewan, où il conduisait un petit bulldozer en tant que membre d'une équipe chargée de poser un pipeline, mais il a commencé à avoir la bougeotte et il est parti en auto-stop, sans payer sa note d'hôtel. Il fut arrêté à Regina et déféré devant le juge avec un ivrogne notoire du nom de Walker le Zinzin. Walker était un homme à squaws, ce qui signifiait qu'il avait un penchant pour les Indiennes, et il était accusé d'avoir vendu de l'alcool aux Indiens. L'hiver approchait à grands pas et Walker guignait un logement confortable. Quand le juge, après l'avoir déclaré coupable, le condamna à trente jours de prison, Walker déclara : « C'est tout ? Il commence à faire froid, vous savez ! » Alors le juge reprit : « Vous êtes un petit malin, vous, pas vrai ? » Et il fit passer la peine à soixante jours. Marshall fut condamné à trente jours dans la prison de Regina pour avoir quitté l'hôtel de Maple Creek à la cloche de bois, et quand les trente jours touchèrent à leur fin, il apprit que la prison cherchait un cuisinier ;

alors il annonça qu'il était un chef plein d'expérience et il décrocha le boulot. Il descendit dans les cellules avec des côtes de porc fixées à ses mollets au moyen d'albuplast et il échangea la viande contre les rations de tabac des prisonniers.

« Et vous saviez vraiment faire la cuisine ? ai-je demandé.

— Pensez-vous, je n'aurais pas été capable de faire bouillir du crottin de cheval pour un trappeur de la baie d'Hudson, m'a répondu Marshall. Même si j'avais dû être pendu ! » Il a frappé trois fois sur le sol, avec sa canne, comme pour appeler son aide de camp, puis il a éclaté de rire, un rire complexe de virtuose qui commençait par un caquètement hystérique, ralentissait et descendait dans les graves avec des trémolos de vieux moteur de bateau peinant à démarrer, puis se raréfiait en un inquiétant étouffement d'asthmatique, comme s'il avait les poumons pleins de chardons. Marshall, portant un mouchoir blanc à ses lèvres, a mis fin à cet étouffement par une quinte de toux grasse et chargée, crachant dans le mouchoir, avant de le tenir à bout de bras pour l'examiner attentivement, inspectant le travail de ses poumons.

« C'est l'heure d'aller se reposer », a-t-il dit en remettant son mouchoir dans la poche de son pantalon. Il s'est levé et dirigé vers l'extrémité du wagon, son dandinement accentué par l'oscillation du train. Une ceinture de cuir, semblable au ruban qui entoure un paquet-cadeau, ceignait son ventre à l'endroit où il était le plus rond – elle faisait penser à l'équateur délimitant les hémisphères Nord et Sud. À la porte du wagon, il s'est retourné.

« Ne soyez pas en retard pour le déjeuner ! » a-t-il lancé avant de disparaître, me laissant avec dans la tête une chanson où résonnaient les mots, wagon de marchandises, tender, tombereau, fourgon.

Wekusko, Button, Dunlop, Medard. De retour dans mon petit compartiment gris-vert, j'ai contemplé la parade des épicéas, dont les plumeaux acérés découpaient le ciel comme les dents d'une scie. Le cliquetis régulier à quatre temps des roues franchissant les traverses fournissait une basse continue au-dessus de laquelle les divers instruments de percussion de ma petite cabine (tringle à rideau, grille du ventilateur, lavabo replié) assuraient un effet de maracas, tambourin et castagnettes. Quand je suis retourné dans le wagon-restaurant, j'ai trouvé Marshall assis tout seul à sa table, en train de manger un sandwich. Il en tenait une moitié dans chaque main et croquait dans chacune tour à tour : gauche, droite, gauche, droite. Deux couverts étaient mis sur la table de l'autre côté de l'allée, où Brenda et moi avions pris notre petit déjeuner, et lorsque Brenda est arrivée dans le wagon-restaurant, nous nous sommes assis à nos places, laissant Marshall avec sa table pour lui tout seul. Après le déjeuner, le chef a branché la radio de la cuisine sur une retransmission en direct d'un pow-wow de la tribu Cree, dont les voix geignaient pêle-mêle au milieu des sifflements et des crépitements de parasites. Brenda a repoussé son siège et s'est levée en s'essuyant la bouche avec sa serviette.

« Ne vous inquiétez pas, a-t-elle dit à Marshall, je ne serai pas en retard pour le dîner.

— Mais je n'ai rien dit ! a-t-il protesté. Est-ce que quelqu'un m'a entendu dire quelque chose ? » Pour prononcer ces mots, sa voix rauque de grenouille taureau a pris un ton d'enfant pleurnichard tout à fait incongru. Brenda a quitté le wagon-restaurant.

« Mais enfin, j'ai dit quelque chose ? m'a demandé Marshall avec un grand sourire, levant les mains, les paumes en l'air, pour exprimer son innocence.

— J'aimerais que vous me parliez encore des trains.

— Ah ! s'est exclamé Marshall. Passez donc dans mon bureau ! » Il m'a indiqué le siège vide en face de lui. J'ai traversé l'allée pour m'asseoir à l'endroit désigné. La canne anglaise était posée en travers de la nappe blanche, près de la fenêtre, à côté d'une boîte à pilules en plastique blanc opaque à sept compartiments estampillés L Ma Me J V S D en lettres noires, contenant chacun son lot de cinq ou six cachets ou gélules. Marshall a inspiré profondément et s'est mis à me débiter les articles de la loi sur les Chemins de fer, qu'il paraissait connaître par cœur, puis il est passé ensuite à la signalisation en vigueur sur toutes les différentes lignes du système ferroviaire canadien et, tout à coup, nous nous sommes retrouvés en 1960 dans le Yukon, où Marshall était cuistot : d'abord, pour des équipes de cheminots travaillant au chemin de fer du White Pass, et ensuite pour des équipes de géologues arpenteurs chargées d'étudier les régions les plus éloignées de l'Alaska et du Labrador.

« Pas si vite ! me suis-je écrié.

— Ah, oui, bien sûr ! a riposté Marshall. J'ai la langue bien pendue, hein ? Il y a des gens qui me disent que je n'arrête jamais de parler ! Il faut vous dire qu'en 1940, quand j'allais encore à l'école, il y a eu une pénurie d'aiguilles pour les vaccins, vu que tout le métal était accaparé par l'effort de guerre, et qu'il n'est plus resté que des aiguilles de phonographe, alors quand mon tour est venu d'avoir mes vaccins, on m'a piqué avec une de ces aiguilles-là, et depuis je n'ai plus jamais fermé ma gueule. Je dois avoir ça dans le sang ! »

Il a ri, a très vite commencé à s'étouffer, il a tiré son mouchoir blanc de la poche de son pantalon anthracite, l'a porté à sa bouche et s'est dégagé les poumons par une quinte de toux, les yeux larmoyants et injectés de sang. Il a respiré profondément pendant quelques instants, rassemblant ses forces, puis il a repris le fil de ses histoires comme si de rien n'était tandis que le Hudson Bay filait vers le nord-est, traversant Lyddal, Hockin et Sipiwesk, embarquant des passagers à Thompson – des familles de Cree en provenance des réserves de Nelson House et Split Lake, coiffées de casquettes de base-ball, fumant des cigarettes, occupant les tables du wagon-restaurant derrière nous et se lançant dans des parties de poker épiques. En un rien de temps, le pow-wow radiodiffusé s'est trouvé noyé sous le vacarme des enjeux et des querelles, chaque fois qu'un joueur abattait bruyamment une pièce d'un ou deux dollars sur les tables en formica.

« J'ai grandi à Montréal, a continué Marshall dans le brouhaha, les yeux exorbités, ses avant-bras puissants appuyés bien à plat sur la nappe blanche, dans un quartier de Russes blancs juifs qui travaillaient, pour la plupart, dans la confection : St Viateur, Fairmont, Clark Street, St Lawrence, le genre d'endroits qu'on trouve chez l'écrivain Mordecai Richler dans *Le Cavalier de St Urbain*. On était six enfants. Mes parents se sont séparés quand j'avais douze ans. Je me suis retrouvé dans une famille d'accueil et je me suis sauvé, comme je vous l'ai dit. Je suis parti à l'aventure. J'ai sauté dans pas mal de trains en direction du soleil couchant. La plupart des types qui se déplaçaient dans ces trains cherchaient quelque chose, ils venaient de familles éclatées ou ils voulaient une vie meilleure ou une marmite d'or. C'était un moyen d'évasion. De nos jours, ils prennent de la drogue, mais nous, c'était une bouteille de piquette et un wagon de marchandises. Le truc, c'était la foi. Il fallait avoir la foi. Il y avait un Sally-Ann à Vancouver qu'on appelait Harbour Lights, les Lumières du Port, où il y avait des prières publiques tous les dimanches soir, et le Sally-Ann d'Edmonton était dirigé par le capitaine Lesley. Ils avaient de beaux panneaux en verre, avec des motifs gravés, mais quand ils refusaient un repas à un vagabond, il balançait une brique à travers les panneaux, alors ils n'ont pas tardé à laisser tomber le verre et à le remplacer par des murs en briques. C'est là que j'ai rencontré Cartier la Fauche. Il volait dans les grands magasins. Il voulait connaître mes mensurations, alors je lui ai dit soixante et onze centimètres de tour de taille, trente-six centimètres de tour de cou, et au bout d'un quart d'heure, il est revenu avec une tenue complète piquée à l'Army and Navy Store – il y en avait pour vingt dollars et il m'a bradé le tout pour cinq dollars, pas plus. À Regina, il y avait Nick Scotty Woods, dit le Tordu, avec sa colostomie et son extrait de vanille. La vanille était très légèrement alcoolisée, alors le Tordu en buvait matin, midi et soir, en conséquence de quoi il dégageait un parfum de pâtisserie ambulante. Les Artistes de la Chauffe suçaient tout l'alcool à brûler qu'ils avaient réussi à retirer des réchauds à alcool gélifié et les Baysie Boys buvaient une lotion pour les cheveux appelée Bay Rum, faite avec une plante des Antilles macérée dans du rhum ; ils en lampaient tant que les épiceries chinoises se sont mises à importer ce Bay Rum en tonneaux de cent soixante-dix litres et ils vendaient ça en flacons de six centilitres qu'on appelait des bougies d'allumage, et si on leur rapportait un de ces flacons vides, ils vous l'échangeaient contre une cigarette. Et puis, il y avait les bars des quartiers malfamés – l'Occidental Hotel à Winnipeg, au coin de Main Street et de Logan Avenue, dix *cents* la bière, le Dodson, le Travellers' à Vancouver, le Royal à Edmonton, dans la 96ᵉ Rue... »

Marshall a repris haleine. Un rugissement s'est élevé de la table des joueurs : un full, une couleur, un bluff culotté, une entourloupe. D'épaisses volutes grises de fumée de cigarette stagnaient au-dessus des casquettes de base-ball.

« Vous faisiez soixante et onze centimètres de tour de taille à l'époque ?

— Mais oui. Soixante et onze de tour de taille et je pesais quarante-quatre kilos. Et cinquante et un ans plus tard, c'est cent trente-sept centimètres et cent onze kilos. Quand le bon Dieu m'a créé, il n'a pas su où s'arrêter. Mais pas de cholestérol ! Pas une goutte ! En ce qui me concerne, Cholesterol c'est une petite ville minière en Nouvelle-Écosse. Mon frère me procure de l'ail sauvage, figurez-vous. Une fois par an, il s'en va dans les Laurentides, au Québec, à la recherche d'ail sauvage, et une fois par an, j'en reçois un colis par la poste. Je le fais macérer dans de l'huile d'olive, je colle le tout au frigo et j'en avale une gousse tous les matins pendant un mois, je la fais glisser avec un verre de jus d'orange. Et quand je vais chez mon docteur faire mon bilan, il n'en croit pas ses yeux. "C'est stupéfiant ! crie-t-il. Ce type n'a pas de cholestérol !" Je lui explique, pour l'ail sauvage, et il m'écoute de toutes ses oreilles, parce qu'il a devant lui un bonhomme qui pèse largement ses cent dix kilos et qui n'a pas plus de cholestérol qu'une petite fille de six mois ! "C'est l'ail ! je lui dis. L'ail, il n'y a que ça de vrai !" »

Des hourras sonores se sont élevés des tables situées derrière Marshall, comme pour célébrer le miracle de l'ail sauvage. Des familles de Cree étaient massées autour des joueurs, se bousculant pour apercevoir les cartes, vêtues de vestes de bûcheron matelassées, échangeant toutes sortes de stratégies, de combines, d'accusations, de critiques. Marshall s'est retourné pour regarder, puis il m'a de nouveau fait face, en gloussant de rire.

« Bon, ça y est, a-t-il dit. La séance est levée. »

Il s'est frotté les yeux comme un petit choriste fatigué, puis il a repoussé son siège et s'est hissé sur ses pieds en s'appuyant au bord de la table. Il a glissé le pilulier dans la poche de son pantalon, attrapé sa canne métallique et s'est mis en route le long de l'allée, entre les tables. Je l'ai suivi jusqu'à notre voiture. Marshall a dû se mettre de profil pour pouvoir insérer son tour de taille par les portes étroites entre les wagons. Il s'est arrêté devant son petit compartiment.

« N'oubliez pas !
— Quoi donc ?
— Devinez !
— L'ail sauvage ?
— Non !
— Je ne vois pas.
— Le dîner ! »

Marshall a écarté le rideau de la porte et il est entré chez lui, en respirant à grand bruit.

Je me suis rassis dans mon minicompartiment. Le train poursuivait sa route avec prudence, attentif aux fantaisies du *muskeg* et du permafrost, sous le ballast, et les endroits continuaient de défiler comme des noms propres qu'on vous murmure à l'oreille : Pikwitonei, Wilde, Arnot, Boyd. À mesure que nous approchions de la limite des régions boisées, les épicéas se clairsemaient – nous étions dans la zone de transition, ou écotone, entre la forêt boréale et la toundra. Un pygargue décrivait des spirales, porté par un courant ascendant ; quelques colverts, fuligules à tête rouge et petits fuligules étaient posés sur des étendues d'eau courante ; des paires de bernaches du Canada volaient à côté du train, devant ma fenêtre, leurs jugulaires blanches brillant au soleil, leurs longs cous noirs allongés comme des bras et des mains dont l'index aurait été leur bec, tendu pour indiquer la baie d'Hudson. Chaque fois que je les voyais, je pensais aux oies des neiges. J'ai cherché du regard des formations révélatrices au-dessus de la ligne effilochée des épicéas : chevrons simples ou doubles, écheveaux plus souples. Nous avons franchi la Nelson River à Manitou Rapids, et j'ai baissé les yeux, entre les poteaux du pont, vers l'eau qui déferlait dans l'étroit chenal, chargée de tourbillons et de spasmes ; le volume de la glace fondue était tel qu'on avait l'impression que ce goulet était le centre du dégel et que l'hiver entier s'y faufilait pour se jeter dans la mer.

Cela faisait presque deux mois que j'avais quitté Londres pour Houston. Je me rappelais avec quel sentiment aigu d'impatience j'avais imaginé ma première rencontre avec les oies des neiges, en levant les yeux vers l'oiseau empaillé, au-dessus de Ken, dans le Sportsman's Restaurant d'Eagle Lake, puis attendu dans la prairie, à côté de la Cavalier au coucher du soleil, écoutant les lointains appels des volées d'oies revenant vers le lac – le bruit des drisses cognant contre les mâts de voiliers, ou des terriers en train de japper. Je me rappelais aussi les volées que Jean m'avait indiquées dans le Greyhound, alors que nous remontions vers le nord depuis Minneapolis. Je me remémorais les blizzards désordonnés et bruyants d'oies de phases bleue et blanche tournoyant au-dessus du Sand Lake, puis les rubans ondulants qui étaient passés à l'aplomb du Mont-Riding, tandis que des aigrettes de poils de massette passaient derrière le Viking sur la brise printanière. Je me suis demandé si j'avais vu certains de ces oiseaux plus d'une fois, si nos progressions respectives vers le nord avaient coïncidé.

Marshall a dîné seul à sa table, du côté droit du train. Brenda et moi occupions nos places habituelles de l'autre côté de l'allée centrale, le wagon-restaurant était plein de fumée et de vacarme lié au poker. Nous nous sommes retirés dans nos minicompartiments pour une seconde nuit. J'ai déclenché le levier RELEASE/DÉCLENCHEUR, tiré la couchette de sous le miroir, éteint les lumières et j'ai remonté le store autant que possible. Le ciel était limpide ; la fenêtre servait de cadre à une infinité de constellations occidentales : Orion, les Gémeaux, le Cocher, Persée, Cassiopée. Le lit était chaud, souple et douillet, soutenu par le mantra de quatre syllabes des rails, oscillant doucement tandis que le Hudson Bay gravissait la rampe inégale de la taïga. Je croyais encore entendre la voix rauque et enrouée de Marshall, entrecoupée de sifflements asthmatiques, les coups sourds que faisait le pied chaussé de caoutchouc de sa canne, lorsqu'il le frappait contre le sol afin de souligner ses propos. Les clochards, les tortillards, les blancs-becs, les Sally-Ann. Vers le nord, je pouvais voir la Petite Ourse, ainsi que l'étoile polaire, Polaris, à son extrémité la plus élevée. Ours se dit *ursus* en latin et arctique vient du mot grec *arktos* qui, lui aussi, signifie « ours » ; l'Arctique était la zone du globe terrestre qui se trouvait sous la juridiction des deux ourses, la grande et la petite.

Je restais allongé sans dormir, pensant à mon

foyer. Pas seulement à notre vieille demeure de pierre – avec les gammes vespérales de ma mère, travaillant son alto, qui montaient l'escalier – mais aussi à l'appartement de Londres où je vivais, aux rues environnantes, aux visages et aux voix de mes amis, à ce qui nous faisait rire. Des images de ce genre avaient occupé mon esprit avec une fréquence croissante depuis mon séjour dans la chambre de motel toute blanche d'Aberdeen. Dans cette chambre, ma curiosité, mon appétit de nouveauté avaient paru s'émousser ou s'épuiser, peut-être parce que je me sentais seul, ou alors parce que je devinais pour la première fois que mon voyage vers le nord avec les oies des neiges n'était pas tout à fait le cri de liberté que j'avais envisagé a priori. J'avais conscience d'un autre instinct qui, s'il n'était pas à l'opposé de la curiosité, était assurément une résistance à ce qui était nouveau ou peu familier, un instinct en sympathie avec tout ce que j'étais capable de me rappeler et de comprendre. Ce n'était pas le regret lancinant que je me souvenais d'avoir éprouvé à l'hôpital, ce désir désespéré et nostalgique de retourner vers l'environnement de mon enfance. Bien éveillé, dans le train, ce que je ressentais n'était guère qu'un malaise, doux-amer, la conscience d'être séparé de choses que j'aimais, un penchant presque physique vers tout ce qui était pour moi pays de connaissance. J'avais l'impression d'exister entre deux pôles, le connu et le nouveau, et je me sentais alternativement attiré vers l'un ou l'autre.

Dans l'idée de James Copland, dont le *Dictionnaire de médecine pratique* fut publié en 1858, la nostalgie était une cause de maladie plutôt qu'une maladie proprement dite. Copland, toutefois, s'inspirant en grande partie des écrits de Hofer et de Larrey, prenait le mal du pays très au sérieux. « Parce qu'elles hantent constamment l'esprit de celui qui, pour la première fois, a quitté des lieux de plaisirs variés et de vifs intérêts, pour des régions éloignées non seulement de ceux-ci mais de tous ses autres attachements, surtout s'il est contraint de se livrer à des occupations différentes de celles auxquelles il est habitué, les images qu'offre la mémoire sont parmi les plus affligeants des nombreux maux qui aigrissent le destin de l'homme. » Copland faisait écho à l'ancienne croyance selon laquelle les montagnards étaient tout particulièrement sujets à la nostalgie : « De nombreux exemples des effets d'un regret prolongé pour le cadre de nos premières années se présentent au médecin ; mais ils sont plus communs chez les personnes originaires des hautes terres, comme celles de Suisse et d'Écosse, lorsqu'elles émigrent vers les régions plus basses, où ce sentiment est renforcé par l'influence d'un air moins tonifiant sur des constitutions façonnées dans l'atmosphère pure et fraîche des zones situées en altitude. »

Copland faisait la description des premiers symptômes de la nostalgie : « une réserve inhabituelle, de la tristesse, du dégoût pour ce qui peut distraire ou occuper, un continuel retour aux diverses circonstances associées à la maison natale, et l'expression du regret d'en être séparé, ainsi que du désir de la retrouver et de goûter ces plaisirs que l'imagination ne cesse de présenter sous un aspect plus séduisant qu'il ne l'est en réalité ». Le dépérissement, la pâleur, l'émaciation et « les douloureuses réminiscences » pouvaient s'ensuivre. « Le patient alimente sa détresse, il la fait croître jusqu'au moment où elle détruit son repos nocturne et sa paix diurne, et où elle finit par dévorer, avec plus ou moins de rapidité, ses organes vitaux. »

Comment les praticiens pouvaient-ils tenter de traiter ces accès de mal-être ? « La nostalgie, remarquait Copland, nécessite une intervention plus morale que médicale. » Selon lui, « la bonté, l'encouragement, la stimulation de l'espoir de bientôt revoir les lieux après lesquels soupire le patient, sont en règle générale les soins les plus utiles ». Hofer avait décrit le cas d'un jeune Bernois qui était parti de chez lui pour faire ses études à Bâle. Après une période d'abattement, il avait été victime de crises d'angoisse, de palpitations et d'une fièvre ininterrompue – symptômes qui s'étaient aggravés au point que sa mort paraissait imminente. On récita des prières pour le salut du jeune étudiant. L'apothicaire convoqué pour lui administrer un lavement comprit que son patient souffrait du mal du pays et conseilla de le renvoyer chez lui au plus vite, couché dans une litière. Dès que l'étudiant entendit ces mots et constata que l'on prenait des mesures pour le rapatrier, il reprit son souffle et parut se calmer, et au bout de quelques kilomètres sur la route qui l'éloignait de Bâle les maux dont il souffrait s'étaient visiblement atténués. Avant même d'être arrivé à Berne, il était revenu à la santé. « Ce qui frappe le plus dans les rares comptes rendus sur les soins fournis à ceux qui souffraient du mal du pays, notent les auteurs d'une critique datant de 1996, c'est que bien souvent, le seul fait de retourner chez eux apportait un soulagement réel. »

Et il y avait eu en effet du soulagement chez moi, dès que nous avions quitté l'hôpital pour rentrer à la maison, à la nouvelle année : le sentiment d'un mouvement inévitable, comme si j'avais été attaché par des élastiques à la vieille demeure d'*ironstone* – des élastiques qui donnaient une illusion de liberté, mais qui exerçaient une traction et obligeaient à revenir au point de départ, dès qu'ils étaient tendus et mis à l'épreuve. Le trajet de retour lui-même apportait déjà un réconfort, le fait de voir les lumières des maisons, arrangées selon un schéma aussi fixe que celui d'une constellation, de sentir les virages et les déclivités de la route exactement là où on s'y attendait, d'apercevoir les panneaux, les bâtiments, les arbres, les clochers d'églises apparaissant chacun au moment voulu pour venir compléter le tableau. Nous nous étions arrêtés devant notre demeure, ma mère et mon père m'avaient aidé à gagner la porte d'entrée, à traverser le pavage du vestibule, à gravir l'escalier, le parquet du palier grinçant au bon endroit sous mes pieds, à entrer dans le dressing, où ils avaient tiré les rideaux, et j'avais senti la perfection de voir chaque chose à sa place habituelle.

Le Hudson Bay s'est déplacé avec lenteur, par à-coups, à travers la nuit : Nonsuch, Wivenhoe, Bird et Charlesbois ; Herchmer, Kellet, O'Day et Back. Je sortais du sommeil et j'y retombais, les constellations pivotant en travers de la fenêtre, d'un bleu presque noir, autour de l'étoile polaire. Des étoiles filantes, ces particules qui se consument dès qu'elles pénètrent dans l'atmosphère terrestre, glissaient avec un éclat paresseux, fortuit ; certaines allaient si lentement qu'on avait le temps de suivre leur chemin oblique et de formuler un vœu avant que leur trace ne s'éteignît. Au petit matin, une bande de pâle lumière d'un vert laiteux est apparue au nord, une faible courbe, avec des barres verticales de lumière plus vive ondulant à travers elle, comme les reflets d'un rouleau de soie que l'on déploie, et pendant un bref instant, je me suis demandé si je rêvais ces aurores boréales. J'avais lu des textes sur ces spectaculaires phénomènes nocturnes – des rubans de couleur vive, des nuages de fluorescence rouge et bleue déferlant d'un bout du ciel à l'autre, accompagnés par des sifflements et des crépitements sonores – mais je n'en voyais ici qu'un modeste exemple, une draperie de cirrus sous un éclairage tamisé, oscillant et ondulant comme si le vent l'agitait : des voilages de soie se gonflant l'été dans une fenêtre ouverte. Je sentais l'imminence du Grand Nord. À présent les aires de reproduction des oies des neiges étaient proches ; des milliers de ces volatiles allaient bientôt se poser dans la baie La Pérouse pour y faire leur nid, à cinquante kilomètres à peine à l'est de Churchill.

Le terme *aurora borealis* avait été inventé par l'astronome français Pierre Gassendi, en 1621. Dans la mythologie grecque, Borée était le dieu personnifiant le vent du nord ; à l'origine, le nom scientifique de l'oie des neiges était *Anser hyperborea* : l'oie venue d'au-delà du vent du nord. Dans les croyances populaires, les aurores boréales étaient des vieilles femmes gantées de blanc qui dansaient, une danse des dieux, des flammes entrevues à travers des fissures du firmament, des feux de volcans entrant en éruption près du pôle. Elles passaient aussi pour des reflets du soleil sur le bouclier des Walkyries, sur d'immenses volées d'oies cendrées, sur les turbulences de baleines ou de cygnes battant des ailes, tous pris au piège des glaces polaires. Ou bien il s'agissait d'esprits jouant au football avec des crânes de morses, de l'arche d'un pont de feu céleste permettant aux dieux de passer du ciel à la terre, de l'éclat émis par d'énormes bancs de harengs ou d'autres poissons dans les mers nordiques, ou encore de la lumière frappant un renard à la fourrure scintillante qui s'enfuyait à travers les montagnes de Laponie. On les disait causées par des particules jaillissant de trous coronaux à la surface du Soleil – des protons et des électrons d'hydrogène ionisé, et des quantités plus petites d'hélium, d'oxygène et d'autres éléments, déchargés à des vitesses suffisantes pour échapper à la pesanteur solaire, voyageant à travers l'espace sous forme de vent solaire, pénétrant dans l'atmosphère terrestre aux pôles magnétiques et entrant en collision avec les atomes et molécules atmosphériques, qui, à la suite de ces heurts, absorbaient de l'énergie et en émettaient (notamment de la lumière infrarouge, ultraviolette et visible), tandis qu'ils reprenaient leur état neutre. Allongé près de ma fenêtre, j'ai contemplé l'aurore boréale, la pâle lumière chatoyant comme l'ourlet d'une robe. Les crochets des rideaux cliquetaient ; la porte coulissante brinquebalait sur ses roulettes ; le lavabo replié vibrait contre le mur.

J'ai dormi trois ou quatre heures. Marshall m'a réveillé en frappant à la porte.

« Debout ! a-t-il lancé de sa voix asthmatique. Voilà des caribous ! »

Je me suis habillé. Marshall et Brenda étaient dans le wagon-restaurant, regardant depuis l'allée centrale par les fenêtres de gauche. Le Hudson Bay traversait à présent la toundra. Le paysage paraissait ouvert au ciel, écorché, sans la moindre couverture boisée, en dehors d'un épicéa hâve et rabougri de loin en loin. La surface de la toundra était rude, presque ondulée, tachée de verts, de bruns et de jaunes, couronnée de coussins de carex hérissés et de plaques de neige luisantes. Douze bernaches du Canada volaient à côté du wagon-restaurant, formant un court chevron, restant à notre hauteur, cacardant avec une vigueur paillarde. Quelques cumulus flottaient comme des dirigeables au-dessus de la ligne bien nette de l'horizon.

« Regardez ! » a ordonné Marshall, pointant un index trapu vers la toundra.

J'ai obéi. Une bande de caribous, dont la fourrure était en harmonie avec les bruns austères du sol, s'éloignait du train au galop en direction des dirigeables blancs. Ces animaux, formant un petit contingent du vaste troupeau Kaminuriak de caribous de la toundra, étaient eux aussi une espèce migratoire, hivernant dans la forêt de la taïga, puis remontant vers le nord à travers la toundra, à chaque printemps, pour aller mettre bas. Leurs mouvements, comme ceux des oies des neiges, des molosses du Brésil et des martinets noirs, étaient liés au parcours annuel de la Terre autour du Soleil.

Nous nous sommes assis, Brenda et moi l'un en face de l'autre, Marshall à sa table habituelle de l'autre côté de l'allée.

« J'ai vu l'aurore boréale », ai-je annoncé à Brenda. Quand elle s'est tournée vers la fenêtre, la toundra a paru glisser le long des verres de ses lunettes bleues.

« Tant mieux », a-t-elle dit avec un sourire, en hochant la tête comme pour confirmer que j'avais en effet bien vu l'aurore boréale.

« *Aurora borealis* ! » a déclaré Marshall, sans explication ni commentaire, comme un aboyeur annonçant l'arrivée de l'aurore dans une grandiose réception. Il s'était détourné de nous pour regarder la toundra par la fenêtre de droite, qui donnait vers l'est.

« Je n'en avais encore jamais vu, ai-je précisé.

— Ouais. *Aurora borealis*, a-t-il répété, sans cesser de contempler le paysage plat et nu.

— On doit être tout près de Churchill, a dit Brenda.

— Encore dix minutes », a déclaré Marshall.

Il était déjà huit heures passées, donc le Hudson Bay avait plus d'une heure de retard. Brenda a ébouriffé ses cheveux châtains.

« Vos bagages sont prêts ? a demandé Marshall.

— Pas encore, ai-je répondu.

— Ils devraient l'être. » Il a regardé sa montre. « Cinq minutes. » Le sac en similicuir de Marshall était à ses pieds ; son anorak vert olive était drapé sur le dossier d'un siège.

J'ai regagné les compartiments, à la suite de Brenda, et remballé mes affaires. Le Hudson Bay est entré en gare de Churchill exactement à l'heure annoncée par Marshall. Nous sommes descendus sur le quai, tous les trois. Nous avons suivi les casquettes de base-ball et les vestes de bûcheron des familles de Cree à travers le petit hall de la gare. Le silo à grains se profilait en terminus de ligne, au bord de la baie d'Hudson : gris, massif, brutal, conçu sur une échelle différente de celle de tous les autres bâtiments. À son entrée en gare la voie ferrée se divisait en six ou sept branches, le long desquelles les trains de céréales pouvaient parcourir les dernières centaines de mètres jusqu'au silo. Des bruants des neiges, noirs et blancs, voletaient de voie en voie, picorant le blé tombé des wagons. Une paire de bernaches a cacardé dans le *muskeg* entre la gare et la Churchill River encore gelée. Le froid était revigorant. La lumière, argentée et violente. La sensation d'espace, étourdissante. J'ai scruté le ciel, en quête d'oies des neiges, mais il n'y avait que le silo, se dressant en bout de ligne comme un immense mausolée. Le tableau était emblématique : le chemin de fer représentait le temps ; le silo à grains, la destinée.

J'ai serré la main de Brenda et de Marshall. Nous portions tous des gants et nos poignées de main ont été maladroites. Marshall s'est dirigé vers le restaurant Gypsy's Bakery, où il comptait passer la journée avant de remonter dans un train le soir même. Il tenait son sac de la main gauche, sa canne orthopédique de la main droite et il a descendu le Kelsey Boulevard de son pas vif, en se dandinant, tel que je l'avais vu à la gare de l'Union Station à Winnipeg, trente-six heures auparavant. Je l'ai regardé s'éloigner, puis j'ai traîné mes bagages jusqu'à la chambre d'hôte que j'avais retenue dans Robie Street.

7

Churchill

J'ai été tout étonné de constater à quel point je me sentais perdu sans les oies. Pendant plusieurs jours, je n'ai rien fait d'autre, m'a-t-il semblé, que de marcher, parcourant Churchill d'un bout à l'autre, établissant un début de territoire familier, apprenant à connaître l'axe de Kelsey Boulevard et les rues qui le quittaient vers l'est pour rejoindre La Verendrye Avenue, m'orientant d'abord grâce aux repères évidents, tels que le silo à grains, l'église anglicane et le grand magasin Northern Stores, avant de me fier à des détails de moindre importance : une porte de garage rose, un toit bleu. C'était la fin du mois d'avril, mais sur la façade d'une maison, des guirlandes argentées et une rangée de lumières bariolées dessinaient toujours les contours d'un arbre de Noël, et dans un jardin, un écriteau rudimentaire, bordé d'une guirlande verte, portait simplement les mots : PAIX SUR LA TERRE.

Il n'y avait plus beaucoup de neige. Des motoneiges et des autoneiges Bombardier, quelque peu rouillées, étaient arrêtées sur les bas-côtés en terre battue des diverses routes, désormais hors de leur élément. Des 4 × 4 tout-terrain passaient à vive allure, la plupart ayant pour passagers des enfants en parka matelassée dont la capuche bordée de fourrure rebondissait contre les épaules, et il y avait d'autres véhicules du même genre garés dans Hudson Square, où un treillage en fil de fer délimitait l'arrière d'un terrain de base-ball et où des lignes parallèles de neige durcie subsistaient aux angles des gradins en bois.

Le silo à blé s'élevait en bout de ligne : une section centrale, pour nettoyer le grain, avec, de chaque côté, deux annexes qui faisaient penser à des ailes, pour le stocker. J'ai suivi la voie ferrée dans sa direction, les rails étaient constellés de fientes de bruants, le silo était d'un gris de pierre tombale et ses fenêtres avaient explosé sous l'effet du gel. Un long portique encastré dans de la tôle ondulée rouillée menait à une galerie, située à vingt-cinq mètres au-dessus du wharf, avec des glissières rouges que l'on pourrait allonger au-dessus de l'eau quand la glace aurait fondu, afin de faire dégringoler le grain directement dans la cale des navires. Un remorqueur, le *George Kydd*, était en cale sèche ; deux grues jaunes pour draguer le port reposaient sur des chenilles ; des mâts en acier portaient à leur extrémité des lampes à arc permettant d'illuminer l'endroit.

La Churchill River était gelée, la glace cabossée à l'endroit où elle s'était heurtée au quai et affaissée sur elle-même, faisant remonter des pierres et des débris noirs de suie. Derrière une digue, la glace enserrait les coques d'un autre remorqueur de plus grosse taille, le *Keewatin*, et de quatre péniches grises qui, l'été, seraient utilisées pour transporter du combustible et du matériel mécanique aux communautés inuit, plus loin vers le nord : Awiat, Whale Cove, Rankin Inlet. Des hommes en casque et combinaison travaillaient sur ces embarcations, afin de les préparer pour la saison estivale. Un chalumeau était allumé au plus profond d'une cale : la journée entière semblait être sortie de la graine de cette flamme dense d'un blanc bleuté.

*

Le club de curling possédait un bar et une salle d'accueil, avec des fenêtres en plexiglas criblées de rayures imperceptibles, donnant sur les quatre surfaces de jeu de la patinoire. Ayant trouvé une place devant le rebord en formica orange qui courait au-dessous des fenêtres, j'ai approché une chaise empilable en plastique, pour m'asseoir à côté d'un homme d'environ trente-cinq ans – costaud, pâle, glabre, portant des lunettes à monture noire dont une des deux charnières était réparée avec un morceau de chatterton couleur chair ; mais la peau de mon voisin était plus pâle que le chatterton. Des équipes représentant des firmes locales – les autorités portuaires, les assurances Hyska, R & V Yamaha – se sont rassemblées sur la glace au-dessous de nous.

Mon voisin s'est penché en avant, les coudes sur le rebord en formica orange, le menton posé sur le socle que formaient ses doigts entrelacés. Il portait un chandail en acrylique rouge cerise et un bonnet, ou plutôt une toque, en laine bleue. On aurait dit que les traits de son large visage – yeux étroits, nez épaté, lèvres minces – cherchaient à y prendre le moins de place possible. Nous avons engagé la conversation tandis que les parties de curling commençaient et que la salle s'emplissait de supporters de l'une ou l'autre équipe ; l'air ambiant s'est épaissi, chargé du brouhaha et des émanations de tous ces corps tassés ensemble, sans oublier la fumée de leurs cigarettes. Sam avait été mécanicien dans la Canadian Air Force ; maintenant, il s'occupait des machines dans le port. Il s'exprimait avec le manque d'assurance de quelqu'un qui s'attend à être rabroué.

« Ce n'est pas la saison des ours polaires, m'a-t-il expliqué. Et on ne voit pas beaucoup de touristes à Churchill, à part ceux qui viennent pour les ours polaires. D'ailleurs, je ne vois pas pourquoi on viendrait à Churchill, sauf pour voir les ours.

— Moi, je cherche les oies des neiges. J'attends qu'elles montent jusqu'ici pour leur migration de printemps, ai-je dit. Je suis parti du Texas et je suis remonté vers le nord, à peu près en même temps que les oies.

— Dites donc, c'est drôlement loin, ça, non ? Ça vous a pris combien de temps ?

— Ça fait plus ou moins deux mois que je suis en route.

— Je pense que les oies des neiges ne vont pas tarder. Les bernaches sont déjà là et les oies des neiges arrivent toujours juste après elles. Alors, vous aimez le curling ?

— C'est la première fois que j'en regarde.

« — Ça doit vous paraître plutôt bizarre. La pierre, les balais, tout ça.

— Vous y jouez, vous ?

— Moi ? Jamais de la vie. Je n'aime pas ça, à vrai dire. Mais il n'y a pas grand-chose à faire par ici. Et ça fait du bien de sortir un peu de chez soi. »

Une équipe de curling, m'a précisé Sam, est composée de quatre joueurs, emmenés par un *skip* qui est le numéro 4 de l'équipe. On y joue sur une surface glacée de quarante-deux mètres de long d'une ligne d'élan à l'autre. Aux deux extrémités de cette surface, il y a un *tee* entouré de deux cercles – un rouge et un bleu ; la zone intérieure s'appelle la maison et fait trois mètres soixante-six de diamètre. Chaque joueur doit faire glisser la pierre vers la maison, en visant le *tee*, et la lâcher avant d'atteindre une ligne appelée *hog line*. À l'aide de balais, deux de ses partenaires polissent la glace devant la pierre, afin d'écarter de sa route les saletés, la paille ou les cristaux de glace ; la friction des balais chauffe la glace et la fait fondre, ce qui assure qu'elle restera lisse et rapide.

Les joueurs essayaient des pierres grises, estimant leur poids en les faisant glisser d'avant en arrière ; chacune avait la forme d'un fromage de Hollande et elles avaient été polies au point de luire et de scintiller sous les lumières vives. Le bar était bondé, étouffant, les rires et les discussions vous cassaient les oreilles.

Sam et moi sommes descendus au bord des pistes, en poussant une porte battante, et j'ai été aussitôt réveillé et galvanisé par le froid qui émanait de la glace, un froid revigorant qui me donnait l'impression d'être sorti dans l'air épuré et sonore des hautes montagnes. Nous nous sommes assis sur un banc sous une affiche qui rappelait aux joueurs les six règles « essentielles » du curling ; le haut de la toque de Sam paraissait souligner les mots CHAQUE JOUEUR DOIT LANCER QUAND SON TOUR EST VENU. Les *skips* étaient accroupis dans les maisons, braillant des instructions ; les pierres vrombissaient le long de la glace ; les joueurs enfilaient des chaussures spéciales à semelle entièrement plate, de chez Bauer & Asham, ou bien ils manipulaient des balais en pur crin de cheval de la marque Duke 8-Ender, quand ils n'étaient pas installés, les jambes ployées comme des sprinters dans leurs starting-blocks, sur les deux parties en caoutchouc noir du *hack*, fabriqué par Marco et situé derrière chaque maison, d'où ils devaient s'élancer pour projeter la pierre. La piste glacée résonnait du choc des pierres ricochant les unes contre les autres.

« Vous avez déjà fait de la motoneige ? m'a demandé Sam.

— Non.

— C'est assez chouette. »

Il a offert de m'emmener faire un tour dans la baie d'Hudson ; j'ai accepté sans me faire prier. Il s'est penché en avant, les coudes sur les genoux ; il a pris son visage entre ses mains, le menton reposant sur leurs paumes. Désormais, nous accordions toute notre attention aux joueurs de curling. Certains utilisaient la force de leur bras pour projeter la pierre le long de la glace ; d'autres se servaient plutôt de la force de leurs jambes, jaillissant du *hack* et se laissant glisser, la pierre à la main, sur une distance de huit ou neuf mètres, jusqu'à la *hog line*. Ils glissaient jusqu'à ce que la friction exercée sur leurs gants, chaussures et pantalons commence à les ralentir, et ce n'était qu'alors qu'ils lançaient, les yeux rivés sur les pierres, tandis qu'elles filaient en direction du *tee*, suivant la ligne médiane ou obliquant avec une désolante inexorabilité vers la gauche ou la droite. Les balayeurs se maintenaient à la hauteur de la pierre, balayant la glace devant leurs pieds, et les *skips* leur criaient « *Up ! Up ! Up !* », tandis que les joueurs des pistes voisines fonçaient d'une maison à l'autre – une de leurs semelles recouverte de téflon pour mieux glisser, l'autre ayant une partie en caoutchouc, afin de pouvoir faire traction – et que les joueurs qui attendaient leur tour vidaient des bouteilles de Labatt Blue et de Bacardi Breezer. Les pierres se carambolaient entre elles tout autour des maisons avec un bruit musical.

*

Pendant plusieurs jours, privé d'oies, n'ayant rien à faire, me sentant de plus en plus seul et sot, j'ai marché. On m'avait mis en garde : il ne fallait pas se promener le long de la côte et il fallait guetter les ours polaires. Je ne me suis donc jamais aventuré loin au-delà des petites maisons en bois. J'ai marché jusqu'au silo à grains et au cap Merry, j'ai contemplé l'immense étendue plate et blanche de la baie d'Hudson, puis je suis reparti le long de la voie ferrée en direction de Winnipeg. Je suis resté assis à boire du thé chez Gypsy's Bakery, écrivant dans mon cahier, ou bien je me suis installé dans la bibliothèque, feuilletant divers volumes, examinant l'ours polaire en fibre de verre posé sur les étagères, passant des œuvres de fiction D à F aux œuvres de fiction J à M. Le vent du nord hurlait ; la température a dégringolé jusqu'à moins douze et mes espoirs ont chuté avec elle. J'en savais assez pour ne pas m'attendre à voir arriver les oies dans ces conditions.

Solitaire, désemparé, pris du besoin aigu d'un rituel familier, j'ai couru à travers une tempête de neige jusqu'à la petite église anglicane, dont les pans de murs avaient été envoyés à la ville de Churchill depuis l'Angleterre, en 1890. Des vents de nord-est sont venus nous fouetter, du fond de la baie gelée, tout au long de l'office des prières du matin, giflant et secouant l'église par le travers. À l'intérieur, on pouvait lire sur des panneaux en tôle le Symbole des Apôtres et les Dix Commandements, les glyphes de l'écriture cree étaient peints sur une toile rectangulaire, et on avait gravé sur une plaque en bois une phrase de l'Ecclésiaste : « Douce est la lumière et il est bon pour les yeux de voir le soleil. » L'église tremblait chaque fois qu'une rafale venait la heurter. La congrégation, qui se montait à quatre membres, était blottie sous un chauffage électrique qui pendait du plafond et chantait ses cantiques sans accompagnement, dans ce lieu isolé et précaire, au bord de la mer.

Dans l'antichambre, Ruth m'a adressé un salut chaleureux. Elle avait une cinquantaine d'années, quelques rares fils blancs dans sa chevelure noire bien ordonnée, des copeaux de verre teinté de rouge accrochés à ses oreilles. Elle portait un pull en laine épaisse, tricoté à la main, avec une fermeture Éclair et un col souple. Sur le devant de ce pull, on pouvait voir deux bernaches du Canada qui se faisaient face de chaque côté de la fermeture Éclair. Ruth a remonté la glissière et les becs des deux oies se sont trouvés réunis pour un baiser affectueux ; après quoi elle a enfoui son menton dans le col de son tricot.

Nous nous sommes assis sous des photographies en noir et blanc de pionniers anglicans. J'ai expliqué que je venais d'Angleterre ; Ruth m'a dit que ses parents étaient venus au Canada depuis Londres en 1934. Ils s'étaient installés à Toronto, où sa mère avait trouvé un emploi d'enrobeuse dans une fabrique de chocolat.

« Elle s'asseyait exactement comme nous sommes assis, avec une plaque de marbre devant elle et les cœurs à enrober tout prêts à sa gauche. Ces cœurs, ça pouvait être, je ne sais pas, une noix, une noisette ou une amande, ou bien du caramel, ou ce que vous voudrez. Une des serveuses passait avec un seau plein de chocolat liquide. Une serveuse pour cinq enrobeuses. Avec une louche, elle déposait une certaine quantité de chocolat sur la plaque en marbre que ma mère agitait un peu pour refroidir le chocolat jusqu'à une température très précise. Ensuite elle prenait un des cœurs et le roulait dedans, une fois, deux fois, et la goutte qui tombait du bout formait cette petite pointe qu'on voit sur les chocolats. Les cœurs liquides, par exemple les cerises, étaient en fait durs quand elle les prenait, mais une fois enrobés dans le chocolat chaud, ils fondaient. Quand elle rentrait à la maison, elle sentait le chocolat. Elle a toujours adoré en manger, mais vers la fin de sa vie, elle a souffert de diabète. Elle n'y avait plus droit. Après elle a toujours eu le sentiment qu'il manquait quelque chose dans sa vie, parce qu'elle ne pouvait plus manger de chocolat. »

L'antichambre sentait le chocolat.

« Qu'est-ce qui vous amène à Churchill ? » a demandé Ruth.

Je lui ai parlé des oies des neiges.

« Je vois. » Elle n'a pas paru surprise. « Donc, vous attendez qu'elles arrivent. Où êtes-vous descendu ?

— Dans une chambre d'hôte de Robie Street.

— Écoutez, voilà, c'est un peu comme si je pensais tout haut, mais j'ai peut-être une idée. Mon neveu va se marier à Tobermory, dans l'Ontario. C'est dans la péninsule Bruce, entre le lac Huron et la baie Georgienne. Je dois aller au mariage, si bien que je vais m'absenter une quinzaine de jours. En fait, je cherchais justement quelqu'un pour s'occuper de mes animaux. Vous pourriez vous installer dans ma maison de Goose Creek, à condition de prendre soin de mon chien et de mon chat. C'est un excellent endroit pour observer les oiseaux. Je suis sûre que vous y seriez très bien pour attendre vos oies. »

Mon moral est remonté en flèche ; j'aurais voulu presser Ruth sur mon cœur.

*

Deux jours plus tard, j'ai emmené Ruth à l'aéroport dans son propre pick-up, une Chevrolet Cheyenne rouge, assez cabossée. Ruth portait un sweat-shirt blanc où était imprimé un cottage anglais : toit de chaume, jardin croulant sous les roses et le chèvrefeuille, barrière entrouverte. Elle m'a dit que la radio du pick-up était coincée sur la station *country and western*, et que je ferais aussi bien de la laisser éteinte et d'écouter les oiseaux. La température était remontée au-dessus de zéro, à présent, et les tempêtes de neige étaient presque oubliées. Il y avait des bernaches du Canada dans les mares de la toundra, en plein dégel, non loin de l'aéroport ; les premiers goélands argentés étaient arrivés du sud. J'ai laissé Ruth dans le terminal et je suis reparti tout seul sur la route menant à Goose Creek.

La route filait vers le sud, le long de la voie ferrée, macadamisée pendant quelques kilomètres, avant de se transformer en une étroite piste en terre battue, creusée d'ornières, qui s'enfonçait dans une forêt d'épicéas faiblards et rabougris.

La maison se dressait dans une clairière ; c'était une longère assez basse en rondins de cèdre rabotés et peints en rouge clair mat, avec des thermomètres vissés aux chambranles des portes, un anémomètre-girouette tournoyant à l'angle du toit, dont Ruth notait les données dans ses registres météorologiques.

Ses deux animaux, dont j'avais la responsabilité, se prélassaient devant la maison, au pied des quatre marches qui menaient à la porte d'entrée.

Saila était trois quarts loup et un quart husky, avec la fourrure d'un loup (pattes et poitrail blancs, dos noir et gris) et la silhouette d'un poney des Shetlands : quatorze ans, boiteuse, sourde, presque aveugle, ses yeux sombres parcourus de traînées laiteuses. La chatte, Missy, mince, gris argent, était un modèle de discrétion. Je dis bonjour à chacune, mais elles ne me prêtèrent aucune attention, tandis que je gravissais les marches avec mes bagages et entrais dans la maison.

L'intérieur faisait penser à un vieux bateau : très sombre, encombré d'objets, les troncs de cèdre calés par des rondelles passés au vernis caramel foncé, les étagères munies de rebords pour empêcher les verres ou les livres de recettes de tomber si jamais la maison basculait. Il y avait un lourd poêle à bois noir, de la firme Cummer, avec son tuyau qui montait jusqu'au plafond et son tas de bûches d'épicéa sur la terrasse de derrière. Un porte-allumettes en fer forgé noir était vissé directement dans le mur en bois derrière le poêle et j'ai remarqué tout autour des égratignures plus pâles dans le vernis, là où l'on avait frotté des allumettes. Ruth m'avait laissé un petit mot sur un Post-it jaune : « LA MAISON RISQUE DE GRINCER, EN DESSOUS C'EST LA TOUNDRA. »

Les joujoux de Missy pendaient au bout de cordons fixés au plafond : un Big Bird jaune de *1, rue Sésame* et une souris violette duveteuse, avec des boules de Noël et des clochettes. Des gravures encadrées d'oiseaux sauvages et de scènes de chasse à courre étaient suspendues aux murs : des avocettes d'Amérique s'élevant d'une mare, suivant les lignes de leurs propres becs tendus vers le ciel ; des chasseurs, ramant dans un petit bateau, pour aller placer des leurres dans un marécage, avec le soleil levant derrière eux ; quatre canards branchus mâles se tenant au bord d'un ruisseau, avec des feuilles d'érable recourbées éparpillées sur la boue et l'eau, aussi hauts en couleur que des arlequins et aussi somptueux que des geishas, avec leurs yeux rouge vif, les rayures blanches de leur visage, leurs crinières irisées et leurs poitrails de pourpre impériale – « canard branchu » était un nom bien terne pour un animal aussi tape-à-l'œil.

Oui, ce salon avait bien l'allure d'un bateau, avec ses rondins, ses vitrines en bois, ses étagères, ses poêles et casseroles suspendues à des crochets, ses lampes à pétrole avec leur mèche en coton derrière la cheminée de verre, l'horloge marine en laiton, fabriquée par la firme allemande Hüger, et le baromètre assorti en millibars, les conditions atmosphériques étant affichées en trois langues : « SCHÖN, FAIR, BEAU ; VERÄNDERLICH, CHANGE, VARIABLE ». Sur la terrasse, étaient installés une cuisinière à gaz, un évier et des bidons en plastique remplis d'eau près des bûches d'épicéa. Derrière la maison, sur une parcelle de terrain détrempé et moussu, où écureuils et lièvres à raquettes s'aventuraient parfois depuis la forêt voisine, une vieille porte servait de rampe pour accéder aux toilettes extérieures. J'ai sorti mes livres et mes classeurs, que j'ai empilés sur la table, remerciant Ruth à haute voix, comme si sa maison pouvait m'entendre.

J'étais heureux d'avoir un camp de base, un

endroit où me mettre à l'aise, m'installer, rassembler mes idées. Ruth m'avait dit en passant qu'elle aimait les ouvrages, le patchwork et la broderie, mais je n'avais pas bien compris de quoi il s'agissait avant de m'aventurer dans le couloir, à la recherche de ma chambre à coucher. Du tissu partout : des fanfreluches et des ruchés, des cantonnières et des cache-sommier en chintz plissé, des nappes en dentelle, de moelleux tapis de laine au point noué, des housses ouvragées en tricot pour les pots de fleurs et les coupes de fruits, des poupées en chiffon avachies dans les coins, des cygnes d'ornement en laine, le cou ployé, des couvre-théières en forme d'igloo ou de smoking, des falbalas dans tous les coins – à croire qu'on était tombé dans un nid tapissé de tout ce qu'il y avait de plus doux et qu'on pouvait, sans crainte, se jeter où on voulait en étant sûr que la chute serait amortie par un tas de plumes ou des édredons repliés sur eux-mêmes.

Le couloir, qui servait d'atelier à Ruth, était presque infranchissable : des planches à repasser ; des étaux et des planches pour les cadres de tension du patchwork ; d'énormes ciseaux ; des dossiers bourrés de pochoirs, de patrons et de motifs divers ; un mannequin de couturière muni de cadrans pour régler le tour de poitrine, de taille et de hanches ; des boîtes de bobines, d'écheveaux, de dés et des ballons en baudruche rouge pour tenir plus solidement l'aiguille quand il fallait la pousser à travers un tissu très épais. Il y avait trois machines à coudre – une White, une Singer et une Pfaff – et des piles entières de tissu vichy, de flanelle, de calicot, de panne de velours, du molleton en dacron et des fibres siliconées pour garnir les patchworks et les coussins. Et puis tout le matériel nécessaire à tous les genres de patchwork, réguliers ou irréguliers ; des anges et des roses en feutre pour le travail en appliqué ; des monceaux de chiffons, de dentelles, de ouate, de vieux bas ; des plateaux en osier chargés de pommes de pin et de fleurs artificielles un peu vulgaires ; et encore des bobines et des rouleaux de fil de coton, de nylon, de jute, de raphia, de twill, d'extrafort, et des écheveaux de laine acrylique. Je souriais avant même de poser les yeux sur les pots bariolés de glands, de pompons de fanfreluches en tous genres, de fausses plumes, de sequins et de gouttes d'argent et d'or, puis sur les optimistes proverbes brodés qui me souriaient depuis leur métier à tapisserie : « LE BONHEUR C'EST UN FER À REPASSER À PEINE CHAUD ; VIVE LES OUVRAGES, À BAS LE MÉNAGE ! »

J'ai atteint ma chambre, la dernière pièce de la maison. Ruth avait fait le lit avec des draps propres et l'avait recouvert d'un dessus-de-lit matelassé bleu clair, sur lequel elle avait mis des oreillers qu'elle avait confectionnés : ils représentaient les ailes d'un ange – en panne de velours blanche et luisante, chaque plume étant molletonnée et cousue avec du fil doré. La paire était soigneusement disposée sur le fond bleu ciel, les pointes à l'opposé l'une de l'autre, comme pour m'inviter à m'allonger sur le lit et à les sentir s'attacher à mes omoplates. Il y avait des voilages aériens à la fenêtre et de généreux rideaux plissés en chintz à fleurs. Aux murs, étaient accrochés des tableaux en tapisserie représentant des colverts et des bernaches du Canada, des écharpes en soie tombaient en cascades quand elles ne formaient pas un nœud papillon ; de chaque côté du lit, deux épais tapis au point noué, dans lesquels j'enfonçais presque jusqu'aux chevilles. J'ai posé mes bagages, fou de joie. La maison de Ruth était mieux qu'un foyer. C'était un monde.

*

J'écrivais à la table du salon. Saila dormait sur le tapis rouge devant le poêle Cummer. Son poitrail se soulevait. Elle ronflait et tressautait. Ses pattes ne se pliaient plus à la hauteur du genou, elles étaient aussi raides que des béquilles. Chaque pas qu'elle faisait paraissait une gageure, allait contre toute logique. Elle vacillait. Elle avançait une patte, puis elle attendait avant de continuer, comme pour s'assurer que le membre était encore capable de supporter son poids. Chaque matin, entre quatre et cinq heures, elle entrait dans ma chambre en chancelant et le bruit me réveillait. J'ouvrais les yeux pour découvrir sa grosse figure de loup, à la lumière de l'aube tamisée par les voilages. Je me levais pour la faire sortir et nous suivions le couloir ensemble, pas à pas ; la pauvre chienne aveugle oscillait d'un côté à l'autre, se tamponnant dans des piles de boîtes. Un matin elle a renversé une boîte où l'on pouvait lire DÉCORATIONS DE NOËL et elle s'est immobilisée, désorientée, au milieu des rosettes, des pompons et des anges en papier gaufré.

Je déposais des cuillerées d'aliment pour chien, goût bœuf, dans la gamelle de Saila, au pied des marches, puis je mettais une certaine quantité de croquettes dans une boîte ayant contenu de la margarine. Missy mangeait de la pâtée Friskies. Sa gamelle restait sur le plan de travail, à côté de l'évier, sur un vieux numéro du magazine *Country Woman*, ouvert à la page « Les lectrices aimeraient savoir ». Victoria Soukup, de l'Iowa, avait écrit : « Je collectionne tout ce qui a trait aux tortues. Qui connaît des dictons au sujet des tortues ? » Pam Simakis, de Virginie-Occidentale, aurait voulu apprendre à faire des lumières pour son patio avec des pots de fleurs en plastique et des maquettes de biplan avec des boîtes de soda vides. Charlotte Lovegrove de l'Indiana demandait : « Qui sait où je pourrais trouver un rouleau de piano mécanique avec la chanson *Back Home Again to Indiana* ? »

Chaque journée était plus chaude que la précédente. Le vent avait tourné : il soufflait maintenant du sud et du sud-ouest, c'était un vent pour les oiseaux migrateurs. Les goélands argentés arrivaient en nombres croissants. La glace commençait à se rompre sur la Churchill River, ramollie par les eaux plus chaudes qui venaient du sud. Je suis allé me promener avec Saila le long des routes de Goose Creek, à mesure que le dégel s'amorçait. Des ruisselets et des flaques apparaissaient sur le sol, entre la route et les épicéas. Des touffes de mousse et de carex luisaient d'humidité. L'air était plein de cliquetis : c'était l'alphabet morse trépidant des grenouilles des bois et des rainettes faux-grillon boréales, qui sortaient toutes de leur hibernation. Saila faisait des embardées d'un côté de la route à l'autre. Elle s'arrêtait parfois pendant plusieurs minutes, en attendant de retrouver des forces, et les grenouilles persistaient dans leur vacarme de compteur Geiger.

Un jour, comme à l'accoutumée, Saila m'a réveillé à l'aube. Je lui ai ouvert la porte et je suis resté un moment sur les marches de la maison. Mes rêves débordaient. Les grenouilles cliquetaient dans les mares de la toundra. Et dans la direction du fleuve, faibles mais reconnaissables entre tous, j'ai entendu les appels des oies des neiges : dans la pénombre vingt-cinq ou trente oiseaux, phase-bleue et phase-blanche en quantités à peu près égales, jappant comme des terriers, formant une rangée oblique et quelque peu ondulante, sont arrivés au-dessus des épicéas en se dirigeant vers la maison. Bien qu'aveugle et sourde, Saila a pourtant remarqué la volée, levant la tête de son bol d'eau au moment où les oies passaient au-dessus de nous, volant assez bas, leurs ailes vibrant comme une ligne à haute tension. La chienne s'est remise à boire et moi, je me suis remis au lit.

*

Sam, coiffé de sa toque en laine bleue, ayant troqué ses lunettes noires cassées pour des lunettes de soleil Bollé à verres bruns, se tenait sur la glace au cap Merry, à côté de deux motoneiges Polaris jaune et noir ; on aurait dit deux guêpes. La glace à l'embouchure de la Churchill River, du cap jusqu'à Munck's Haven et à Fort Prince of Wales, était inégale et crémeuse, une houle océanique comme moulée en plâtre de Paris. Plus près du rivage, elle était déformée et soulevée par le mouvement des marées.

« La glace que tu vois le long du rivage, c'est la glace de terre, m'a dit Sam de sa voix douce. À environ quatre cents mètres du rivage, on trouve ce qu'on appelle un *lead* – une bande d'eau courante entre la glace de terre et la glace flottante, c'est-à-dire le *floe*. La glace de terre ne bouge pas, sauf verticalement avec les marées. La glace flottante, elle, avance et recule, avec le vent. On va s'approcher du *lead*. Ici, on appelle cette zone le bord du *floe*. »

Le ciel était d'un bleu limpide, profond, volumineux. Le fonctionnement des motoneiges était enfantin : frein et accélérateur, pas d'embrayage. Les poignées étaient chauffées. Pour couper les gaz, il suffisait d'appuyer sur le bouton rouge marqué d'un éclair en zigzag. Nous avons tiré sur les démarreurs.

J'ai suivi Sam hors de la Churchill River jusqu'à la glace de la baie d'Hudson. Tant qu'on restait près du rivage, la progression était malaisée, mais dès que nous avons franchi le cap, la glace est devenue lisse et plate, avec des flaques peu profondes et des passages de neige fondue qui giclait sous les patins des motoneiges pour former des éventails étincelants. Nous avons accéléré à mesure que nous avancions dans la baie, laissant derrière nous les émanations de nos moteurs. Je m'efforçais de suivre les traces de Sam, longeant les dénivellations, guidant les patins autour des nids-de-poule dans la croûte glacée. Sam a levé la main droite pour me faire signe de m'arrêter.

« Il y a un *lead* plus petit, juste devant nous, a-t-il crié pour se faire entendre par-dessus les moteurs. Deux ou trois mètres d'eau courante. Reste à la même vitesse et on va pouvoir sauter par-dessus. N'hésite pas à foncer. Il ne faut surtout pas ralentir. »

Nous avons fait demi-tour, revenant en arrière pour prendre notre élan. J'ai regardé la motoneige de Sam franchir l'obstacle dans une gerbe d'eau. Puis, du pouce, j'ai mis les gaz ; la motoneige a foncé vers l'eau courante, a rebondi une fois sur la baie d'Hudson et aussitôt les extrémités recourbées des patins, tendus vers le haut comme les becs des avocettes, ont retrouvé la glace solide. Nous avons continué à toute vitesse jusqu'à la ceinture d'eau courante qui séparait la glace de terre du *floe*. Quand nous avons coupé les gaz, la force du silence m'a étourdi. Un silence rendu encore plus intense après le vacarme des moteurs et l'oreille mettait un certain temps à distinguer les bruits plus subtils, le délicat contre-chant de l'eau qui gouttait et ruisselait, semblable à des tintements de verre fin brisé, là où de sinueuses lignes de fonte traversaient la croûte, si bien que les coins des blocs de glace cédaient au dégel, goutte à goutte.

Le *floe* s'était heurté à d'innombrables reprises à la glace de terre : les bords des deux surfaces s'étaient déformés, créant des récifs, des rochers, des plaques et des menhirs de neige tassée. Nous nous tenions au bord du *lead*. Les lunettes Bollé de Sam étaient équipées de coques latérales pour le protéger de l'éblouissement sur les côtés. En deçà du *lead*, les formations de glace luisaient, des tons bleus et bleu-vert apparaissant comme des fantômes sous le blanc, le soleil se reflétait sur leurs bords et leurs coins ruisselants. La marée descendait, le reflux s'écoulant au-dessous de nous, l'eau courante était rendue turbulente par les tourbillons et le clapot. Au-delà du *lead*, les remparts de glace au bord du *floe* étaient découpés, formant les ombres précises de corniches, de saillies, de contreforts et d'escarpements.

« Je suis venu ici cet hiver, a dit Sam, qui avait repris sa voix douce. Moins quarante. Des vents violents soufflant du nord. Bon Dieu, on voyait le *floe* se jeter contre la glace de terre, comme un bulldozer, travaillant avec le vent. Une partie de la glace s'est cabrée et déformée mais, à d'autres endroits, la plaque du *floe* se soulevait pour ramper sur la glace de terre. Elle avançait très lentement, avec le bruit que font des pneus patinant dans une congère. Quand le *floe* glissait par-dessus la glace de terre, de l'eau salée surgissait d'en dessous, tournoyait et se figeait là, sous mes yeux. Bon Dieu, je l'ai regardée blanchir. L'eau surgissait et tout à coup, *vlan*, c'était de la glace. »

Un phoque annelé a fait surface dans le *lead*, nous a observés un moment, puis s'est éloigné à la nage, montant et descendant, lisse et souple comme un morceau de réglisse. Six bernaches du Canada sont passées au-dessus de nous en direction de Fort Prince of Wales ; leurs cous noirs, leurs jugulaires blanches et leurs croupions pâles se détachaient clairement dans le ciel vide, puis un canard pilet mâle les a suivies, glissant avec vélocité le long du *lead* ; les plumes de sa queue étaient longues et pointues, recourbées comme un cimeterre au-dessus de son cou et de sa tête. Une volée d'oies des neiges, dix phase-blanche et cinq phase-bleue, a longé le *lead* vers le nord, formant un chevron assez souple, puis est venue une grue du Canada solitaire, les pattes pendantes, le cou bien tendu, très différent du cou ployé du héron. J'ai vu le bec de la grue s'ouvrir tout grand avant d'entendre son superbe cri. Mes sens étaient grisés par l'éclat de la glace, la grandeur capiteuse, implacable d'une mer gelée.

*

Les oiseaux continuaient d'arriver du sud, de plus en plus nombreux. Les canards se réunissaient dans les mares de la toundra, tout autour de Goose Creek. Ils grognaient, pendant que les grenouilles cliquetaient ; désormais, le fond sonore avait une certaine texture. Ruth avait ramassé du grain tombé du silo et elle en avait disposé des tas sur le terrain moussu situé derrière sa maison. Ayant pris soin de laisser mon manuel d'ornithologie et mes jumelles à côté de l'évier, je me suis efforcé d'identifier les passereaux : des bruants hudsoniens, la tête couleur de rouille, avec des taches sombres sur le jabot ; des bruants à couronne blanche, au crâne rayé comme un zèbre ; des juncos ardoisés, que je me rappelais avoir déjà vus à la table des oiseaux qu'avait installée David sur le Mont-Riding.

Un matin, une camionnette est venue s'arrêter

devant la maison. J'ai entendu claquer la portière, puis des pas gravir les marches, deux coups frapper à la porte. Un homme d'un certain âge se tenait sur la terrasse, brandissant un filet violet qui contenait trois bulbes d'ail éléphant, une plante originaire du Chili, qu'il avait achetés au magasin Spice World en Floride.

« J'aurais voulu voir Ruth », m'a-t-il dit.

George venait de la ville de Nevada, dans l'Iowa. Il avait d'élégantes lunettes Polaroid, une moustache grise et un feutre gris, un peu plus sombre que la moustache. C'était un passionné d'oiseaux. Depuis qu'il avait pris sa retraite de la marine américaine, il se rendait à Churchill une fois par an pour photographier les oiseaux migrateurs. Au moment où je lui expliquais que Ruth était partie assister au mariage de son neveu, George a remarqué quelque chose dans le jardin et il a empoigné les jumelles sur le buffet.

« Alors là, je veux bien être pendu ! s'est-il exclamé. Figurez-vous que c'est un vacher ! Mais oui, un foutu vacher ! Vous vous rendez compte ! Ah, ça, j'en suis comme deux ronds de flan ! Un vacher ! »

Un vacher à tête brune – une espèce de merle à tête brun clair, dont le bec ressemblait à celui du pinson. À l'instar du coucou d'Europe, le vacher est un parasite de couvée, qui pond ses œufs dans les nids d'autres oiseaux et laisse à ceux-ci le soin d'élever ses petits. Quand nous avons consulté l'article le concernant dans mon manuel, j'ai compris pourquoi George était surexcité. Dans le manuel, les habitats de chaque espèce, pour l'hiver et l'été, étaient indiqués sous forme de zones plus ou moins sombres de la taille d'un timbre-poste, et l'aire de reproduction du vacher avait beau effleurer le Manitoba et s'étendre assez loin vers le nord dans le Saskatchewan, jamais elle n'était à proximité de la baie d'Hudson. Donc le vacher qui se trouvait derrière la maison de Goose Creek était soit un pionnier, soit un oiseau perdu, un vagabond, comme l'oie des neiges de Gallico.

« Alors comme ça, Ruth est à Tobermory ? Et vous, vous êtes venu vous occuper de ses animaux ? »

J'ai expliqué à George mon intérêt pour les oies des neiges et mon idée de les suivre de leur habitat d'hiver à celui d'été. Il a réagi exactement comme il l'avait fait en voyant le vacher.

« Alors là, je veux bien être pendu ! »

Nous sommes sortis observer les oiseaux, roulant lentement dans la Cheyenne le long des routes de Goose Creek, des jumelles autour du cou, aussi vigilants que des sentinelles. Nous avons baissé les vitres, laissant entrer l'incroyable chant des grenouilles. Entre la route et les épicéas, la toundra était gorgée d'eau, moussue, hérissée de touffes, elle étincelait de mares dues au dégel. Il y avait des canards partout. George et moi rivalisions de vitesse pour crier les noms.

« Canard pilet !
— Canard souchet !
— Fuligule ! »

Mais George était le véritable expert. Il lui a suffi de voir leur vol rapide et bas pour identifier une volée de cinq petits garrots ; je me rappelais leurs coiffes blanches pour les avoir vus dans le Dakota du Sud. Il m'a montré du doigt un busard Saint-Martin qui décrivait des cercles en hauteur et m'a dit que, vu de près, il avait le visage rond d'une chouette. Il a repéré une nouvelle espèce de mouette qui venait d'arriver du sud : les mouettes de Bonaparte, nettement plus petites que les goélands argentés, avec un bec noir, mince et droit, plutôt que le bec lourd et courbé des goélands, et des ailes qui pliaient selon un angle très ouvert, comme les sternes. George savait que les *bonies*, comme il les appelait, avaient été baptisées en l'honneur de Charles Bonaparte, un neveu de Napoléon ; qu'elles hivernaient aux États-Unis, au bord de l'Atlantique, du Pacifique et du golfe du Mexique et qu'elles se reproduisaient dans une vaste zone allant de l'Alaska à la baie James, à travers tout le Yukon. Nos mouettes avaient pu remonter vers le nord-ouest depuis la Nouvelle-Angleterre, ou bien tout droit vers le nord depuis le centre et le Mississippi, avec les oies des neiges et les grues, ou encore faire un long périple depuis Orlando, en Floride, comme l'ail éléphant. Nous avons vu une crécerelle d'Amérique perchée sur la pointe d'un épicéa, des volées d'oies des neiges formant leurs écheveaux ondulants, désormais familiers, les cous noirs des bernaches du Canada dressés au-dessus de touffes de carex.

Nous avons laissé la camionnette pour partir à pied, nous arrêtant de temps à autre pour lever nos jumelles et scruter la toundra. J'ai repéré un échassier que George a aussitôt identifié : un petit chevalier, tacheté de gris, mince et élégant, avec un long bec très étroit, comme une pipette, portant son corps léger sur une longue paire de pattes jaunes, enfoncée en bonne partie dans l'eau de fonte. Les appels des oies des neiges, à une certaine distance, produisaient un vague effet de carillon ou de marina, avec les drisses cognant contre des mâts en métal, alors que les cris sonores des bernaches donnaient l'impression de résonner aussi bien à l'inspiration qu'à l'expiration, comme les harmonicas ou les klaxons en caoutchouc noir des voitures anciennes.

« Hou là là », a chuchoté George. Ses jumelles étaient fixées sur la toundra. « Regardez-moi ça. »

J'ai levé mes jumelles, essayant de faire le point, comme un tireur en embuscade. En terrain découvert, il y avait du carex, des bruyères, des touffes de mousse, des ruisselets, des petites mares, des fourrés de saules buissonnants, des teintes de brun proches du whisky single malt et du vieux papier collant.

« Des butors », a murmuré George.

Oui, je les voyais : deux butors d'Amérique, *Botaurus lentiginosus*, des oiseaux secrets, farouches, cousins de l'aigrette, debout immobiles, presque invisibles avec leur plumage noir rayé de brun, le cou tendu, le bec, en forme de fourreau comme celui du héron, pointé vers le ciel. Ils nous avaient remarqués et faisaient semblant d'être des roseaux, espérant que le génie de leur camouflage et de leurs coloris nous empêcherait de les voir.

« Hou là là, a repris George, tout bas. Ce qu'ils sont beaux ! »

Les oiseaux ne bougeaient pas. Ils auraient

pu être sculptés en bois ou taillés dans l'épaisseur d'un tronc. Les ornithologues amateurs les appellent des « pompes à tonnerre », à cause des cris retentissants qu'ils poussent pour marquer leur territoire, mais notre duo avait décidé de jouer la carte stratégique et n'a même pas risqué le moindre geignement.

« Si seulement j'avais mon appareil photo », a murmuré George.

Plus tard, de nouveau seul dans la maison avec Saila qui dormait devant le poêle Cummer, le corps parcouru de brefs spasmes, comme si elle était dans les affres de l'agonie, je me suis plongé dans mes manuels et j'ai trouvé le cri sonore du butor reproduit selon l'étrange phonétique propre aux manuels d'ornithologie. L'un proposait *Oong-KA-chunk !*, un autre penchait plutôt pour *Oonk-a-lunk !*. Je me suis efforcé d'imaginer l'appel d'un butor. Je me suis concentré sur mes transcriptions phonétiques. Mais comment fait-on pour les transformer en chant ?

*

La maison de Ruth, la paisible gentillesse de Sam, la passion des oiseaux de George : autant de cadeaux du destin. Sans eux, j'aurais pu aisément me décourager. Au cours des derniers jours d'avril, dans toute leur âpreté, tandis que je déambulais dans les rues de Churchill, j'étais passé à de nombreuses reprises devant l'agence de voyage du Kelsey Boulevard, en me disant qu'il ne serait pas difficile d'entrer, d'acheter un billet et de prendre l'avion jusque chez moi. Au Gypsy's Bakery, j'avais compilé des listes de tout ce que j'avais à faire en Angleterre, comme si je m'y trouvais déjà. J'avais pensé aux amis que je verrais, aux morceaux de musique que j'écouterais. Et j'avais nourri des ressentiments contre l'endroit où je me trouvais, avec ses tempêtes de neige et sa dureté de dernier rempart de la civilisation ; le silo m'écrasait comme un instrument de l'oppression.

Plus que tout, c'était la maison qui me soutenait, qui me rendait mon énergie, qui donnait un coup de fouet à mon enthousiasme pour ce voyage avec les oies des neiges. J'avais mon endroit à moi, un camp de base assuré. Les formes étaient distribuées selon des schémas fixes et fiables. Mes pieds avaient appris la largeur des pièces, mes doigts l'emplacement des poignées et des commutateurs. Je me suis installé dans des routines quotidiennes – je me levais à l'aube pour suivre Saila le long du couloir ; j'utilisais l'eau des bidons de plastique jaune pour faire la vaisselle ; je déposais des cuillerées de Friskies pour Missy dans son bol sur le buffet (Mrs Amos King, de l'État de Pennsylvanie, recherchait de la vaisselle Corelle à motif de fraises et tout autre article ayant trait aux fraises). J'époussetais les proverbes encadrés de Ruth et ses photographies de famille. Je me confiais à Saila. Je cuisinais des plats roboratifs et familiers. Je dormais avec les rideaux ouverts, juste au cas où je me réveillerais au milieu de la nuit avec, devant la fenêtre, une aurore boréale, diaphane et spectrale.

Une nuit j'ai rêvé de notre maison en *ironstone*. Mais elle n'était pas au bon endroit. Elle n'était pas au milieu de l'Angleterre, à côté d'un bois, avec des terres cultivées montant en pente régulière vers le sud et l'ouest, une flèche d'église piquant le ciel vers le nord. Non, elle était au bord de la baie d'Hudson, avec des caribous et des ours polaires errant dans le jardin, des fenêtres emplies d'un blanc éblouissant : de purs morceaux de glace flottante.

Comment ne pas penser à mon foyer, alors que tant d'oiseaux au-dessus de moi rentraient chez eux ? Quand j'étais parti, le retour était trop éloigné pour y songer, au-delà de l'horizon, rendu invisible par la courbe de notre sphère terrestre. Mais à présent, il semblait imminent, à ma portée, comme si j'avais réussi à atteindre une position privilégiée me permettant de voir mon lieu d'habitation au loin, à un jour de marche. Il n'y avait plus que la péninsule de Foxe entre ce monde connu et moi. De nouveau, je ne tenais plus en place, impatient de retrouver ce que je connaissais. J'éprouvais l'attraction du familier, comme si j'avais pénétré dans un champ de gravitation. J'avais besoin d'attachements profonds plutôt que de rencontres fugitives. Je voulais que ce que je voyais et entendais fût en accord avec ce dont je me souvenais. Je voulais des racines. Et tout cela m'attendait au-delà de la Grande Plaine de la Koukdjuak.

Le mal du pays et la nostalgie ne font plus désormais référence à la même condition. Tous deux décrivent des états liés à la douleur de l'absence, mais alors que la personne qui souffre du mal du pays rêve de retourner dans un endroit particulier et se situe dans l'espace, celle qui souffre de nostalgie rêve de retourner dans le passé et se situe dans le temps. Les deux peuvent être des moyens d'évasion. On peut rêver de se retrouver dans un lieu ou à un moment idéalisés, parce qu'on a peur ou qu'on est malheureux dans le présent spatial ou temporel, comme je l'avais été à l'hôpital. Dans ce cas, la maladie elle-même paraissait être un pays étranger, où l'on ne reconnaissait et ne comprenait plus rien. Le fait d'être malade était une espèce d'expatriation qui vous arrachait de force à des conditions auxquelles vous vous étiez habitué et attaché. Rentrer chez soi, c'était déjà une façon de repartir en arrière. Face à l'imprévisible, le foyer faisait figure de sursis.

J'étais désireux de me protéger de ces fantasmes d'évasion. Il n'était pas question de courir me réfugier dans notre vieille maison chaque fois que les circonstances extérieures devenaient déplaisantes. Il n'existait pas d'autre endroit au monde où mon sentiment d'appartenance était aussi puissant ou dénué d'ambiguïté que la maison de mon enfance, mais si j'en venais à croire que ce sentiment d'appartenance lui était exclusivement lié, je n'arriverais jamais à la quitter pour de bon, à devenir adulte, à trouver ma propre place dans le monde. D'une manière ou d'une autre, il fallait que je parvienne à inverser ma nostalgie, à faire en sorte que mon amour pour cet endroit, pour le sentiment d'appartenance que j'y éprouvais, m'instille non pas un constant désir d'y retourner, mais un désir de trouver ce même sentiment d'appartenance, de sécurité, de bonheur dans un autre lieu, avec quelqu'un d'autre ou en suivant un autre mode de vie. La nostalgie devait regarder devant elle. Il fallait avoir le mal d'un pays qu'on ne connaissait pas encore, vouloir ce qui n'était pas encore arrivé.

Un après-midi, au volant de la Cheyenne, je suis parti le long de la côte pour aller voir l'épave qui se trouvait tout près du rivage, à deux pas de Bird Cove. La glace de terre n'avait pas encore commencé à fondre, mais plus au large, au-delà du *lead*, la glace était désormais en morceaux et des échardes de mer bleue apparaissaient entre les masses de *floe*. J'ai suivi la route goudronnée en direction du cap Churchill, puis je me suis engagé sur une piste qui m'a mené tout au bord de la baie d'Hudson. Je ne me suis guère éloigné de la Cheyenne, craignant que des ours polaires ne fussent cachés dans les creux de la toundra. Des oies des neiges volaient à haute altitude, en chevrons souples et ondulants. Devant moi, pris dans la glace, se trouvait un navire, entièrement rouillé, en pleine décomposition, dont les tristes vestiges, grues, bossoirs, cheminée cassée, se détachaient distinctement contre le fond bleu et blanc de la baie. L'embarcation, prise dans une tempête en septembre 1961, alors qu'elle transportait du nickel de Rankin Inlet à Montréal, avait été drossée à la côte. Debout, à côté de la Cheyenne, j'ai inspecté l'épave à l'aide de mes jumelles, tandis que les volées d'oies glapissaient loin au-dessus de moi. Mais je n'avais pour le moment qu'une seule chose en tête, le nom du navire.

Il s'appelait l'*Ithaca*.

*

Le nombre d'oies des neiges survolant la maison de Goose Creek a commencé à décliner au cours de la seconde quinzaine du mois de mai. Beaucoup d'entre elles s'étaient déjà installées à deux pas, dans la colonie d'oies des neiges de la baie La Pérouse ; beaucoup d'autres poussaient plus loin vers le nord, le long du rivage de la baie d'Hudson, avant d'obliquer vers l'est jusqu'à l'île Southampton et l'île de Baffin. Après être passé devant si souvent, tenaillé par l'envie de rentrer chez moi, j'ai fini par pousser la porte de l'agence de voyages du Kelsey Boulevard et par prendre un billet d'avion pour Baffin. Le lendemain, je suis allé chercher Ruth à l'aéroport et je l'ai ramenée chez elle. J'avais déjà dit au revoir à Saila. Ruth m'a déclaré qu'elle voulait me payer pour m'être occupé de sa maison et de ses animaux et moi je lui ai déclaré que je voulais la payer pour m'avoir autorisé à le faire.

Sam et moi nous sommes vus une dernière fois au Gypsy's Bakery. Son sourire n'était pas un sourire de pure forme : c'était une espèce de moue pleine de gentillesse. De temps à autre, mais jamais très longtemps, il retirait sa toque de laine bleue et se grattait la tête, laissant voir sa chevelure clairsemée. Il portait un vieux blouson d'aviateur en cuir, un tee-shirt assez collant pour maintenir son paquet de cigarettes contre son avant-bras, et une montre en or attachée de telle façon que le cadran se trouvait à l'intérieur de son poignet : pour regarder l'heure, il était obligé de tourner sa paume vers le haut, en ouvrant le bras, fixant l'endroit exact où une infirmière aurait pris son pouls : le tic-tac de sa montre et celui de son corps se trouvaient superposés.

Il avait proposé une balade en voiture jusqu'au cap Merry. Le ciel avait été limpide toute la journée, le gibier d'eau et les passereaux dérivant sur des brises clémentes et modérées en provenance du sud. Le pick-up de Sam était garé devant le restaurant – ce n'était pas un pick-up ordinaire, mais une Ford F 100, datant de 1956, écarlate, avec sur chaque portière des plaques en chrome du dernier chic (où l'on pouvait lire, en italiques, CUSTOM CAB, le nom du modèle) et d'authentiques marchepieds sur lesquels on pouvait se faire transporter si le véhicule était plein. Le siège était une banquette, aussi bien suspendue qu'un trampoline, recouverte d'un drap de coton fleuri dans les tons roses, un peu fanés. Entre les ornières et les monticules causés par le gel, les passagers rebondissaient à qui mieux mieux. Sur le pare-chocs arrière, un sticker déclarait : « SI VOUS N'AIMEZ PAS MA FAÇON DE CONDUIRE, NE VOUS AVENTUREZ PAS SUR LE TROTTOIR ! » Et Sam avait collé sur le plat-bord un écusson de la Canadian Air Force, avec sa devise *PER ARDUA AD ASTRA* (À travers les difficultés jusqu'aux étoiles).

« Il faut juste que je passe prendre quelque chose dans mon atelier, a-t-il dit, et puis on ira jusqu'au cap. »

L'atelier de Sam était un petit garage indépendant à côté de son bungalow. À l'intérieur, il y stockait une Harley-Davidson et un gyrocoptère. Celui-ci n'avait ni roues ni pales : c'était une espèce de cage améliorée, posée sur les extrémités de ses tubes comme si elle était sur la pointe des pieds, avec au centre un siège noir qui ressemblait à un siège automobile pour enfant. Un vieil étui de guitare, bardé de ruban adhésif, était appuyé contre un mur, à côté d'une paire de skis de fond Rossignol, avec les chaussures coincées dans les fixations. Au-dessus de l'établi, une pancarte écrite à la main conseillait : « RENDEZ-LE PLUS PROPRE QUE VOUS NE L'AVEZ TROUVÉ, D'ACCORD ? » Et au-dessus, sur le rebord d'une longue étagère en contreplaqué, Sam avait écrit : « FRAGILE, PALES DU GYROCOPTÈRE ! » Il a farfouillé un moment, puis il a hissé un sac de toile vert sur son épaule.

Le silo à grains cachait le soleil, bas sur l'horizon, comme le caviardage d'un censeur. Sam a lancé son sac sur le plateau à l'arrière de la Ford. Dans la cabine, le châssis en acier était nu et sentait la pierre mouillée. Il avait acheté ce véhicule quand il était encore dans l'aviation canadienne, à Camp Gordon dans l'Ontario, et sa Harley-Davidson à Winnipeg. Churchill était équipé d'une petite cinquantaine de kilomètres de routes pavées et Sam y circulait comme s'il avait roulé sur les plus grandioses autoroutes.

« On arrive au bout de la route, on fait demi-tour et on revient droit au point de départ, et ainsi de suite, jusqu'à ce qu'on en ait marre ou qu'on n'ait plus d'essence, a-t-il dit. Quand j'ai quitté l'aviation, je suis allé à moto de Thompson dans le Manitoba jusqu'à Inuvik, au nord, par l'autoroute de Dempster, et c'est le plus loin qu'on puisse aller sur deux ou quatre roues. J'avais une tente. Le soir, je quittais la route à l'endroit où je me trouvais. Je m'enfonçais aussi loin que possible dans les broussailles et j'y campais. Et tous les trois jours, à peu près, je dégottais une rivière pour me laver. »

Nous avons dépassé le silo, quittant l'asphalte pour la piste en gravats cahoteuse qui menait au cap Merry. Sam a garé la Ford au bout de la piste. Nous avons escaladé des gros rochers couverts de lichens vert pâle, gris et rouille, nous dirigeant vers l'extrémité du promontoire ; nous nous sommes arrêtés sur une grosse pierre plate à l'embouchure de la rivière ; la glace la plus proche de nous avait été forcée de se dresser en crêtes noirâtres à l'endroit où le mouvement des marées la faisait basculer. Sam m'a indiqué du doigt, de l'autre côté de la rivière, ce qui restait du fort Prince of Wales, l'ancienne place forte de la compagnie de la baie d'Hudson ; le soleil était juste au bord de la baie, vers le nord-ouest.

J'ai questionné Sam à propos du gyrocoptère.

« C'est mon projet en cours. Je le construis moi-même. Je m'inspire d'une demi-douzaine d'autres modèles, je prends juste les meilleures idées de chacun et je les incorpore à ma propre machine. J'ai acheté un plan de base, et puis j'ai trouvé d'autres possibilités en regardant des photos. On peut faire venir l'équipement des États-Unis ; en fait, c'est relativement facile.

— Où vas-tu voler ?

— Bof, je ne sais pas. Dans le coin. »

Il y avait eu d'autres projets. Sam avait fabriqué un *power-kite*, ou voile de traction, à partir d'un dessin trouvé dans un livre. Il avait utilisé une ancienne voile de deltaplane et doublé les proportions indiquées sur son plan.

« Ouais, j'ai fait une version maxi. Et puis je l'ai apportée jusqu'ici et je suis parti sur la glace avec mes skis de fond. Il y avait pas mal de vent. Assez vite, j'ai réussi à lancer la voile. Elle me tirait vachement vite sur la glace de terre, sur la bande lisse avant qu'elle soit toute cabossée près du *lead*. Je me cramponnais de mon mieux aux deux poignées et le vent hurlait dans la voile. Ça te traîne à une sacrée allure, plus vite qu'on ne voudrait. Un de mes copains était venu en motoneige et il était là pour me récupérer après chaque tour, parce que, tu vois, je n'arrivais pas à me servir de la voile pour remonter au vent, prendre des bords comme on le ferait en voilier. »

Pendant plusieurs années, Sam avait eu à Vancouver un voilier qui était au mouillage dans Burrard Inlet, en face de Stanley Park. Il l'avait vendu après avoir failli couler au large de Bowen Island. Il avait été pris dans un violent coup de chien, alors qu'il était seul à bord.

« Le bateau est resté couché sur l'eau pendant environ trois minutes, m'a-t-il expliqué. Je n'arrivais pas à amener les voiles. Ça coinçait de partout. J'ai perdu les pédales. Je ne comprenais pas ce qui se passait, tout a été si brusque. J'essayais d'actionner l'enroule-foc sans lâcher la barre. Le vent poussait le bateau latéralement, et j'ai eu vraiment du pot que le grain passe aussi vite. J'ai cru pour de bon que j'allais y passer. Ouais, je me suis dit que j'étais foutu et j'étais franchement triste. Je n'ai pas senti d'autres trucs que je m'attendais à sentir. J'étais triste, rien d'autre. »

Nous nous sommes assis sur notre pierre, pour contempler la baie. Je m'imaginais Sam, filant à toute allure sur la glace, cramponné à sa voile, sa toque n'étant plus qu'un point bleu qu'on avait à peine le temps de voir. Tous ses projets étaient des variations sur un thème : comment s'évader ?

« J'aime me perdre exprès, m'a-t-il confié. Je me perds délibérément. Je me suis perdu exprès en Chine, en Russie, en Mongolie, aux Philippines. Je me suis perdu à Beijing et j'ai fini par me retrouver dans une zone industrielle, au milieu de rien. J'ai fait exprès de me perdre à Manille. J'étais en Allemagne avec l'armée, pour une formation NBC, en cas de guerre nucléaire, biologique et chimique, et je me suis perdu volontairement à Berlin et Munich, et d'autres endroits dont je ne me rappelle même plus les noms. »

Une paire de bernaches du Canada est passée, volant très bas de gauche à droite, juste devant nous, se cantonnant dans la couche d'air frais et dense au-dessus de la glace. Il n'y avait pas de vent. Des bruants des neiges voletaient de rocher en rocher. Trois oiseaux blancs plus grands sont apparus sur les rochers en contrebas, foulant les lichens : des lagopèdes des saules, sous leur plumage blanc d'hiver – une variété de grouse, avec un corps trapu, des pattes courtes, des yeux ronds et noirs et un petit bec crochu. Les lagopèdes résident dans la toundra d'un bout de l'année à l'autre : leur plumage change avec la saison, le blanc est peu à peu remplacé par des plumes marron, si bien que les oiseaux restent camouflés même quand la neige disparaît. Un duvet pousse tout le long de leurs pattes, comme un pantalon, et même sur leurs serres en hiver (leur nom scientifique *Lagopedus* vient du grec et signifie « qui a des pieds de lièvre »), à la fois pour leur tenir chaud et pour empêcher la serre de s'enfoncer trop loin dans la neige, en réduisant la distance en question de près de cinquante pour cent. Notre trio ne paraissait pas plus ému que ça de voir deux hommes assis sur une pierre.

Un peu moins de deux cents mètres séparaient le cap du fort. On pouvait voir dans la glace des mares de dégel peu profondes. Le soleil étincelait sur l'eau comme des flammes de bougie sous un morceau de verre. Nous sentions sa tiédeur sur nos visages. Sam m'a indiqué d'un geste l'embouchure de la rivière, étendant le bras gauche, comme le font souvent les gens pour écarter leur manchette du cadran de leur montre.

« Je l'ai traversée à la nage, m'a-t-il dit.

— Je te crois. Mais je ne sais pas si je croirais quelqu'un d'autre.

— C'était simplement une espèce de défi. L'idée m'est venue en 1988. Ça ne faisait pas longtemps que j'avais quitté l'armée. Les gens n'ont pas montré un grand enthousiasme quand j'ai émis cette idée. Par ici, personne n'a envie de voir quelqu'un d'autre se distinguer, quelle qu'en soit la raison. Je me suis entraîné pendant un an. Je savais qu'il fallait que je traverse le plus vite possible, à cause du froid, alors je me suis entraîné en crawl. On ne m'a jamais appris à nager. J'ai appris tout seul quand j'étais gamin. J'ai commencé à faire de la nage de fond quand j'étais à Baden-Baden, en Allemagne de l'Ouest. Il y avait une piscine, mais la plupart du temps je nageais dans une carrière derrière notre base. On y avait installé un bassin très profond, entouré de hautes parois. C'était un endroit où on pouvait être tranquille, tu vois.

« J'ai commencé à m'entraîner dès que j'ai eu décidé de traverser l'embouchure. Je suis allé à la piscine tout l'hiver, au moins une heure par jour. J'ai fait des kilomètres à la nage dans ce bassin. Quand la glace a fondu dans le lac, au mois de juin, je me suis mis à nager là, pour m'habituer aux températures. J'y allais de mon côté et je m'enduisais de graisse Tenderlake, c'est une graisse de bœuf. J'en achetais des pains entiers aux Northern Stores. Je m'enduisais les cheveux de graisse et par-dessus je mettais un bonnet de bain, et je portais des lunettes de plongée. Je ne crois pas que la graisse servait à grand-chose, mais j'avais lu que les gens qui traversaient la Manche s'en enduisaient.

« Je me suis entraîné pendant toute l'année 1988 et la moitié de 1989. La traversée a eu lieu le 1er août 1989. D'ordinaire, la rivière est ouverte de juillet jusqu'à fin septembre. J'ai essayé de choisir un jour où l'eau serait aussi chaude qu'elle pourrait l'être, d'après mon estimation, mais il n'empêche qu'elle était proche de zéro. J'ai payé deux gars pour m'accompagner en bateau. Personne n'est venu regarder. J'en avais parlé à quelques connaissances, mais ça ne les intéressait pas vraiment. Je suis parti d'ici même, le long du cap, et j'ai traversé jusqu'au fort. Le mieux à faire, c'était de partir exactement au moment où la marée était au plus bas. Et l'après-midi, vers une heure si possible. Je me suis enduit de graisse et j'ai mis le bonnet et les lunettes. Il faut commencer à nager dès qu'on touche l'eau. Pas un instant à perdre. Dès qu'on est dans l'eau, le niveau d'énergie descend en flèche. Il est en chute libre. Et si on s'arrête pour reprendre haleine, il ne remonte pas. L'eau est tellement froide qu'elle suce votre force vitale jusqu'à la moelle et il n'y a qu'une chose à faire, continuer.

« Et figure-toi que pendant la traversée, dès qu'on met la tête sous l'eau, on entend les baleines. Il y a des tas de bélugas dans la rivière à cette époque-là de l'année. Et je te jure qu'on les entend parfaitement. Ce sont des baleines blanches. Il y a des gens qui les appellent les canaris de mer. Elles font un bruit plaintif, comme une espèce de geignement psychédélique, quelque chose que tu n'as encore jamais entendu. Un des gars du bateau m'a dit que pendant que je nageais, il a vu un béluga passer juste en dessous de moi.

« Il m'a fallu une demi-heure pour traverser jusqu'au fort. Et le retour a été bien pire. J'ai été pris dans des courants de marée qui m'ont déporté dans la baie d'Hudson sur cent cinquante mètres. Je savais que je devais continuer à nager. J'ai avalé de l'eau et j'ai eu des crampes presque aussitôt. Mes lunettes se sont embuées. Je ne voyais plus où j'allais. J'ai suivi le bruit du bateau. Il était en aluminium avec un moteur hors-bord, alors j'ai continué de nager en direction de son bourdonnement. Et puis, pour je ne sais quelle raison, les gars ont ralenti et j'ai failli me payer l'hélice. Je les ai traités de tous les noms, parce que je me sentais couler. Je revenais en zigzags de la baie d'Hudson et j'étais vraiment au bord de l'évanouissement. Je crois bien que j'ai même eu quelques hallucinations. J'avais l'impression que les baleines avaient des voix de sirènes et je me disais que ça vaudrait peut-être le coup d'aller les retrouver.

« Pour finir j'ai réussi à regagner le cap. Quand je suis sorti de l'eau, je ne savais plus où j'étais. J'étais en hypothermie complète. J'avais l'impression que mes pieds étaient à des kilomètres, très, très loin au-dessous de moi. Je tremblais avec une telle violence que j'étais presque en convulsions. Les gars du bateau m'ont fait asseoir sur une chaise et ils ont empilé des couvertures. Ils m'ont donné du thé bouillant et j'ai commencé à me réchauffer un tout petit peu, et je crois bien que j'étais plutôt content. Avant de m'y coller, je m'étais dit que j'allais réussir ou crever, c'était ma façon de penser. J'étais assez confiant dans mes possibilités. Quand j'ai senti un peu de chaleur revenir, j'ai éprouvé un sentiment de gratitude. J'avais envie de remercier l'esprit de la rivière, qui m'avait laissé vivre. »

Nous sommes restés sans rien dire pendant un petit moment. Sam a ôté sa toque et s'est ébouriffé les cheveux. Et puis, brusquement, il s'est mis debout.

« Tu veux tirer quelques patates ? » m'a-t-il demandé.

Nous sommes retournés jusqu'au pick-up, à travers les rochers, et Sam a récupéré son sac en toile verte. Puis nous sommes revenus là où nous étions, sur la pierre plate, avec la rivière, la baie et le soleil en or cuivré, bas sur l'horizon.

Le sac en toile contenait un gros machin en plastique qui ressemblait à un tuyau d'échappement : c'était une arme artisanale, un obusier fabriqué avec cette espèce de PVC noir qu'on utilise pour les canalisations. Le canon était rayé avec du ruban adhésif jaune et la gâchette, un allume-feu pour barbecue, était attachée à une poignée en bois peinte en rouge et garnie de ruban noir. Des fils couraient de la gâchette jusqu'à un magasin au cul de l'obusier.

Puis Sam a sorti de son sac un filet en plastique des Northern Stores plein de pommes de terre. Il en a enfoncé une dans le canon de son mortier, la poussant le plus loin possible avec un goujon en bois ; son geste était assuré, comme celui d'un mousquetaire. Sur le goujon, il y avait une ligne noire avec des flèches pointées vers elle. À côté des flèches, Sam avait écrit au feutre noir : PATATE JUSQU'ICI. Il a dévissé un bouchon à l'arrière de l'obusier et fait entrer de l'air frais dans le magasin.

« Tu pourrais me passer le bidon de Lysol ? » a-t-il demandé.

J'ai trouvé le désinfectant dans le sac vert. Il était à base d'éthanol dénaturé.

« Lysol ! Le choix des champions ! » a proclamé Sam, moqueur.

Il a vaporisé du Lysol dans le magasin pendant quelques secondes, puis il a remis le bouchon. Quand on actionnait la détente, l'allume-feu envoyait une étincelle dans le magasin et le gaz entrait en combustion.

« Bon, j'envoie la première, d'accord ? » a dit Sam.

Je me suis écarté. Il a pointé l'obusier loin vers

le fond de la baie d'Hudson. Puis il a appuyé sur la détente. Il y a eu une espèce de *fouff* sonore, comme le bruit du vent giflant une petite église en bois, et l'explosion a propulsé la pomme de terre selon une trajectoire longue et haute. Nous avons repéré notre missile – une tache, un point, puis plus rien, retombant invisible quelque part sur la glace, près du soleil. Nous avons éclaté de rire.

Sam a pris une autre pomme de terre dans son filet, il l'a poussée au fond du canon avec le goujon. Il a dévissé le bouchon au cul de l'obusier. Une épaisse fumée est sortie du magasin. Il a fait entrer de l'air frais en agitant la main.

« Il faut qu'il y ait assez d'oxygène là-dedans », a-t-il expliqué.

Il a vaporisé une nouvelle giclée de Lysol, revissé le bouchon et m'a tendu le mortier. Je l'ai pris assez bas. J'ai pointé le canon vers le ciel au-dessus de la baie d'Hudson et j'ai appuyé sur la détente. J'ai senti l'explosion contre ma hanche, j'ai entendu le souffle de la pomme de terre qui remontait le long du tube. Nouvelle trajectoire en arc : tache, point, plus rien.

Chacun à son tour, nous avons lancé des pommes de terre jusqu'à épuisement de nos munitions.

8

La péninsule de Foxe

Notre instinct est de revenir au bercail. Les oiseaux migrateurs ne voyagent pas pour le plaisir. Ils se déplacent entre leurs lieux d'hivernage et d'estivage, parce que l'axe de notre planète n'est pas perpendiculaire au plan de son orbite autour du Soleil. Ils migrent en réaction à l'inclinaison, aux saisons et aux variations saisonnières dans leur approvisionnement. Quelle que soit l'espèce, un individu qui reste dans son environnement familier a plus de chances de trouver à boire et à manger, plus de chances d'échapper aux prédateurs et aux intempéries, qu'un autre qui s'aventure en territoire inconnu. Le mal du pays n'était peut-être, au départ, qu'un moyen de signaler à un singe qu'il devait rentrer chez lui.

La première chose que j'ai faite quand je suis descendu de l'avion à Iqaluit, sur l'île de Baffin, a été de chercher des oiseaux du regard : goélands argentés, bruants des neiges sautillants, corbeaux aux plumes lustrées comme du vinyle. Le ciel était bourré de nuages qui faisaient penser au duvet d'une couette, la neige obligeant la lumière à rivaliser de blancheur. Des maisons préfabriquées et peintes offraient une palette rudimentaire de couleurs et de formes, se détachant contre toute cette blancheur. Des pick-up et des 4 × 4 tout-terrain cabossés, sur lesquels s'étalaient les noms Big Bear, Timberwolf et Kodiak, sillonnaient les pistes en terre battue rougeâtre. Des silhouettes marchaient péniblement à travers les gravats et la neige sale, le long des routes, blotties dans de lourdes parkas arctiques vertes ou bleu marine qui leur descendaient aux genoux, équipées de courtes bandes réfléchissantes sur les poches de poitrine et de capuches bordées de fourrure. Des caribous paissaient sur des parcelles de terre nue. Des équipages de huskys, encordés comme des montagnards, étaient vautrés sur la glace de la baie de Frobisher.

Nous étions le 23 mai, le jour où mon père s'attendait à voir les martinets arriver chez nous. À Baffin, mes bottes en caoutchouc vert isolant Below Zero (au-dessous de zéro), mes sous-vêtements thermiques, mes vêtements en polaire et ma doudoune garnie de duvet d'oie n'étaient pas vraiment efficaces contre le froid. J'ai traîné mes bagages de l'aéroport jusqu'au Discovery Hotel, en louchant avec une envie mêlée de convoitise sur les parkas arctiques. Il y avait environ une ou deux heures d'obscurité et j'ai dormi par à-coups, troublé par cette photopériode prolongée. Au matin, le nuage s'était dissipé. Le ciel était d'un bleu profond, parfait ; j'ai été obligé de mettre ma main en visière au-dessus de mes lunettes de soleil, comme pour un salut militaire, afin de protéger mes yeux du féroce albédo des zones arctiques.

Pendant la nuit, une explosion de gaz avait détruit tout l'arrière d'un immeuble de Happy Valley. Une foule s'est massée, des familles entières contemplaient des intérieurs qui se retrouvaient soudain, cruellement, à ciel ouvert : cuisinières, téléviseurs, canapés de velours, lits défaits, bords de planchers et murs déchiquetés, moquette déchirée et tiges d'acier broyées, une épaisse colonne de fumée noire s'élevant dans le bleu du ciel. Des pompiers dirigeaient leurs lances à incendie sur les appartements où le feu couvait encore, les visières remontées sur leurs casques en laiton, portant leur appareil respiratoire isolant à l'envers sur leur dos, le robinet se situant non pas près du cou, mais à la base de la colonne vertébrale, comme pour les distinguer des plongeurs sous-marins. Un des membres de l'équipe restait à regarder, reprenant des forces : c'était une femme avec des mèches de cheveux noirs collés sur son front, les joues noires de suie. Elle fumait une cigarette, contemplant l'immeuble en feu, aspirant de longues et profondes bouffées et rejetant une fumée grise, plus fine et plus claire que celle qui continuait de monter vers le ciel, en grandes quantités, depuis les appartements calcinés.

Tout près de là, la cathédrale St Jude avait la forme d'un igloo, avec, tout en haut de son dôme blanc, des fenêtres et une croix. À l'intérieur, derrière l'autel, étaient suspendues des draperies violettes, couvertes de décorations appliquées dans des couleurs vives : oies des neiges, bélugas, morses, équipages de chiens, igloos. Et devant ces draperies était suspendue une croix merveilleuse :

deux défenses de narval, offertes par la communauté de Pond Inlet, fixées à une croix en chêne verni ; des crêtes et des sillons s'enroulaient en spirale autour de chacun des deux fuseaux d'ivoire de la base au sommet. Le lutrin était un traîneau dressé sur l'extrémité plate de ses patins, avec une bible ouverte appuyée contre les extrémités recourbées et un micro fiché dans les dents d'un harpon.

Je me rappelais une autre église, dont la flèche était le premier point de repère qu'on apercevait au-dessus des arbres, marquant le site comme un des drapeaux d'un parcours de golf, comme le balai d'un *skip* brandi dans la maison d'un terrain de curling, comme le mât étayé par des câbles en acier bien tendus qui permettait de situer la maison de Matthew dans les collines près d'Austin – une chaire en pierre qui faisait saillie, des cartouches de marbre blanc, des chauffages électriques qui pendaient du plafond, diffusant leur lueur orangée au-dessus de bancs de chêne aux teintes profondes, des creux dans les dalles de pierre du sol, usées par les souliers de nombreux siècles. Le lutrin était un aigle en laiton ; une bible était ouverte, comme un autre oiseau, sur le dos de ses ailes (l'aigle, expliquait-on aux enfants, allait emporter les paroles jusqu'au ciel) ; une veuve à la chevelure neigeuse jouait de l'orgue comme si elle conduisait un poids lourd, parfaitement à l'aise avec ses pédales et le plat-bord de son clavier, guettant dans son rétroviseur les signaux de l'officiant.

*

Le petit avion à réaction s'est enfoncé dans d'épais nuages au-dessus de la péninsule Meta Incognita et il en est ressorti au-dessus de l'extrémité sud de la péninsule de Foxe. Loin au-dessous, la glace du détroit d'Hudson commençait à se fracturer, avec des minces fissures d'eau courante, lisse et noire, dans la surface blanche, et dans le *floe*, des plaques de glace polygonales dérivant à travers des trouées plus grandes, de la taille d'un lac. J'avais le visage pressé contre le hublot, espérant voir des volées d'oies arrivant dans la péninsule de Foxe portées par les vents de sud-ouest, et me demandant si les oiseaux blancs au bout des ailes teinté de noir seraient seulement visibles dans cet environnement monochrome. Je sentais courir dans mon sang le frisson de la surexcitation, de cette attente exacerbée que j'avais éprouvée au volant de la Chevrolet bleue, entre Houston et Eagle Lake, et une autre fois en attendant mes premières oies des neiges au crépuscule, près de la maison de Jack, dans la prairie. J'allais voir des oies dans la péninsule de Foxe, leur aire de reproduction – peut-être même celles que j'avais déjà vues dans leur zone d'hivernage au Texas, avec pour compagnons dégingandés les pélicans d'Amérique, les grands hérons et les grues du Canada, à trois mois et près de cinq mille kilomètres de distance.

Jeff m'attendait sur la piste d'aviation de Cape Dorset : dans les trente-cinq ans, bâti en force comme un lutteur, une épaisse moustache à la russe et deux yeux bruns aussi durs que des noisettes, derrière des lunettes rondes à monture d'acier. La finesse minimaliste de ces lunettes offrait un contraste incongru avec sa rudesse d'homme des grands espaces et sa jovialité toujours sur le pied de guerre. Il se tenait à côté d'un véhicule tout-terrain Yamaha Big Bear (gros ours), fumant une cigarette avec une impatience résolue et musclée, vêtu d'une salopette matelassée imperméable, de bottes de neige Sorel Glacier et d'une parka arctique verte à la capuche bordée de fourrure. Son menton et ses joues étaient cachés par un début de barbe dont les poils châtains hérissés mesuraient à peine le tiers de ceux de sa moustache et qui faisait l'effet d'une mesure de protection, d'une adaptation judicieuse aux rigueurs du facteur de refroidissement. Il travaillait pour le département des Ressources renouvelables et il avait proposé de m'aider à repérer des oies des neiges.

« Hé là ! a-t-il dit comme s'il balançait un coup de poing.
— Jeff ?
— Tout juste ! »

Il a hissé mes bagages sur le porte-bagages situé devant le guidon de son engin, a aspiré la dernière bouffée de sa cigarette, jeté le mégot comme une fléchette en direction de la route en terre battue qui passait devant la piste d'aviation, puis il s'est installé à califourchon sur sa moto à quatre roues, rebondissant sur la suspension.

« Monte. Et cramponne-toi. Ne lâche surtout pas. »

Je suis monté derrière lui et nous sommes partis à fond de train le long de la piste ; la blancheur des nuages et de la neige pesait sur la lumière de l'après-midi. Les édifices de Cape Dorset étaient répartis entre plusieurs collines au-dessous de nous : des cabanes en bois préfabriquées et des maisons, des panneaux colorés élevés à deux ou trois mètres au-dessus du sol, sur des pilotis d'acier coulés dans la roche au-dessous du permafrost. Des enfants inuits allaient et venaient à pied le long de la route, lançant quelques mots aux tout-terrain qui passaient à vive allure ; par moments Jeff accélérait dans leur direction, avec un caquètement d'hilarité digne d'un traître de mélodrame, et mes bras se crispaient autour de sa taille tandis qu'il se penchait sur son guidon pour mieux profiler le Big Bear ; très vite, les enfants reconnaissaient leur tortionnaire et s'écartaient, lui laissant le milieu de la route.

Nous nous sommes arrêtés devant une maison préfabriquée en bois à un étage, montée sur pilotis comme les maisons des bayous, aux murs rouge sombre enduits d'argile, un toit peu pentu d'acier ondulé Vicwest et, pendant des gouttières, des stalactites de glace de longueurs diverses, aussi régulièrement calibrées que celles d'un carillon éolien : si l'on avait frappé ces morceaux de glace avec un petit marteau, chacun aurait donné un son différent. Un gros husky à l'épaisse fourrure était attaché au petit perron menant à la porte d'entrée.

« Shooter ! Je t'ai manqué ? Mon pauvre bébé ! Mon pauvre Shooter ! » s'est écrié Jeff en prenant une voix enfantine et en s'accroupissant pour tirer doucement les oreilles du chien et offrir son début de barbe à ses généreux coups de langue rose. J'ai gravi le perron et suivi mon hôte dans la maison.

« *Home, sweet home* », a lancé Jeff en ouvrant sa parka.

La chambre d'ami était meublée d'un lit étroit et d'une table en bois toute simple. Aucune décoration aux murs.

« Je ne sais pas comment vous remercier.

— Ne t'inquiète pas, mon pote. Pose donc tes sacs. On va faire un tour dehors et voir ce qui se passe. »

Nous avons remonté la colline sur le dos du Big Bear, suivant la route en terre au-dessus de la piste d'aviation jusqu'au dépôt de carburants : d'énormes fûts en plastique blanc contenant du diesel, de l'essence et du kérosène. Jeff a coupé les gaz de son engin. Aucune atténuation de l'éclat environnant ne venait annoncer l'approche de la soirée. Nous avons laissé le tout-terrain pour partir à pied à travers la neige.

« Ne baisse pas la tête, m'a conseillé Jeff. Tu n'as sûrement pas envie de te faire choper par un ours polaire. »

Mon corps avait du mal à faire face au froid, mes pieds étaient presque insensibles dans mes bottes vertes Below Zero et mes mains ne donnaient plus signe de vie dans mes gants épais. Nous avancions péniblement ; la croûte de neige paraissait ferme sous nos pieds, elle promettait une plate-forme solide, mais c'était pour mieux s'effondrer, dès qu'elle avait obtenu notre confiance, et nous plonger jusqu'au genou ou même jusqu'à la cuisse dans de la poudreuse, ce qui faisait de chaque foulée un modèle réduit d'optimisme voué à la désillusion. Jeff marchait comme s'il avait un compte à régler avec la neige, ses jambes courtes et robustes s'abattant sur elle avec la force de deux pistons – il donnait l'impression d'avoir mis le sol K-O et d'être bien décidé à l'achever à coups de talon. Arrivés sur une position d'où l'on dominait le paysage, nous nous sommes arrêtés.

Tout n'était que blancheur. Au-dessous de nous, des immeubles préfabriqués autour du port, l'eau couverte de neige glacée. Quelques équipages de chiens encordés étaient allongés sur cette surface, comme des gribouillis sur une page blanche. Au-delà du port, on apercevait l'eau courante de la baie de Tellik Inlet qui donnait dans le détroit d'Hudson. Cette baie était libre de glace tout au long de l'année, c'était une de ces zones qu'on appelle des polynies. La surface était immobile, sans une crête blanche, sans une ride, d'un gris visqueux, saturé de grisaille, une mer endormie. Au-delà encore, les collines enneigées se fondaient dans le ciel blanc, la terre ne se distinguant de la voûte céleste que grâce aux points et aux mouchetures noires des rochers.

« C'est du granit igné, a précisé Jeff. Il existe depuis le commencement des temps. »

Nous avons parcouru quelques mètres vers la gauche et nous avons gravi un affleurement de roche noire. La couche noire à la surface du granit donnait l'impression qu'il avait été calciné, mais en réalité c'était un lichen, une sorte de poix vivante, le noir étant parfois recouvert de plaques d'autres lichens vert pâle et jaunes, rayonnant de leurs propres centres comme des teintures en dégradé. J'ai tendu le bras gauche pour dégager le cadran de ma montre. Il était dix heures du soir, mais la lumière se cramponnait à l'idée qu'il faisait jour, et rien, aucun signe n'indiquait que la nuit était imminente, ni même attendue. La lumière était hyperréaliste, infusée de métaux précieux, teintée de platine.

Jeff a allumé une cigarette, mettant les mains en conque devant la flamme, des mains aussi volumineuses que des gants de boxe, puis il a pointé les collines blanches ondulantes en face de Tellik Inlet.

« Quelquefois, je m'en vais par là-bas, m'a-t-il dit en soufflant ses paroles en même temps que la fumée de sa cigarette, je m'en vais en vadrouille. Et c'est comme si j'étais dans le néant, une phrase ou deux avant le début de la Genèse.

— Il va falloir que je trouve des gants plus épais, ai-je dit, et peut-être aussi une veste.

— Tu trouves qu'il fait froid ? s'est-il écrié. Moins huit ou moins neuf ? Mais ce n'est pas froid. C'est Hawaï, ça ! »

Il a ri, en rejetant la tête en arrière, un rire sonore et hystérique qui faisait le plus de bruit possible, comme s'il espérait laisser des traces sur la blancheur étouffante. Mais le rire de Jeff n'a pour ainsi dire pas effleuré le silence. Il a tété sa cigarette. Nous avons regardé au-delà de Tellik Inlet. Pas un pouce de vent. Quelques goélands ont volé bas en travers de l'eau courante grise. Les huskies attachés tous ensemble formaient des dessins très simples sur la glace du port : quelques points reliés par des lignes. Le silence était bel et bien audible, comme s'il était lui aussi un bruit : un bourdonnement blanc et régulier. La lumière évoquait le tranchant d'une lame, l'éclat d'une feuille de métal.

De l'autre côté de l'eau, des chaînes de collines se fondaient dans le ciel blanc sans la moindre démarcation.

Jeff et moi avons remarqué les oies en même temps – une ligne horizontale ténue, volant vers le nord : un ruban de quinze ou vingt oiseaux, les extrémités noires des ailes scintillant au-dessus des collines, la ligne ondulant comme si elle était parcourue par une paresseuse décharge d'énergie d'une extrémité à l'autre ; des oies des neiges de phases bleue et blanche, portées au-dessus du détroit d'Hudson par les vents de sud-ouest de ces derniers jours, de retour dans la péninsule de Foxe après leur séjour hivernal à proximité du golfe du Mexique. Un poids qui me pesait sur la poitrine s'est soudain dissipé. Nous étions arrivés le même jour.

Jeff a jeté sa cigarette par terre et levé les deux bras, pour célébrer l'instant.

« Ouais ! a-t-il braillé. Voilà les oies ! Regarde-moi ces mignonnes ! Ah, punaise ! On va se faire quelques oies !

— Pile poil !

— Et comment ! » Jeff était aux anges, il ne tenait pas en place sur notre podium de granit rugueux. « Ah, punaise ! Pour un peu, je filerais tout de suite de l'autre côté de l'île. Sans perdre une minute, j'attrape un fusil et je me mets à tirer. On va te mitonner une oie des neiges vite fait. »

La volée s'est éloignée vers le nord, au-dessus du continent.

« Je vous adore ! a crié Jeff aux oies. Mes petites chéries ! »

*

Au cours de la dernière semaine de mai, tout en attendant l'occasion de partir plus loin vers le centre de la péninsule de Foxe, j'ai sillonné les pistes en terre battue de Cape Dorset, comme j'avais naguère parcouru Churchill en long et en large – prenant mes repères, élaborant une carte mentale, configurant les lieux grâce à divers points de repère très en évidence : les Northern Stores, la Dorset Co-operative, la colline surmontée d'un cairn qui marquait l'entrée du port. Les habitants, au nombre d'un millier à peu près, Inuits pour la plupart, étaient éparpillés à travers trois vallées du côté septentrional de l'île Dorset, tout près de l'extrémité sud de la péninsule de Foxe. Les habitations préfabriquées en bois étaient munies de petites fenêtres pour minimiser les déperditions de chaleur, ce qui leur donnait l'apparence de personnes plissant les yeux pour regarder au loin.

Des motoneiges et de longs traîneaux appelés *qamutiiks* stationnaient devant les marches donnant accès aux maisons surélevées, aussi nues que des boîtes. Des peaux de phoques bien étirées avaient été mises à sécher sur les terrasses ; les pieds palmés de la queue écorchés sortaient, tout raides, de fûts de pétrole rouillés. Des petits Inuits faisaient des embardées le long des pistes sinueuses, à bord de véhicules tout-terrain en piteux état, tandis que le camion vétuste du service de vidange municipal faisait du porte-à-porte. Quelqu'un avait garé sa motoneige Yamaha Enticer devant l'église Lillian

Pankhurst Memorial Full Gospel, et sur le long *qamutiik* qui y était attelé on pouvait voir une batterie Ludwig violette et rutilante : grosse caisse, tom, charleston, cymbales – un retentissant éclat de couleurs.

J'allais et venais, suivant les chemins et les allées, retrouvant les mêmes vues à d'innombrables reprises, si bien qu'elles devenaient des éléments familiers. J'ai fini par connaître la disposition des lieux, la façon dont les formes y étaient organisées, mais je ne parvenais pourtant pas à me débarrasser de mon sentiment de désorientation et d'aliénation. Mes yeux restaient perpétuellement crispés dans cette lumière hyperréaliste, doublée d'argent, cette blancheur roulée en boule comme des draps et des serviettes éponges, dans un espace trop petit pour la contenir entièrement. Mes rythmes circadiens étaient mis à mal chaque soir, quand l'obscurité n'arrivait pas. Les gens parlaient l'inuktitut, une langue qui n'avait pour moi ni queue ni tête. Je parcourais la ville partagé entre la stupeur, le déséquilibre, la nervosité et le détachement. De temps en temps, un husky quittait sa position couchée sur la glace du port pour s'asseoir sur son derrière, pointer la truffe vers le ciel et geindre, chacun de ses sonores *harrooo* vite absorbé par les nuages bas.

*

J'ai trouvé Jeff assis sur le lino de la cuisine, les jambes écartées, occupé à plumer deux oies des neiges de phase bleue d'une main véloce.

« Alors ? a-t-il demandé sans lever la tête. Tu es prêt à partir là-bas ?

— Plus que prêt.

— Il ne faut pas tarder. » Des petites touffes cachées de duvet d'oie apparaissaient chaque fois que Jeff arrachait une des grandes plumes de son follicule.

« J'aimerais autant tarder le moins possible.

— Une fois que le dégel a démarré, il n'y a plus moyen de se déplacer. C'est beaucoup trop mouillé sur la toundra. Les motoneiges s'embourbent, quand elles ne coulent pas carrément.

— J'ai tellement hâte d'être là-bas. Ça fait un long moment que je voyage avec ces oies, maintenant. Je suis vraiment prêt à rentrer chez moi.

— Ne te mets pas martel en tête pour des broutilles, mon pote. Tu vois ce que je veux dire ? Le mieux, c'est que tu rencontres les gars de l'HTA[1]. Le secrétaire parle un peu l'anglais.

— C'est justement de ça qu'on a parlé au téléphone. L'association des chasseurs et trappeurs.

— Parfait. Tu verras les anciens. Mais attention, ne te laisse pas rouler dans la farine. Ils comprennent mieux l'anglais qu'il n'y paraît. Prends tout ça très calmement, d'accord ? »

*

Les directeurs de l'association des chasseurs et trappeurs Aiviq se réunissaient une fois par semaine,

---

1. Hunters and Trappers Association, association des chasseurs et trappeurs.

dans une petite cabane derrière les locaux de la Dorset Co-operative. Le secrétaire était un homme solide, tout en muscles et en ligaments, portant de lourdes lunettes à monture métallique et de longs cheveux noirs qui lui descendaient plus bas que les épaules et qui avaient la finesse rugueuse des crins d'un archet. Il était vêtu d'un anorak noir, sur les manches duquel on pouvait voir le logo de la National Football League, tandis que dans le dos on lisait le mot RAIDERS, tout juste visible sous le rideau de cheveux noirs qui le balayait.

« Bienvenue à Cape Dorset », m'a-t-il à voix basse, en douce, comme s'il me confiait un secret.

Trois des anciens étaient déjà assis et buvaient du café. Des affiches détaillant l'écologie des phoques, des morses, des ours polaires et des poissons de la famille des salmonidés qu'on appelle ombles chevaliers étaient fixées aux murs, ainsi que de grandes feuilles de papier sur lesquelles on avait griffonné au feutre noir des idées pour de futurs projets de l'association. Il y avait, par exemple : DUVET D'OIE. RAMASSAGE ? COÛT ? À ÉTUDIER. Trois autres anciens ont pénétré dans la pièce et se sont assis aux tables. Cinq des six anciens étaient des hommes, entre cinquante-cinq et soixante-cinq ans, avec des visages burinés et de hautes pommettes d'Asiatiques, vêtus de jeans, de chemises de bûcheron en laine et coiffés de casquettes de base-ball où était brodé le nom du nouveau territoire canadien, Nunavut, ou bien le logo et le slogan de la mine Polaris : CINQ ANS SANS UN ACCIDENT ! Le sixième ancien, assis à ma droite, était une ancienne, une robuste femme vêtue d'un corsage sur lequel des feuillages verts et volubiles, des pommes, des poires, des raisins et des prunes mûres et dodues se côtoyaient dans une abondance arcadienne. Sa longue chevelure noire, plus soyeuse que celle du secrétaire, était tirée en arrière et maintenue sur la nuque par une élégante barrette argentée ; sous la faible lumière électrique, ses joues luisaient comme des poteries vernissées.

Le secrétaire a distribué l'ordre du jour. Le premier article était « Prières ». Les anciens ont fermé les yeux et baissé la tête, tandis que la femme assise à mon côté récitait une prière en inuktitut. Quand elle a eu fini, le secrétaire m'a adressé la parole de sa voix douce.

« Veuillez, s'il vous plaît, dire à tout le monde d'où vous venez et pourquoi vous êtes ici, à Cape Dorset. »

Les anciens m'ont dévisagé avec intérêt.

« Je viens d'Angleterre, ai-je dit. Je me passionne pour les oies des neiges. Je les ai suivies lors de leur migration printanière depuis le Texas. Je suis venu à Cape Dorset, parce que je voudrais voir ces oies dans la péninsule de Foxe, là où elles se reproduisent l'été. »

Le secrétaire a pris des notes sur son bloc, puis il a traduit pour les anciens. Le mot Texas se détachait comme une erreur dans ses phrases en inuktitut. L'homme assis à ma gauche gribouillait sur son carnet : spirales, arabesques, un croquis assez réussi d'un buste d'homme portant un chapeau qui pouvait être un feutre ou un panama. À l'instar des pupitres d'écoliers, les tables étaient couvertes de graffitis creusés dans le bois qui s'était fendu aux endroits où les stylos à bille s'étaient enfoncés contre le grain. Le secrétaire s'est tu. Un silence s'est établi. La femme s'est adressée à ses collègues en inuktitut, avec un sourire, les joues luisantes. Les autres ont ri. Le secrétaire s'est tourné vers moi pour traduire.

« Elle dit que vous avez intérêt à être prudent quand vous choisirez la personne qui vous emmènera là-bas. Il y a des jeunes qui s'imaginent qu'ils connaissent l'endroit, mais ils se trompent. Et ce n'est pas un lieu où on peut se permettre d'avoir des ennuis. »

L'expert en gribouillis a levé le nez de son carnet et s'est adressé à l'assemblée.

« Il dit que le voyage devient difficile, a traduit le secrétaire. Le printemps arrive. Quelquefois, il y a trop d'eau. On ne peut plus franchir les rivières. La neige n'est plus assez dure pour les motoneiges. »

Alors, tout le monde s'est mis à parler en inuktitut. Il y a eu quelques rires et pour finir, le secrétaire s'est encore une fois tourné vers moi.

« D'accord, a-t-il dit. Bon. Nous allons nous renseigner et voir si nous trouvons quelqu'un qui part dans le coin et qui accepte de vous emmener. Vous logez chez Jeff. Nous vous contacterons là-bas pour vous dire.

— Merci, ai-je répondu.

— Nous vous contacterons chez Jeff », a répété le secrétaire.

J'ai saisi l'allusion, je me suis levé, j'ai salué les anciens et quitté la pièce.

*

Mai est devenu juin. Le sommet du globe terrestre basculait vers le Soleil. Seules une légère baisse d'intensité de la lumière, une humeur maussade du ciel trahissaient le caractère nocturne des nuits. J'avais le plus grand mal à suivre le passage de chaque journée, depuis que je ne pouvais plus me référer à ces grands événements qu'étaient le lever et le coucher du soleil. J'ai appris à distinguer la terre blanche du ciel blanc, grâce aux petits points de granit noir, mais un corbeau immobile, tenant tête au vent, risquait à tout moment de jeter le trouble dans mon esprit.

Le ciel s'est dégagé ; l'éclat du soleil tranchait la neige et la glace. En fin de soirée, je traversais le port à pied, passant devant des équipages de chiens endormis le long de leurs cordes, suivant les traces de motoneiges, dans lesquelles la neige était tassée et sculptée sous mes pieds, puis je me retournais pour regarder le village dont les différents quartiers étaient nichés au creux des collines : à gauche Itjurittuq, la vallée catholique romaine ; à droite Kuugalaaq, la vallée, tout court ; au milieu, Kingnait, la ville. Des structures dépourvues de permanence, aux couleurs délavées, sans fondations, surélevées sur leurs fins pilotis comme autant d'échassiers.

Un soir, je suis allé jusqu'à la colline au-delà d'Itjurittuq, avançant péniblement à travers la neige profonde jusqu'au cairn élevé au sommet, les yeux baissés vers la ligne du rivage, où la glace blanche du port rejoignait l'eau courante de Tellik

Inlet. La surface grise s'étendait, lourde et serrée, avec quelques petits bergs à la dérive ici et là. Des chiens aboyaient. Des enfants criaient. Ces bruits se répercutaient autour de la cuvette formée par les collines comme une bille tournant au fond d'une roulette. Des bruants des neiges voletaient d'un rocher à l'autre, au-dessous de moi, leur plumage blanc et noir parfaitement assorti aux perspectives d'arrière-plan.

Je me suis assis près du cairn. L'éclat émanant de la glace et de l'eau était teinté de bleu, teinté à la manière dont on peut nuancer une remarque, c'était une inflexion ou une légère insistance dans ce que semblait exprimer la lumière. Les goélands lissaient leurs plumes, posés sur des morceaux du *floe* de Trellik Inlet, la tête penchée, agitant leur bec sous la jointure de leurs ailes. Un phoque a fait surface. Des motoneiges fonçaient sur la glace du port, suivant la diagonale de Kuugalaaq à Kingnait. Une volée d'eiders à tête grise est arrivée du sud, descendant très bas au-dessus de l'eau, frôlant leurs propres reflets, aisément reconnaissables à la rapidité de leurs battements d'ailes, qui donnait l'impression de les voir à travers un kaléidoscope. Les eiders à tête grise passent l'hiver le long de la côte atlantique, du Labrador au New Jersey ; beaucoup d'entre eux viennent se reproduire sur l'île de Baffin. Encore de nouveaux arrivants, de retour au pays natal, presque au bout de leur voyage.

Cinq jeunes garçons inuits sont montés jusqu'au cairn à travers la neige ; quatre d'entre eux avaient dans les dix ou onze ans, vêtus de parkas, casquettes de base-ball, jeans amples et bottes Sorel Glacier noires ; le cinquième, beaucoup plus petit, avait suivi le mouvement ; il était coiffé d'un bonnet bleu.

« J'ai mes cigarettes là, a dit un des garçons en indiquant le cairn.

— Tu fumes quoi ? ai-je demandé.
— Des Players Light. Et toi ?
— Rien.
— Tu parles inuktitut ? »

Ils m'ont précisé que morse se disait *aiviq*, ours, *nanuk* et oie des neiges *kanguq*.

Puis ils se sont mis à fouiller au pied du cairn, enlevant la neige avec leurs mains en conque, pour ramasser des pierres. Ils choisissaient des pierres plates, comme s'ils avaient l'intention de faire des ricochets, alors que nous étions beaucoup trop loin au-dessus de l'eau pour que ce fût possible, puis ils se sont mis à lancer missile après missile, le bras détendu et souple, accompagnant leurs jets de grognements d'effort ; les pierres restaient suspendues au-dessus des collines blanches du continent avant de tomber jusqu'à la surface gris-bleu de l'eau. J'étais assis à quelques pas d'eux, mais je les regardais comme s'ils étaient très loin de moi, ou comme si la scène était projetée sur un écran devant moi ; mes sens enregistraient l'inhabituelle lumière argentée, l'eau en contrebas, les bergs étincelants, les ondulations des collines qui se dissipaient dans un néant blanc infini, mais mon esprit était ailleurs. Les pierres s'élevaient en tournoyant et retombaient lentement, comme des pigeons d'argile sortant du ball-trap, et j'imaginais les coups de fusil, les cibles explosant loin au-dessus de l'eau, comme un feu d'artifice.

*

« Nous avons trouvé quelqu'un qui veut bien vous emmener sur les lieux », a annoncé le secrétaire, que je venais de rencontrer devant le bâtiment de la Dorset Co-operative. Toujours vêtu de son anorak noir de la NFL, le nez chaussé de ses lourdes lunettes métalliques, il a repoussé ses longs cheveux derrière ses oreilles, traçant des petites ondulations du bout des doigts. « La femme qui assistait à la réunion. Paula. Elle doit aller chasser. Elle part avec son fils, Natsiq. Elle dit que vous pouvez les accompagner. OK ? »

*

Jeff m'a prêté une bombe CounterAttack de répulsif anti-ours et une vieille parka arctique verte, matelassée, garnie de duvet, descendant jusqu'au genou avec un demi-cercle de fourrure de coyote gris clair autour de la capuche, une carte entière de taches d'huile dans le dos et plusieurs morceaux de ruban adhésif gris pour réparer diverses déchirures dans le tissu. Il a attiré mon attention sur l'étiquette de la parka. Le modèle s'appelait Snow Goose (l'oie des neiges). Je l'ai essayé, je me suis senti englouti, surpris par son poids sur mes épaules : j'avais l'impression de porter un bungalow.

À la co-op de West Baffin, j'ai acheté six bidons

de naphte pour le réchaud Coleman de Paula, quatre bouteilles d'huile Yamalube pour les motoneiges et un bon pour soixante-quinze litres d'essence. J'ai emporté le tout en deux fois jusqu'à la maison de Paula à Itjurittuq. Je portais mes bottes en caoutchouc vert avec trois paires de chaussettes, des sous-vêtements thermiques, un caleçon long en polaire, un pantalon imperméable en Gore-Tex, deux hauts en polaire l'un sur l'autre, deux paires de gants, un bonnet en laine bleue et la parka Snow Goose. Dans mon sac, j'avais mis mes jumelles, un cahier, quelques vêtements supplémentaires et l'exemplaire de *L'Oie des neiges* ayant appartenu à ma grand-mère, avec la plume de buse à queue rousse que m'avait donnée Eleanor, en guise de marque-page.

Paula et Natsiq étaient occupés à vérifier l'état des motoneiges, une Enticer et une Polaris. Paula, qui avait entièrement dégagé ses joues vernissées en rassemblant ses longs cheveux noirs dans un élastique sur sa nuque, portait une parka Snow Goose verte dont la fermeture n'était pas encore remontée, une salopette imperméable bleu marine sur un pull à col roulé rouge vif et des bottes noires Sorel Glacier. Natsiq, son fils, d'une trentaine d'années, était menu, le teint basané, avec de hautes pommettes en saillie, une barbiche clairsemée et des yeux sombres et furtifs. Il portait un blouson d'aviateur noir en similicuir, un pantalon imperméable noir, des bottes Sorel noires et une casquette de base-ball sur laquelle était brodé le mot AKSARNERK – ce qui veut dire aurore boréale en inuktitut. Il fumait à la chaîne des cigarettes Du

Maurier, allumant la nouvelle au mégot de celle qu'il venait de finir. Paula m'a salué d'un signe de tête et a dit quelque chose à son fils en inuktitut. Nos deux *qamutiiks* étaient chargés de bidons de combustible orange, ballots de literie, vivres, munitions, équipement radio et fusils, le tout maintenu par des cordes, des sandows et des bâches bleues. Natsiq a pris mon sac et l'a installé avec soin dans le *qamutiik* attelé à la Polaris.

« Prêt ? » a-t-il demandé.

Il a tiré sur le démarreur de l'Enticer et, tandis que le moteur ronronnait doucement, il a enfilé une Snow Goose bleu marine. Puis il a passé un bras et la tête dans la bretelle d'un fusil à pompe Maverick – l'arme était entièrement rouillée, comme un mousquet récupéré dans une brocante – et il s'est installé à califourchon sur la motoneige, faisant rugir le moteur. Paula a mis en route la Polaris, remonté la fermeture Éclair de sa parka et enfilé elle aussi la bretelle de son fusil – un Ruger équipé d'un viseur télescopique ancien, dont le canon en acier était quelque peu tordu. Elle m'a fait signe de monter sur l'Enticer, derrière Natsiq. J'ai serré les bras autour de sa taille. La Snow Goose lui donnait la carrure d'un ours. Nous avons pris la piste en terre battue qui menait au port, les pneus grondant sur les gravillons, les patins des longs traîneaux étroits crissant sur les fragments de pierre. Le ciel était limpide, l'albédo éblouissant. Derrière mes lunettes de soleil, je plissais les yeux comme les maisons qui rapetissaient derrière nous semblaient plisser leurs fenêtres.

Les motoneiges et les *qamutiiks* ont glissé sur la

neige du port, comme s'il s'agissait d'un retour à leur élément naturel. Natsiq a mis les gaz ; nous sommes passés en trombe devant les huskys attelés ; nous avons foncé à une allure de casse-cou à travers la plaine blanche et vierge jusqu'aux collines de l'île Mallik. Je sentais la crosse et la culasse du Maverick se presser contre ma poitrine, la cendre des Du Maurier de Natsiq me criblait le visage dans l'air glacial, à mesure que nous filions à toute vitesse loin de Cape Dorset, franchissant la première crête et descendant sur notre lancée, semblait-il, jusque dans la péninsule de Foxe ; la blancheur qui nous environnait était mouchetée de protubérances en granit noir, la lourde capuche bordée de fourrure de la parka rebondissait entre mes omoplates, le ciel n'était pas un dais bien délimité, mais une ouverture bleue vers des espaces toujours plus grands, et mon cœur battait à tout rompre, emballé par la griserie de la vitesse, l'éclat de la lumière, la proximité des oies des neiges sur leurs terres natales. Nous avons bifurqué vers l'est sur la terre ferme, puis nous avons de nouveau foncé sur la mer gelée, accélérant sur le toit du détroit d'Hudson, dur comme du béton, nos motoneiges et leurs *qamutiiks* brinquebalant sur la glace de terre ; la neige, creusée par le vent, formait des crêtes luisantes aussi lisses que des dunes appelées *sastrugi*, ainsi que des rides plus petites qui ressemblaient à des ailerons de Cadillac blanche pris par le gel.

Pendant deux ou trois heures nous avons longé la côte sud de la péninsule de Foxe, prenant des raccourcis à travers les péninsules et les promontoires, tandis que des volées d'oies des neiges et de bernaches du Canada passaient au-dessus de nous, de droite à gauche, quittant le détroit d'Hudson portées par les vents du sud : des contingents de vingt ou trente oiseaux, disposés selon leur alphabet limité – formations en V, U, J ou W – les familles de phase-bleue et phase-blanche intactes dans chaque escadron, les bouts des ailes, noirs comme de l'encre, battant avec netteté contre l'éclat du ciel limpide. Vers l'intérieur des terres, dans les vallées, des groupes d'oies se nourrissaient sur les parcelles de toundra découvertes, se bousculant sur les premières étendues disponibles de carex et d'eau courante, et le rugissement de nos deux moteurs a expédié dans les airs d'innombrables tourbillons d'oies ; on aurait dit que c'était la surface même du sol qui se soulevait.

De temps à autre, Natsiq et Paula arrêtaient nos véhicules ; Natsiq se dégageait de la courroie de son Maverick rouillé, il se faufilait aussi près que possible d'un groupe d'oies en plein repas et il leur tirait dessus. Il a ainsi abattu deux oies des neiges de phase bleue et une bernache, les installant dans le *qamutiik*, maintenues par des sandows.

À un moment donné, sur la glace du détroit d'Hudson, nous nous sommes arrêtés pour examiner des traces de pas dans la neige : profondes, rondes, cinq doigts de pied dans la croûte blanche, les empreintes d'un ours polaire, mesurant deux mètres soixante-quinze à trois mètres du museau à la queue, voyageant seul, sorti de la mer pour marcher là. En une autre occasion, alors que nous foncions vers l'est, un cygne siffleur solitaire est passé tout près de nos têtes, se dirigeant dans la direction opposée, son ombre cruciforme, avec ses deux larges ailes, glissant sur la vaste étendue de glace. Et une troisième fois, nous avons fait une pause à un kilomètre et demi du rivage, sans raison apparente ; nos deux motoneiges paraissaient minuscules sur la surface de glace brillante. Le silence – un vrombissement blanc et régulier – s'est déversé dans l'espace libéré par les moteurs. L'étendue plate et immaculée s'étendait au loin et se fondait dans la brume, comme si nous étions au bord du monde. Natsiq m'a indiqué la brume du doigt. Suivant la ligne de son bras, j'ai soudain découvert la noirceur dodue d'un phoque annelé, vautré à côté de son trou, comme une grosse cuillerée de vie. Natsiq s'est approché de lui tout doucement, plié en deux, le plus bas possible. Il s'est posé sur un genou et il a épaulé le Maverick. J'ai fixé mes jumelles sur le phoque, retenant mon souffle. Un coup de feu, une explosion dans la neige comme une touffe de duvet. Mais le phoque s'était déjà glissé dans son trou, indemne.

Nous avons continué de longer la côte sud. Des cairns et d'autres pierres levées se dressaient sur tous les promontoires et toutes les hauteurs, formant des encoches sombres et verticales dans le blanc du sol ou le bleu profond du ciel. Ces pierres étaient des *inuksuit* : *inuk* signifie « être humain » ; les *inuksuit* sont des pierres qui fournissent des informations, comme si un homme ou une femme se tenait au milieu du paysage, la plupart destinées à faciliter l'orientation, à guider les chasseurs. Mes yeux étaient attirés vers elles, vers ces signes de passage humain à travers le désert, qui paraissaient maintenir l'endroit à sa place comme des rivets ou des punaises. Mais les motoneiges continuaient leur course vers l'est, à travers la mer, et sous le grondement guttural des moteurs, on entendait tout juste le sifflement des skis que nous avions à l'avant et des patins de nos traîneaux. Au-dessus de nous, un abîme bleu, sans aucun défaut, aucune imperfection pour lui donner une échelle, à croire que l'espace intersidéral commençait à la surface de notre planète. La neige paraissait toucher directement le vide.

Arrivés à la baie Andrew Gordon, nous avons obliqué en direction du nord, vers l'intérieur des terres, laissant le détroit d'Hudson derrière nous. Des oies des neiges et des bernaches s'élevaient du sol des vallées, montant rapidement très haut, s'écartant de la route des deux motoneiges. Mais désormais, je ne voyais plus en elles des oies, des oiseaux. Dans ma vie, il n'y avait aucun précédent pour un tel environnement. Le nouveau m'est tombé dessus, en trop grande quantité et trop vite pour me donner le temps de l'absorber et de le traiter. Le mouvement, l'albédo, l'étrangeté des plans de glace et de toundra, l'engourdissement de mes mains et de mes pieds, le rugissement ininterrompu des moteurs – tout cela me laissait groggy, songeur, hébété et pendant un moment, j'ai eu l'impression que nous voyagions à travers le milieu d'une page, avec tout autour de nous du blanc marqué de noir, et les oies s'élevant de la neige comme des lettres se détachant du papier.

*

Nous sommes arrivés devant un large lac gelé, le lac Angmaluk, et nous avons vu, sur la rive opposée, une petite cabane de pêcheur au toit couvert de neige. Natsiq et Paula ont garé les véhicules devant cette cabane et coupé les gaz.

Le silence s'est abattu avec une soudaineté stupéfiante. Natsiq a enlevé les sandows et nous nous sommes mis en devoir de vider les *qamutiiks*. Les murs de la cabane étaient en aggloméré, il y avait une étroite estrade où l'on pouvait dormir et une étagère qui n'était pas tout à fait droite, sur laquelle nous avons trouvé un pot de chocolat en poudre instantané, une boîte de jambon et un paquet de biscuits. Deux gobelets en plastique portant le logo de Pauktuutit, l'association des femmes inuits, étaient accrochés à des clous au-dessous de l'étagère. Natsiq et Paula ont échangé quelques mots en inuktitut et ils m'ont expliqué par gestes où ranger les affaires : matelas en mousse, sacs de couchage, réchaud Coleman, bidons de naphte.

Paula a pris une oie de phase bleue dans le *qamutiik*, elle lui a tranché l'aile gauche avec son couteau de chasse et elle a balayé le sol en aggloméré de la cabane en se servant de l'aile comme d'un balai. Posant l'aile sur l'étagère de guingois, elle s'est assise dehors, les jambes étendues sur la neige, tenant le reste de l'oie entre ses genoux. En marmonnant, elle a fendu la carcasse au couteau de chasse, fourré la main à l'intérieur et sorti les entrailles et le gésier. Les abats rouge sombre fumaient à l'endroit où elle les avait posés sur la neige. Elle a fait fondre de la neige dans un chaudron cabossé et elle a fait cuire l'oie, débarrassée de sa peau et de ses ailes, ajoutant le contenu d'un sachet de soupe à l'oignon Lipton pour parfumer le bouillon, bientôt rendu onctueux par la graisse sous-cutanée emmagasinée par l'oie pour son long voyage vers le nord, laquelle se déposait à la surface sous forme de perles jaunes.

Nous avons mangé, assis sur la neige, appuyés contre la cabane. Je ne voulais pas manger d'oie des neiges. Je m'étais souvent imaginé sur la péninsule de Foxe, à la fin de mon voyage, voyant les oies revenir au pays où elles étaient sorties de l'œuf. Mais il ne m'était jamais venu à l'idée que je serais peut-être obligé de les manger. Je m'étais attaché à ces oiseaux. Je ne pouvais pas m'empêcher de voir en elles des compagnes. D'un autre côté, je ne voulais surtout pas faire d'histoires vis-à-vis de Paula et de Natsiq. Donc, j'ai mangé de l'oie, sans rien dire. Quelques petits duvets flottaient dans le bouillon. Je prenais des petites bouchées que je mâchais gravement. La viande était haute en goût ; on y sentait tout le chemin parcouru. Chaque morceau me restait sur l'estomac comme un caillou. Nous avons mangé en silence, bien au chaud dans nos parkas, *snow goose* à l'intérieur et à l'extérieur.

Natsiq s'est levé et il a regardé autour de lui, évaluant la situation. Il avait un tic, une manière de pincer les lèvres et de les faire basculer d'un côté de son visage, vers son oreille droite, étirant la peau de sa joue gauche et faisant trembloter la pointe de sa barbiche ultralégère. Il a baissé les yeux vers moi. Il était coiffé de sa casquette de base-ball AKSARNERK et portait des lunettes de soleil très foncées avec des coques en cuir noir sur les côtés ; la cabane et la neige éblouissante se reflétaient dans les deux verres ronds. Il a caressé sa barbiche de sa main gantée. Par instants, son tic entraînait sa barbe hors de portée de sa main.

« Nous tirer oies, m'a-t-il dit. Chasse ? Pan, pan ? » Il a levé les mains pour mimer, visant en l'air à chaque « pan ».

Je ne voulais pas non plus tirer sur les oies des neiges, mais j'ai suivi Natsiq, son Maverick à l'épaule, vers le fond de la vallée peu profonde, qui nous éloignait du lac Angmaluk. Mes jumelles rebondissaient contre ma poitrine, comme elles l'avaient fait lors de la promenade de Sand Lake au barrage de Houghton, lorsque Rollin m'avait parlé des pygargues et de ce vol audacieux sous le pont du Golden Gate. La croûte de neige était ferme sous nos pieds et j'aimais la marche : elle me fouettait le sang ; elle redonnait vie à mes orteils. Nous avons croisé les traces des caribous, avec leurs pattes tournées en dehors, nous avons trouvé des touffes de leur fourrure d'un brun tirant sur le gris (les rennes étaient en pleine mue et perdaient leur poil d'hiver), puis des étendues entières de neige, rayées comme un uniforme de bagnard par les empreintes à trois pointes des pattes d'oies. Des volées d'oies des neiges et de bernaches sont passées dans le ciel, jappant et cacardant.

Nous nous sommes cachés à l'abri d'une plaque de granit escarpée, tout près d'une zone de toundra nue et mouillée. Natsiq a ôté ses gants, allumé une Du Maurier, chargé des cartouches rouges dans son Maverick et il s'est tapi, de façon à ne pas être vu. J'en ai fait autant, me blottissant sur la neige, la figure contre la pierre ; le granit était rose par endroits, là où le fer affleurait, et parcouru de veines de quartz cristallin. Je voyais des lichens incrustants noirs, verts et couleur de rouille, des lichens foliacés dans des tons plus pâles, et des mottes de mousse au milieu de gravillons et de copeaux de quartz, avec des bourgeons qui forçaient le passage, de minuscules cosses d'humidité et de pigment, comme des vésicules de citrons verts, et je humais l'odeur riche, terreuse, végétale qui en émanait, surpris, enchanté, tenaillé par un soudain accès de nostalgie des plantes.

Natsiq tirait de longues bouffées de sa Du Maurier. Des flocons de cendre se prenaient dans sa barbiche. Ensemble, nous écoutions attentivement les oies, en suivant l'approche d'une volée au crescendo des jappements et des cris. Natsiq attendait que les oiseaux soient directement au-dessus de nous, puis il se dressait sur un genou, levait le Maverick et se mettait à tirer, la crosse s'enfonçant dans son épaule sous l'effet du recul. Les cartouches rouges jaillissaient au-dessus de moi en fumant pour décrire de brefs arcs, tandis que là-haut, contre le bleu profond, une volée de bernaches ou de petites oies des neiges s'écartaient de nous en lançant des appels frénétiques. La formation se dispersait, des foules d'oies s'éparpillaient en fleur de lys, comme les avions d'une démonstration aérienne tournaient en rond, prenaient de l'altitude et se reformaient finalement, hors de portée.

Elles ne s'en sortaient pas toutes. Une oie des neiges de phase blanche est tombée au sol comme un sac de toile rempli de pièces de monnaie. Une phase-bleue blessée s'est détachée de son V, agitant vainement ses ailes, incapable de prendre appui sur l'air. Je tremblais comme une feuille. Je tremblais depuis les premiers coups de feu. J'ai quitté l'abri derrière la pierre plate pour ramasser les oiseaux morts, je les tenais par les pattes, la tête traînant dans la neige, une tache écarlate sur le poitrail blanc. Je pensais à la jeune fille du livre, Frith, apportant l'oie des neiges au bossu, dans le phare qui lui servait d'ermitage. Je m'efforçais de ne pas regarder les victimes, de ne pas songer à ces poids morts au bout de mes mains. Mais j'ai continué de trembler tandis que nous remontions le versant de la vallée en direction de la cabane, portant six oies à nous deux, toujours survolés par d'autres oies arrivant avec le vent du sud. Chaque fois que Natsiq levait les yeux, renversant la tête en arrière, tétant une Du Maurier, je voyais des formations d'oies glisser sur les verres teintés de ses lunettes.

La tension de la lumière était retombée : c'était la nuit. À l'intérieur de la cabane, le réchaud était en marche. Nous avons mangé nos biscuits avec le chocolat chaud instantané. Paula et Natsiq n'étaient pas bavards. C'était une partie de chasse ; il y avait des choses à faire. Paula a roulé ma parka Snow Goose sur elle-même et l'a fourrée dans une taie, pour me faire un oreiller. Nous nous sommes glissés dans nos sacs de couchage et allongés sur la petite estrade, côte à côte, Paula au milieu. Sur l'aggloméré à côté de ma tête un message était écrit en anglais, les majuscules soigneusement tracées au stylo à bille :

>   ZEKE A DORMI ICI
>   IL A RÊVÉ DE CINDY
>   VISAGE GERCÉ – IL NEIGE

Couché sur le côté, j'ai considéré ce haïku. Je me suis posé des questions à propos de Zeke et Cindy. Neigeait-il au moment où Zeke s'abritait dans la cabane au bord du lac Angmaluk, ou bien dans le rêve au cours duquel Cindy lui était apparue ? Qui avait le visage gercé, Zeke ou Cindy ? Paula et Natsiq se sont endormis à mes côtés. Mon esprit refusait de se mettre au repos. Il grouillait d'oies.

*

Le lendemain matin, nous avons rechargé les *qamutiiks* et quitté le lac Angmaluk pour les monts Kimmik. Le printemps semblait être arrivé au cours de la nuit. Des plaques de toundra détrempée apparaissaient dans le fond des vallées, hérissées de touffes de carex, veinées de ruisselets minuscules dus à la fonte des neiges. La lumière du soleil se reflétait sur les rigoles et sur les mares ; la neige, ramollie, luisait d'un nouvel éclat plus transparent. Les motoneiges avaient du mal à avancer. Paula et Natsiq se mettaient debout pour guider les skis autour des rochers ou des fondrières, mais dès que nous trouvions des étendues de neige plate, ils ouvraient les vannes et nous nous enfoncions plus profondément dans la péninsule de Foxe, les bernaches du Canada volant bas à côté de nous, comme une escorte. Quelquefois Natsiq s'arrêtait pour leur tirer dessus, et d'autres fois Paula tentait sa chance avec son Ruger, avançant doucement sur ses solides jambes arquées en direction d'un lagopède des saules. La déformation du canon envoyait les balles à plus d'un mètre de la cible et l'oiseau, avec ses guêtres et son pantalon de plumes impeccables, faisait face, sans mollir, tandis que les projectiles heurtaient le granit des alentours, suivis de près par les jurons de Paula, expédiés avec beaucoup plus de précision.

Nous avons roulé pendant un tout petit peu plus de quatre heures. Partout où je tournais les yeux, je voyais des oies : des tourbillons de bernaches et d'oies des neiges jaillissant de la vaste toundra ; des volées loin au-dessus de nous, portées par les vents du sud, en formations désormais familières. Mes mains et mes pieds se sont engourdis. Je me cramponnais à la taille de Natsiq, toujours hébété, observant les oies, songeant aux cinq mille kilomètres que j'avais derrière moi. Je me demandais si une seule de ces volées avait passé l'hiver près d'Eagle Lake, avait été comptée par Michael au Sand Lake, avait glané du grain dans les plaines de Portage La Prairie, tandis que le Viking, le jean solidement maintenu par sa ceinture et ses bretelles, coiffait sa chevelure grise avec d'habiles coups de son peigne rose. Quelquefois, je tournais la tête pour regarder, par-dessus ma capuche bordée de fourrure de coyote, Paula, avec ses vieilles lunettes de neige, l'éclat vernissé de son visage, le fusil du Ruger décrivant sa courbe derrière son épaule droite. Dans chacun de nos *qamutiiks*, le chargement d'oies mortes grandissait lentement, un oiseau après l'autre.

Natsiq a immobilisé l'Enticer sur une crête. Nous avons baissé les yeux vers l'ovale blanc d'un lac gelé, une large vallée, mouchetée d'affleurements de granit et de toundra, et bientôt nous avons installé notre camp sur un plateau de granit au bord du lac, dressant une tente en toile bise, fixant nos cordes au moyen de rochers de taille modeste disposés en cercle, déroulant les matelas en mousse jaune sur des lichens noirs et verts humides. Nous nous sommes assis autour du réchaud Coleman. Paula a fait fondre de la neige dans le chaudron cabossé ; nous avons mangé des barres de céréales, des biscuits et des bols de nouilles instantanées, le tout arrosé de café fort et sucré. La mère et le fils échangeaient quelques phrases à l'occasion, Natsiq se caressait la barbe et fumait ses Du Maurier à la chaîne. Nous nous sommes reposés quelque temps, puis nous avons enfilé nos parkas Snow Goose et quitté la chaleur de la tente pour nous dégourdir les jambes sur la roche nue, avec d'un côté le lac tout proche, en contrebas, et de l'autre le paysage blanc ondulant et moucheté de la péninsule de Foxe disparaissant dans la brume.

Glissant le spray de répulsif pour ours dans ma poche, les jumelles pendues à mon cou, je suis parti tout seul, escaladant la crête derrière la tente jusqu'à un sommet indiqué par un petit *inuksuk*. Je guettais attentivement les ours, regardant à droite, puis à gauche, comme si je m'apprêtais à traverser une route. J'entendais des oies des neiges, dont les appels sonnaient désormais à mes oreilles comme des voix humaines. Mes bottes s'enfonçaient profondément dans la neige. Je suis arrivé au sommet. L'*inuksuk* était un gros bloc de granit, incrusté de lichens noirs, dressé sur sa pointe comme une colonne mal dégrossie, avec deux morceaux de granit plats posés par-dessus. Il n'était pas impossible que le piédestal eût été mis debout par la traction d'un glacier se retirant, les deux pierres plates déposées par la fonte des glaces.

Je n'y ai pas touché. Je ne m'en suis même pas approché. Certains *inuksuit* marquaient le site de morts, de meurtres, de trahisons et d'actes de bravoure ; d'autres avaient le pouvoir de guérir, renfermaient des esprits, exprimaient la joie, le bonheur, le mal ou la terreur. Il existait des *inuksuit* pour indiquer les lieux de pouvoir, les endroits où on ne devait jamais dormir, où des êtres humains avaient été mangés, des sites de désordre et de désorientation, des lieux épouvantables où des voyageurs s'étaient perdus. Certains émettaient des sifflements quand le vent soufflait à travers eux ; d'autres étaient des arches bienfaisantes, où les chamans guérissaient les gens. Il y avait des *inuksuit* envers lesquels il fallait manifester du respect, des *inuksuit* qui pouvaient vous bénir et vous permettre de voyager en toute sécurité. D'autres marquaient les entrées de royaumes spirituels d'où l'on revenait libéré de tout fardeau.

Le vent s'infiltrait à travers le tissu de ma parka, la capuche bordée de fourrure se gonflant sur mes épaules en cas de fortes rafales. Loin au-dessous, notre tente ressemblait au pavillon d'une lice de combat, il ne manquait que des chevaliers, des oriflammes et des écus. Dans toutes les directions, je ne voyais que des montagnes peu élevées et des petits vallons, qui s'éloignaient suivant la courbe de notre sphère, avec des nuages qui s'amoncelaient dans le sud, au-dessus de la mer. Le vent me soufflait aux oreilles comme dans une conque, faisant un bruit marin. Un couple de cygnes siffleurs volait vers le nord, à hauteur de regard, leurs longs cous élancés terminés par un bec noir. Un renard polaire a traversé au petit trot le lac gelé, il était du ton ivoire des vieilles touches de piano et sa fourrure était en train de passer du blanc aux bruns de la toundra, à l'approche de l'été. Des volées d'oies des neiges filaient vers le nord. À travers mes jumelles, j'ai suivi une paire de phase-blanche tandis qu'elles descendaient en planant vers une étendue de toundra au bord d'une rivière. Elles allaient commencer à construire leurs nids, à mesure que la toundra sortirait de la neige, choisissant le sommet des légères ondulations, là où le sol était relativement sec et ferme.

Ces nids, je ne les verrais pas : dans deux ou trois jours, la toundra serait trop mouillée pour les motoneiges. Je n'atteindrais pas les grandes plaines du Koukdjuak, juste au-delà de l'horizon, vers le nord. Je m'y étais déjà résigné. Cela m'était égal. J'étais dans la péninsule de Foxe, avec les oies des neiges. Grisé, étourdi, je me suis planté sur mon sommet, à côté de l'*inuksuk*, respirant profondément. À part le vent, je n'entendais rien d'autre que les oies : le faible tintement des drisses contre les mâts de volées encore éloignées, les jappements stridents des oiseaux plus proches, le vrombissement grave et électrique des battements d'ailes.

Natsiq était assis devant la tente, fumant une Du Maurier.

« Demain, m'a-t-il dit, Kingnait. »

J'ai hoché la tête.

« *Home !* » Il a souri, son tic a tordu sa barbiche clairsemée.

*

Paula a fait bouillir une autre oie. Elle a laissé le réchaud allumé pendant que nous mangions. Pris d'un vague vertige, l'esprit flou, chamboulé par les émanations, j'ai eu l'impression de me voir précipité en arrière, vers le sud, en accéléré, un avion volant à l'envers d'Iqaluit à Churchill, le Muskeg Express reculant à toute allure jusqu'à Winnipeg, le Greyhound en marche arrière tout le long de l'Interstate 35, tel un film qui se rembobinait. Je me souvenais d'avoir conduit la Chevrolet bleue de Houston à Eagle Lake, je revoyais les prosopis et le bétail *longhorn* qui piétinait, les bâtiments agricoles et les silos à riz en tôle galvanisée. Je pensais aux oies des neiges qui volaient des prairies proches du golfe du Mexique jusqu'à l'île de Baffin, suivaient leurs programmes génétiques, modifiés chez les adultes par l'expérience des précédents voyages, déterminaient leur direction en se référant au soleil, aux étoiles et au champ magnétique de la Terre, filaient vers le nord dès le début du printemps.

Au mois d'août, poussées par le *Zugunruhe*, elles retourneraient vers le sud, de même que les martinets traverseraient la Méditerranée en direction du sud, vers leurs zones d'hivernage en Afrique. D'ici à quelques jours, je serais peut-être en train d'observer des martinets. Les émanations de naphte m'étaient montées à la tête. Je débordais de joie à l'idée d'être là, dans la péninsule de Foxe, avec mes oies, sur le point de rentrer chez moi. J'étais prêt à repartir, mais je ne voulais pas retrouver les conditions de mon enfance. Je ne voulais plus me sentir en sécurité à l'intérieur de la vieille maison en *ironstone*. Les retours ne sont pas tous des retraites et si je voulais rentrer chez moi, ce n'était pas parce que je rêvais d'évasion, c'était parce que l'amour ne peut exister sans la souffrance de la séparation et qu'une si importante partie de ce que j'aimais se trouvait chez moi.

Appuyant ma tête contre ma parka Snow Goose roulée sur elle-même, j'ai ouvert mon exemplaire de *L'Oie des neiges*. La plume de buse d'Eleanor est tombée sur ma poitrine. « L'oiseau était tout jeune, ai-je lu, pas plus d'un an. Elle était née dans un pays nordique, loin, très loin, de l'autre côté des mers, un pays appartenant à l'Angleterre. Volant vers le sud, afin d'échapper à la neige et à la glace, ainsi qu'au froid épouvantable, elle avait été prise dans une violente tempête, bousculée, malmenée. Une tempête vraiment terrible, plus forte que ses grandes ailes, plus forte que tout. Pendant des jours et des nuits, la tempête l'avait gardée prisonnière et elle n'avait rien pu faire d'autre que de voler devant elle. Lorsque le souffle de la tempête s'était enfin épuisé et que l'instinct si sûr de l'oie l'avait poussée de nouveau vers le sud, elle se trouvait au-dessus d'un pays différent, environnée d'étranges oiseaux comme elle n'en avait encore jamais vu. » Je me rappelais Mr Faulkner en train de nous lire le livre dans notre salle de classe avec ses hautes fenêtres, et aussi les golfeuses se réunissant au practice pour échauffer leur swing. J'ai fermé le livre. Il y avait à l'intérieur de la tente une pâle lumière grise. Paula et Natsiq dormaient à côté de moi, mais moi, je n'y arrivais pas. Encore et toujours, j'entendais des oies.

*

Quand j'avais eu le moral à zéro, tout seul dans la chambre blanche de motel, à la dérive dans les rues de Churchill, ou désorienté dans celles de Cape Dorset, je m'étais représenté le moment du retour, l'appelant de toutes mes forces. Maintenant, je me demandais à quel moment au juste celui-ci avait commencé. Étais-je déjà sur le chemin du retour quand j'avais laissé l'*inuksuk* pour redescendre jusqu'à la tente ? Ou fallait-il situer l'instant au lendemain matin, quand nous avions chargé les *qamutiiks* et enfourché les motoneiges, mes mains gantées autour de la poitrine de Natsiq, tandis que les moteurs ronronnaient ? Nous nous sommes éloignés de notre camp, laissant derrière nous, sur le plateau de granit, un cercle de pierres qui marquaient le pourtour de notre tente, et bientôt nous filions vers le sud, glissant le long des vallons des basses terres de la toundra. Je rentrais chez moi. Mon esprit s'est emparé de ces deux mots et les a répétés – *chez moi, chez moi, chez moi* – jusqu'au moment où ils n'ont plus eu le moindre sens. Les oies, au-dessus de nos têtes, dérivaient sur le vent. Mes mains et mes pieds se sont de nouveau engourdis. Il y avait des tas d'oiseaux morts dans les longs traîneaux.

Nous avons atteint la mer le soir même : nuages bas et serrés, lumière d'étain, menace de tempête. Nous sommes restés sur la glace de terre du détroit d'Hudson, fonçant vers l'ouest dans un épais brouillard. J'éprouvais toujours la gravitation, plus puissante à présent, d'une pesanteur intérieure, comme si c'était cette force plutôt que la motoneige qui m'emportait chez moi ; loin d'être une chute douloureuse, c'était une navigation aisée vers mon centre de gravité. Et quand j'ai aperçu des silhouettes debout sur la glace, imprécises dans le brouillard, je me suis dit que je les avais rêvées, en plein délire, prêt à tous les mirages. Et pourtant, il y avait en effet des gens : quinze à vingt Inuits, cinq familles revenant d'une expédition de pêche, en parkas Snow Goose et bottes Sorel Glacier, papotant, fumant des cigarettes, tapant des pieds pour faire circuler le sang, redressant le ski d'une motoneige ou bien rajoutant du carburant ou resserrant les cordes de leurs *qamutiiks*, avec des enfants qui couraient entre les traîneaux, jouant à chat dans la tempête qui arrivait en hurlant de l'océan Arctique. Ma capuche était relevée, la fermeture à glissière de ma parka remontée le plus haut possible et j'observais sous ma visière en fourrure de coyote cette fête improvisée à la surface de la mer.

Les moteurs rugissaient contre les glapissements de la tempête. Nous nous sommes joints au convoi, ce qui faisait en tout douze motoneiges, leurs traîneaux chargés de tentes, literie, provisions, bidons rouges de carburant, dépouilles d'ombles chevaliers et d'oies, le tout solidement attaché à l'abri sous des bâches bleues et orange. Dans certains *qamutiiks*, des femmes voyageaient dans de longues boîtes en contreplaqué, comme si elles étaient assises dans leur propre cercueil. Le brouillard nous enveloppait, aussi blanc que la neige. Les relations immuables entre terre et ciel, verticale et horizontale, se trouvaient soudain effacées, ne laissant rien d'autre que la blancheur ; on avait l'impression d'être en chute libre, dégringolant à travers les nuages, cherchant la poignée d'ouverture du parachute. Le phare de chaque motoneige sondait le brouillard, se répercutant sur les bandes réfléchissantes argentées dans le dos des parkas Snow Goose. Son faisceau lumineux unissait chaque véhicule au suivant, si bien que nous formions un tube de lumière et de chaleur, traversant la purée de pois, sur la glace de terre, et ensuite vers l'intérieur des terres, gravissant et descendant les collines, jusqu'au moment où nous avons franchi la dernière crête de l'île Mallik et où nous avons vu scintiller vaguement les lumières de la ville.

Le lendemain matin, le Beechcraft prévu pour douze passagers a décollé de la piste de Cape Dorset pour s'élever au-dessus du détroit d'Hudson. La glace était en miettes : loin au-dessous de nous, l'eau était d'un bleu profond, parsemée de dentelles, plaques et bergs d'un blanc étincelant. J'étais euphorique. J'avais un but en vue. Je manquais de patience. J'aurais voulu abolir la distance en un clin d'œil, rien qu'en claquant des doigts. J'ai pris un vol d'Iqaluit à Montréal, puis un autre de Montréal à Londres, conscient, de minute en minute, de l'imminence de mon arrivée. Je ne cessais d'anticiper, mon esprit bondissait en avant et je sentais mon corps à la traîne. J'étais incapable de me concentrer sur quoi que ce fût. J'ai essayé de lire, mais ma pensée ne tenait pas en place, mon attention refusait de suivre les lignes.

Le nom des boutiques de l'aéroport, le poids de la monnaie, les caractères des journaux, les voix, les façons de parler, l'aspect des voitures : tout cela, je me le rappelais. Je n'ai pas pris le train pour aller à Londres. J'ai attrapé un autocar, un Flight, à destination des Midlands. C'était le mois de juin, le solstice d'été, les arbres étaient couverts de feuilles, l'herbe était riche et luxuriante, et tout était si vert, du vert partout, le pays entier gavé de sève et de pigments. Le Flight roulait le long de la tranchée routière au milieu des Chilterns et du côté le plus éloigné de Londres, au moment où nous sortions du Vale of Oxford, j'ai vu un oiseau, un rapace, avec des taches blanches sous les ailes et une queue couleur de rouille, profondément échancrée. Il gardait les ailes immobiles, à chaque extrémité les rémiges primaires noires étaient étalées comme des doigts, il montait sur les courants ascendants qui se créaient lorsque le vent se heurtait aux versants tournés vers le nord. J'ai identifié l'oiseau. Un milan royal – *Milvus milvus*.

Je n'en avais encore jamais vu, mais je me souvenais d'avoir entendu mon père dire que quelques milans royaux avaient pu se reproduire en captivité et qu'on les avait réintroduits à proximité de la tranchée, donc, si on avait de la chance, on pouvait en apercevoir un depuis l'autoroute ; en dehors des taches blanches sous les ailes, tout le dessous de l'animal était couleur de rouille. Je mourais d'envie de dire à mon père que j'avais vu un milan royal. J'aurais voulu raconter à tous les passagers de l'autocar l'histoire de cet oiseau.

À la gare routière, quand le taxi m'a demandé où nous allions, le plaisir que j'ai eu à donner l'adresse, la forme des mots sur mes lèvres m'ont cueilli par surprise. Et puis tout a suivi un déroulement inévitable : trois ronds-points pour sortir de la ville, une rangée de maisons en briques rouges, un bosquet de pins noirs, une école, et ensuite des panneaux routiers, des toits, l'inclinaison et les courbes de la route, les bâtiments de la laiterie avec leurs lourdes portes coulissantes, le cottage du péage, les deux hospices, les champs et leur disposition familière : Little Quarters, Morby's Close, The Shoulder of Mutton, The Great Ground. La couleur de l'*ironstone*. J'ai regardé vers la droite, m'attendant à voir des saules blancs sur les rives de la Sor Brook, et ils étaient bien là. Rien n'avait changé.

Le taxi a quitté la grand-route, sur la droite, ralenti pour laisser passer une femme âgée qui promenait son chien, traversé la Sor Brook sur un pont en pierre et s'est arrêté au bord de la route, dans un renfoncement permettant aux véhicules de se croiser. J'avais envie de marcher. J'ai suivi l'étroite route d'un pas guilleret, mes deux sacs au bout des bras. J'entendais la rivière se précipiter vers l'aval. Les corneilles craillaient. Des moutons paissaient dans la prairie de Danvers Meadow. La flèche est apparue au-dessus des arbres. Les plumes de la queue du coq-girouette luisaient. J'ai atteint l'if près de la grille du cimetière. J'ai vu les frondaisons des châtaigniers, des sycomores et des tilleuls, les cheminées en pierres blanches, le toit d'ardoises. Les graviers ont crissé sous mes pieds. Les hirondelles descendaient du ciel en piqué. Les cris des corneilles sont devenus de plus en plus forts, tandis que je remontais l'allée jusqu'à la maison.

REMERCIEMENTS

Merci à tous ceux et celles qui m'ont manifesté leur gentillesse, lors de mon voyage jusqu'à la péninsule de Foxe : Deborah Rogers, Peter Straus, Laura Andreae, Mary Mount, Alicia Yerburgh, Dominic Oliver, Lydia Rainford, Rebecca Senior, Ann Godoff, Susanna Porter, Amanda Urban, Irène Andreae, Kate Wallis, Sonali Wijeyaratne, David Fitzherbert, Rebecca Stratford, Mark Espiner, Jane Kirkpatrick, Judy Bogdanor, Matt Ridley, Ulric Van den Bogaerde, Ingrid Wassenaar, Alex Monsey, Tom Bowring, Laurence Laluyaux et Stephen Edwards.

Merci aux auteurs dont les livres et les articles scientifiques m'ont accompagné tout au long de ce voyage avec les oies des neiges.

1. L'oie des neiges   11
2. Austin   50
3. Greyhound   87
4. Sand Lake   127
5. Le Mont-Riding   175
6. Le Muskeg Express   221
7. Churchill   261
8. La péninsule de Foxe   304

Remerciements   349

DU MÊME AUTEUR

Aux Éditions Hoëbeke

LES OIES DES NEIGES, 2014. Élu « Meilleur livre de voyage 2014 » par le magazine *Lire*.

Composition Nord compo
Impression Maury Imprimeur
45330 Malesherbes
le 16 août 2016.
Dépôt légal : août 2016.
Premier dépôt légal dans la collection : mars 2016
Numéro d'imprimeur : 211294.

ISBN 978-2-07-046922-2. / Imprimé en France.

310207